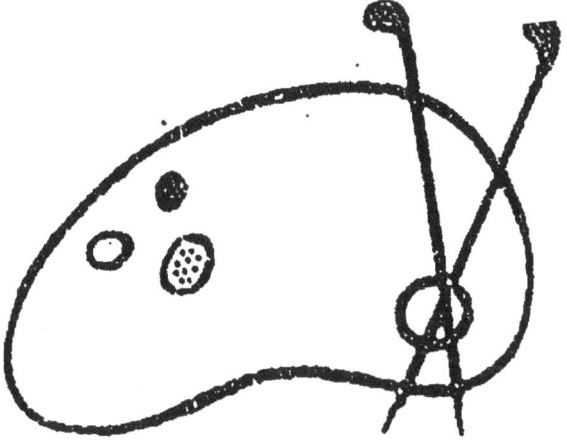

Couvertures supérieure et inférieure
en couleur

MÉMOIRES
SUR
LE DIX-HUITIÈME SIÈCLE,
ET
SUR LA RÉVOLUTION FRANÇAISE.

TOME PREMIER.

MÉMOIRES
DE L'ABBÉ MORELLET.

DEUXIÈME ÉDITION,
CONSIDÉRABLEMENT AUGMENTÉE.

A PARIS,
CHEZ LADVOCAT, LIBRAIRE, PALAIS-ROYAL.

ET A LONDRES,

LIBRAIRIE DE LADVOCAT.

PROSPECTUS.

OEUVRES
DE
LORD BYRON.

QUATRIÈME ÉDITION
ENTIÈREMENT REVUE ET CORRIGÉE
PAR A. P...T;
PRÉCÉDÉE
D'UNE NOTICE SUR LORD BYRON,
PAR M. CHARLES NODIER.

5 VOL. IN-8°, ORNÉS DE 27 VIGNETTES.

ON NE PAIE RIEN D'AVANCE.

CONDITIONS DE LA SOUSCRIPTION.

Cette édition paraîtra par livraisons d'un volume; et chaque volume, composé de 500 pages, coûtera 9 francs, papier satiné, aux souscripteurs. Cinquante exemplaires seulement seront tirés sur grand papier raisin vélin, et coûteront 25 francs le volume, figures avant la lettre et épreuves à l'eau-forte.

Pour être souscripteur, il suffit de se faire inscrire, et de s'engager à retirer les livraisons à mesure qu'elles paraîtront.

La première sera mise en vente le 15° mars.

On souscrit à Paris chez LADVOCAT, *libraire-éditeur, Palais-Royal, galerie de bois, n°* 195.

Et chez les principaux libraires de la France et de l'étranger.

OUVRAGES RÉCEMMENT PUBLIÉS.

MÉMOIRES INÉDITS DE L'ABBÉ MORELLET, de l'Académie française, sur le 18ᵉ siècle et sur la Révolution française; précédés de l'Éloge de l'abbé Morellet, par M. Lémontey, membre de l'Institut (Académie française), 2ᵉ édition, 3 forts volumes in-8°. Prix : 18 fr.

Ces Mémoires, qui ne peuvent entrer, puisqu'ils sont la propriété de l'Éditeur, dans la précieuse collection des *Mémoires sur la révolution*, publiée par MM. Beaudouin frères, sont cependant destinés à la compléter; et comme ils sont indispensables aux souscripteurs de celle-ci, ils ont été imprimés dans le même format et avec les mêmes caractères.

Nota. L'éditeur a imprimé séparément le troisième volume de ces Mémoires, qui n'est pas moins curieux que les deux premiers, qui forment la première édition. Il se vend séparément 7 fr., et 8 fr. 50 c. par la poste.

PIERRE SCLÉMITH. 1 vol. in-12. Prix : 2 fr. 50 c. et 3 fr. par la poste.

Cet ouvrage, vraiment extraordinaire, peut être comparé à Jean Sbogard pour son originalité.

VOYAGES AUX COLONIES ORIENTALES, *ou* Lettres écrites des îles de France et de Bourbon, à M. le comte de Montalivet, pendant les années 1817, 1818, 1819 et 1820, par Auguste Billiard. 1 vol. in-8°. Prix : 6 fr. et 7 fr. 50 c. par la poste.

Cet ouvrage a particulièrement pour objet les mœurs et les institutions coloniales.

L'IMMORTALITÉ DE L'AME, *ou* les Quatre âges religieux, poëme en quatre chants, par M. Norvins, membre de la légion-d'honneur et de plusieurs académies. L'un des auteurs de la Biographie des Contemporains. 1 vol. in-8°. Prix : 6 fr., et 7 fr. 50 c. par la poste.

DES COMMUNES ET DE L'ARISTOCRATIE, par M. de Barante. 1 vol. in-8°. Prix : 5 fr., et par la poste 6 fr.

La première édition de cet important ouvrage a été épuisée en cinq jours.

DES MOYENS DE GOUVERNEMENT ET D'OPPOSITION DANS L'ÉTAT ACTUEL DE LA FRANCE, par F. Guizot. 2ᵉ édition. 1 fort vol. in-8° de 400 pages. Prix : 6 fr. 50 c., et 8 fr. par la poste.

Tome IX et X des **OEUVRES COMPLÈTES DE LORD BYRON** (édition in-18, publiée en 1821), contenant les IIIᵉ, IVᵉ et Vᵉ chants de Don Juan. Les Deux Foscari, Caïn et Sardanapale, ont été imprimés pour compléter cette édition, et se vendent séparément 6 fr., et 7 fr. par la poste. Les dix volumes des OEuvres complètes de Byron, édition in-18, se vendent 20 fr., et 24 fr. par la poste.

Sous presse, pour paraître en mars prochain.

TRILBY ou **LE LUTIN D'ARGAIL**, par M. Charles Nodier.
LES NUITS DU LAC, par le même.
LES CONTES D'UN PHILOSOPHE GREC, par M. Baour-Lormian, membre de l'Acad. franç. 2 vol. in-12. Prix : 5 fr., et 6 fr. par la poste.

PROSPECTUS.

Lord Byron est à la tête d'un genre de littérature qui ne réunit pas tous les suffrages, et qui a même de sévères critiques et de violents adversaires. Il n'est guère dans les attributions d'un libraire-éditeur de discuter une question aussi grave dans ses *prospectus*, et je laisse aux hommes éclairés, qui sont appelés par leurs études à la traiter avec autorité, le soin de décider jusqu'à quel point le premier des romantiques a mérité sa réputation et justifié ses succès; obligé à partir d'un point plus positif, et dont la réalité ne peut souffrir aucune contestation, pour me rendre compte à moi-même de mes entreprises, qu'il me suffise de dire que *dix mille* exemplaires des traductions de lord Byron se sont répandues depuis *deux années* dans le commerce; que trois éditions, de trois formats différents, se sont épuisées rapidement depuis leur publication; et que, si j'ai résolu d'en donner une édition nouvelle, ce n'est que pour céder au vœu bien connu du public, qui regrettait que cette collection, universellement recherchée, ne fût pas encore exécutée assez convenablement pour faire partie des bibliothèques de luxe. Le succès de ces poèmes a été d'abord trop populaire, pour qu'on pût prendre le temps nécessaire à l'exécution d'une édition très-soignée. Il est trop constaté aujourd'hui pour qu'on puisse se dispenser d'accorder cette édition aux desirs des amateurs qui la sollicitent si vivement; et c'est le moindre hommage que la librairie française puisse consacrer à un auteur qui lui a procuré de si brillants avantages.

Pour rendre cette édition digne du but que je me suis proposé, je fais exécuter vingt-sept gravures d'après les beaux dessins de Westall, par les meilleurs artistes de notre école. Ce travail déja très-avancé, qui n'aura rien à envier à celui des plus habiles graveurs de l'Angleterre, et qui ne fera cependant pas sortir mon édition de la proportion économique de 20 pour 100 de prix d'achat (l'édition originale se vend 250 fr. à Londres), pourra être apprécié par la vignette qui orne le premier tirage de ce *Prospectus*.

25 janvier 1822.   LADVOCAT.

Cette édition, qui formera cinq volumes* et qui sera imprimée par MM. Firmin Didot père et fils avec autant de soin que leur édition de ROLLIN, a été revue entièrement et corrigée par M. PICHOT, collaborateur de M. GUIZOT pour la traduction de SHAKSPEARE, et contient non-seulement toutes les poésies qui se trouvent dans l'édition in-8° publiée en 4 volumes, mais encore la fameuse tragédie le DOGE DE VENISE, les PROPHÉTIES DU DANTE, les LETTRES SUR POPE, les IIIe, IVe et V^e chants de DON JUAN, les DEUX FOSCARI, CAÏN et SARDANAPALE, et autres morceaux nouvellement traduits.

* Conformes au papier, aux caractères, à la justification et à la page 3 de ce prospectus.

Deuxième tirage.

OUVRAGES PUBLIÉS PAR SOUSCRIPTION
CHEZ LE MÊME LIBRAIRE.

CHEFS-D'OEUVRE DES THÉATRES ÉTRANGERS; Allemand, Anglais, Danois, Espagnol, Hollandais, Italien, Polonais, Portugais, Russe, Suédois; traduits en français par MM. AIGNAN, ANDRIEUX, membres de l'Académie française; le baron DE BARANTE, BERR, BERTRAND, BENJAMIN CONSTANT, CHATELAIN, COHEN, DENIS, ESMÉNARD, GUIZARD, GUIZOT, LABEAUMELLE, LE BRUN, MALTE-BRUN, MERVILLE, CHARLES NODIER, PICHOT, REMUSAT, le comte DE SAINT-AULAIRE, le baron de STAEL, TROGNON, VILLEMAIN, membre de l'Académie française; 20 vol. in-8° de plus de 500 pages.

Conditions de la souscription.

Pour être souscripteur, il suffit de se faire inscrire chez l'Éditeur.

Le prix de chaque volume est de six francs papier ordinaire, et quinze francs le grand papier vélin satiné : deux livraisons paraissent chaque mois; la collection entière sera publiée à la fin d'octobre 1822.

SHAKSPEARE (OEUVRES COMPLÈTES DE) traduites de l'anglais par Le Tourneur. Nouvelle édition entièrement revue et corrigée par F. Guizot et le traducteur de lord Byron, et ornée d'un beau portrait; précédée d'une notice biographique sur Shakspeare par F. Guizot. 13 volumes in-8°, de 500 pages chacun, ornés d'un portrait.

Prix : 5 fr. le volume, 5 fr. 50 c. papier satiné, et 15 fr. grand papier raisin vélin. Tous les volumes ont paru.

SCHILLER (OEUVRES DRAMATIQUES DE) traduites de l'allemand; et précédées d'une notice biographique sur Schiller, par M. de BARANTE, ornées d'un beau portrait; 6 vol. Prix : 30 fr. et 33 papier satiné, et 90 fr. grand raisin vélin. (Ainsi qu'au Shakspeare.)

Pour faire connaître au public le soin que l'Éditeur donne à cette précieuse collection, il joint ici une page de modèle de la justification et du caractère employés pour ces trois ouvrages. (*Voyez ci-contre.*)

WALTER SCOTT (OEUVRES COMPLÈTES DE SIR) 57 vol. in-12.

Prix : 2 fr. 50 c. le vol. et 3 fr. par la poste. Format in-8°, 20 volumes. Prix : 6 fr. le volume. Cette édition est extrêmement soignée.

PROTÉO.

J'avoue, belle Silvie, que j'ai aimé; mais celle que j'aimais est morte.

JULIE, à part.

Tu ne serais qu'un menteur si je parlais, car je suis sûre qu'elle n'est pas enterrée.

SILVIE.

Tu dis qu'elle est morte; mais Valentin, ton ami, ne vit-il pas encore? et n'as-tu pas été témoin de la foi que je lui ai engagée? Ne rougis-tu pas de le trahir ici par tes lâches importunités?

PROTÉO.

J'ai appris aussi que Valentin était mort.

SILVIE.

Eh bien, suppose aussi que je le suis; car, je te l'assure, mon amour est enseveli dans son tombeau.

PROTÉO.

Ma douce et belle Silvie, laisse-le-moi exhumer de la terre.

SILVIE.

Va sur le tombeau de ton amante, réveille-la par tes gémissements; ou, si tu ne le peux, que sa tombe soit la tienne.

JULIE, à part.

Il ne suivra pas ce conseil.

PROTÉO.

Madame, si votre cœur est si endurci, daignez du moins accorder votre portrait à mon amour; ce portrait qui est suspendu dans votre chambre. Je

EXTRAIT DU CATALOGUE GÉNÉRAL.

DES CONSPIRATIONS ET DE LA JUSTICE POLITIQUE, par F. Guizot. Brochure in-8°. Troisième édition. Prix : 3 fr., et 3 fr. 50 c. par la poste.

Cet ouvrage remarquable a obtenu le plus grand succès : les deux premières éditions ont été enlevées dans le mois de la mise en vente. Cette édition est augmentée de pièces justificatives très-importantes.

DU GOUVERNEMENT DE LA FRANCE DEPUIS LA RESTAURATION, et du ministère actuel ; par F. Guizot. Quatrième édition, revue, corrigée et augmentée d'un avant-propos et d'une note sur la révolution d'Espagne, de Naples et de Portugal, 1 vol. in-8°. Prix : 5 fr., et 6 fr. 50 c. par la poste. Supplément aux deux premières éditions de cet ouvrage. Brochure in-8°. Prix : 1 fr. 25 c.

DE LA LIBERTÉ RELIGIEUSE, par M. A. V. Benoît. Prix : 6 fr., et 7 fr. 50 c. par la poste.

Cet ouvrage est remarquable sous plus d'un rapport. Nous engageons les personnes qui voudraient s'en faire une juste idée à consulter le n° 62 de *la Minerve française*, à l'article Lettres sur Paris.

DE L'ESPRIT PUBLIC, ou DE LA TOUTE-PUISSANCE DE L'OPINION, par M. le baron Guérard de Rouilly. 1 vol. in-8°. Seconde édition. Prix : 5 fr., et 6 fr. 50 c. par la poste.

Cet ouvrage, remarquable à-la-fois par la profondeur des pensées, la justesse des aperçus et l'élégance du style, a réuni les suffrages des publicistes, et ceux des littérateurs au milieu des circonstances qui le virent paraître. Ce n'était pas un faible mérite que celui de savoir concilier les formes d'une sage modération avec les principes d'une noble indépendance ; et c'est ce témoignage que se sont accordés à rendre à l'auteur tous les journaux de la capitale, dans le compte sommaire qu'ils ont publié de cette production. Voyez l'*Indépendant* du 1er avril 1820, le *Constitutionnel* du 2 du même mois, le *Courrier français* du 27, etc., etc.

ÉMILE, ou l'Éducation, par J.-J. Rousseau. Nouvelle édition à l'usage de la jeunesse, avec des retranchements, des notes et une préface par madame de Genlis. 3 vol. in-12. Prix : 10 fr., et 12 fr. par la poste.

NOUVEAU DICTIONNAIRE DE LA LANGUE FRANÇAISE, le plus portatif et le plus complet, ou Manuel d'orthographe et de prononciation, par M. Marguery, professeur de belles-lettres.

Tous les soins qu'on a mis à la confection de ce Dictionnaire, qui est vraiment *le plus portatif et le plus complet*, m'autorisent à le désigner comme le plus commode et le plus utile.

Prix, broché, 5 fr. Relié en basane, 5 fr. 75 c. Et broché, par la poste, 6 fr.

VIE DE MARIE STUART, reine de France et d'Écosse, par F. Gentz. 1 vol. in-12, traduit de l'allemand par Damaze de Raymond. Seconde édition revue et corrigée, ornée de cinq jolies gravures. Prix : 4 fr., et 4 fr. 50 c. par la poste.

Cet ouvrage se recommande par l'intérêt historique qui y règne. Les matériaux ont été puisés dans les mémoires des auteurs, tous contemporains de Marie Stuart.

LES TROIS MESSÉNIENNES,

ou Élégies sur les malheurs de la France, par M. Casimir Delavigne.

Première Messénienne. Sur la bataille de Waterloo.

Seconde Messénienne. Sur la dévastation des monuments français, et l'enlèvement des tableaux du Musée.

Troisième Messénienne. Sur le besoin de s'unir après le départ des alliés.

Ces élégies, dont le succès augmente chaque jour, et dont tous les journaux ont parlé avec beaucoup d'éloges, se vendant 2 fr., et 2 fr. 50 cent. par la poste. Quatrième édition, augmentée de deux Élégies sur la vie et la mort de Jeanne d'Arc, et d'une Épître à MM. de l'Académie française.

PRINCIPES D'ÉCRITURE CURSIVE, abusivement appelée anglaise, à l'usage de toutes les écoles de France; précédés d'un discours sur l'écriture, par Barde de Vignan, professeur de grammaire et d'écriture. 1 vol. in-fol. Prix : 10 fr., et 12 f. par la poste.

Cette superbe collection d'exemples d'écritures est supérieure à tout ce qui a paru dans ce genre. Elle se compose de plus de trente feuilles, où l'on trouve une grande variété de modèles d'écritures.

STATISTIQUE DE LA FRANCE (TABLEAU), par Perrot.

Ce tableau, dont l'idée est fort ingénieuse, et dont l'idée est aussi complète qu'on peut le désirer, est très-utile aux commerçants et aux administrateurs. D'un seul coup-d'œil le lecteur peut connaître la superficie d'un département en arpents ou en hectares, ses productions en tous genres, les rivières qui l'arrosent, sa population, le nombre de ses communes, celui de ses députés, avec leur série, le prix moyen du blé, le départ des courriers, les sièges des évêchés, cours royales, académies, etc.

Prix : 2 fr. 50 c.; 3 fr. dans un étui; par la poste (en feuilles), 3 fr.

On se fera une juste idée de l'importance et de l'utilité de ce travail, lorsqu'on saura que S. Exc. le ministre de l'intérieur en a fait prendre 660 exemplaires pour le compte de son ministère.

TABLEAU DES MONNAIES ÉTRANGÈRES comparées à celles de la France; contenant leur titre, leur poids et leur valeur, à l'usage des banquiers, négociants, etc., par Chabouillé, ancien agent-de-change, superbe tableau gravé par Giraldon et imprimé sur une feuille grand-aigle. Prix : 2 fr. 50 c. Par la poste, 3 fr.

Pour prouver combien ce tableau est utile, nous donnerons la liste des monnaies qu'il fait connaître : Genève, Fribourg, Berne, Underwald, Uri et Zug, Bâle et évêché, idem. Lucerne, Zurich, Soleure et Saint-Gall, Piémont et Savoie, Gênes et Parme, Plaisance, Milan, Modène, Venise, Rome, Naples et Sicile, Turquie, Florence et Toscane, Madrid, Cadix, Portugal, Liége, Pays-Bas, Hollande, Hambourg, Angleterre, Leipsick, Saxe, Bavière, Wurtemberg et Brunswick, Hanovre, Russie, Prusse, Suède et Pologne, Danemarck, Hongrie et pays héréditaires, Perse et Mogol.

THÉORIE DU POUVOIR ARISTOCRATIQUE, ou Histoire de l'inquisition politique de Venise, ses statuts, ses lois et règlements depuis la création de cette autorité, jusqu'aux temps modernes; précédée d'une notice sur le gouvernement en général, et suivie d'un précis des événements qui ont amené la destruction de la république vénitienne, par Napoléon Bonaparte, alors général en chef de l'armée d'Italie. Seconde édition. 1 vol. in-8°. Prix : 3 fr., et 3 fr. 50 c. par la poste.

ÉPITRES ET POÉSIES DE M. VIENNET. 1 vol. in-8°. Prix : 4 fr., et 5 fr. par la poste.

Ce volume se compose de dix-sept Épitres remarquables par le mérite du style et les nobles sentiments qui y sont exprimés.

PROVERBES DRAMATIQUES, par M. Gosse, auteur de la comédie le Médisant.

Ces proverbes, au nombre de vingt, forment 2 vol. in-8° de 4 à 500 pages chacun. Prix : pap. ordin., 12 fr.; fr. de port, 15 fr.; pap. satiné, 14; pap. vélin, 24.

MÉMOIRES

INÉDITS

DE L'ABBÉ MORELLET.

VERITAS OMNIA VINCIT.

IMPRIMERIE DE DAVID, RUE DU POT-DE-FER.

ANDRÉ MORELLET.

Né en 1727. Mort en 1819.

MÉMOIRES

INÉDITS

DE L'ABBÉ MORELLET,

DE L'ACADÉMIE FRANÇAISE,

SUR LE DIX-HUITIÈME SIÈCLE
ET SUR LA RÉVOLUTION;

PRÉCÉDÉS

DE L'ÉLOGE DE L'ABBÉ MORELLET,

PAR M. LÉMONTEY,

MEMBRE DE L'INSTITUT, ACADÉMIE FRANÇAISE.

DEUXIÈME ÉDITION,
CONSIDÉRABLEMENT AUGMENTÉE.

TOME PREMIER.

PARIS,

A LA LIBRAIRIE FRANÇAISE
DE LADVOCAT, PALAIS-ROYAL,
GALERIE DE BOIS, N° 195.

M. DCCC. XXII.

AVIS
DU LIBRAIRE-ÉDITEUR.

La vente rapide de la première édition des *Mémoires de l'abbé Morellet* imposait à l'Éditeur le devoir de rassembler tous les documens qui pouvaient donner à la seconde plus d'étendue et d'intérêt.

Il croit avoir réussi, en publiant à la suite de ces Mémoires, une correspondance qui complète ces précieux matériaux de notre histoire littéraire et politique. Les Lettres de l'abbé Morellet à M. le comte R......, lorsqu'il était ministre des finances à Naples, peuvent être considérées, en effet, comme une véritable continuation des Mémoires. L'abbé Morellet y passe en revue une foule de personnages distingués dans les sciences, les lettres et la politique, tels que *Bonaparte, sa famille, madame de Staël, Chénier,* le cardinal Maury, Geoffroy, Boufflers, Suard, Lalande, le poëte Lebrun, Millevoie, Parny, Fontanes; MM. Baour-Lormian, Daunou, l'abbé Freyssinous, Arnault, Picard, Benjamin Constant, Raynouard, mesdames de Genlis, Guizot, etc., etc.

Nous ne terminerons pas sans exprimer à M. le comte R...... toute notre reconnaissance, pour la manière obligeante avec laquelle il a bien voulu nous ouvrir son précieux portefeuille, et nous confier, pour être imprimée, une correspondance dont il était l'unique possesseur.

Paris, 10 mai 1822.

LADVOCAT.

TABLE DES CHAPITRES

DES MÉMOIRES DE L'ABBÉ MORELLET.

TOME PREMIER.

                                                                        Pages.

Éloge de M. Morellet. . . . . j

CHAP. Ier. — Premières années ; Jésuites de Lyon ; Séminaire. Sorbonne. Turgot, Loménie de Brienne 1

CHAP. II. — Education du jeune abbé de la Galaizière. Diderot ; d'Alembert. Plusieurs travaux littéraires et politiques. Lettres inédites de Malesherbes. 23

CHAP. III. — Voyage en Italie. *Manuel des Inquisiteurs.* Lettres inédites de Voltaire, de d'Alembert, etc. L'improvisatrice Corilla. Helvétius. Boulanger. Tartini. 55

CHAP. IV. — Madame Geoffrin. Lefranc de Pompignan. Palissot, la Bastille. 84

CHAP. V. — J.-J. Rousseau. 100

CHAP. VI. — Clairault, Chastellux, Buffon, d'Holbach, Helvétius, madame de Boufflers. 123

CHAP. VII. — Travaux d'administration, de politique, etc. M. et Mme Necker. Beccaria. Véri. 144

CHAP. VIII. — Travaux sur la compagnie des Indes. Lettres inédites de Turgot et Buffon. Prospectus d'un dictionnaire du commerce. Réfutation de Galiani. Autres lettres de Turgot. Statue de Voltaire. 178

CHAP. IX. — Premier voyage en Angleterre. Francklin, Garrick, lord Shelburne. Lettre et vers inédits de La

Harpe. Raynal. Lettre de Turgot sur *l'Histoire des deux Indes*. 201

CHAP. X. — Bruit du rappel des Jésuites. Chanson. Mort de Louis XV. Ministère de Turgot. 223

CHAP. XI. — Linguet. Réfutation de M. Necker. Voyage à Ferney. 232

CHAP. XII. — Traduction (inédite) de *la Richesse des nations*. Marmontel. Epître de Marmontel à sa femme. Piccini, Arnaud, Suard. Mort de Mme Geoffrin. 243

CHAP. XIII. — Château de Brienne. Couplets. Suite des travaux sur le commerce. Mort de Turgot. 262

CHAP. XIV. — Paix de 1783, conclue par le lord Shelburne. Lettre du ministre anglais. Voyage aux Pays-Bas et en Hollande. Second voyage en Angleterre. Réception à l'Académie française. Lettres inédites de Chamfort, de Thomas, de Mme Necker. 274

CHAP. XV. — Francklin. Couplets en son honneur. Lettres inédites de Francklin, avec figures. 295

CHAP. XVI. — Défense du marquis de Chastellux contre Brissot. Nouveaux mémoires en faveur de la liberté du commerce. Lettre à l'archevêque de Sens. Première assemblée des Notables. Prieuré de Thimer. 322

CHAP. XVII. — Seconde assemblée des Notables. Travaux et discussions politiques. Etats-généraux. Doublement du Tiers. 339

CHAP. XVIII. — Suite des principes sur la composition des Assemblées nationales. 356

CHAP. XIX. — Révolution. Malheurs publics et privés. Écrits politiques. 372

CHAP. XX. — Suite des écrits politiques. Chamfort, Naigeon, Brissot. 10 août, 2 septembre 1792. Calamités. 391

CHAP. XXI. — Mirabeau, Sieyes, Garat. 409

CHAP. XXII. — Mort de Beauvau. Lettres de Marmontel. Quelques portraits. Suppression de l'Académie française. . 419

CHAP. XXIII. — Demande d'un certificat de civisme. Commune de 1793. Dorat-Cubières, Lubin, Bernard, Vialard, etc. 434

TOME SECOND.

CHAP. XXIV. — Mort de Condorcet. 1

CHAP. XXV. — Massacres. Mort de MM. de Brienne. *Le Préjugé vaincu.* Dénonciation. Nouvel interrogatoire.. . . . 10

CHAP. XXVI. — *Le Cri des familles* 30

CHAP. XXVII. — *La Cause des Pères.* Élections de l'an III, 1795. Nouveaux ouvrages politiques et littéraires. . . . 45

CHAP. XXVIII. — Traductions des romans. *Loi des otages.* Lettre de M. de Beausset, évêque d'Alais. 69

CHAP. XXIX. — Projet de rétablir l'Académie française. Lettre de Lucien Bonaparte, ministre de l'intérieur. . . . 81

CHAP. XXX. — Mort de madame Helvétius. Élections de mars 1802 107

CHAP. XXXI. — Nouveau plan pour le rétablissement de l'Académie française. Institut national 112

CHAP. XXXII. — Entretien avec le premier Consul. . . . 121

CHAP. XXXIII. — Dernières années.. Conclusion. 126

SUPPLÉMENT AUX MÉMOIRES.

Lettres de l'abbé Morellet à M. le comte de R******, ministre des finances à Naples.

LETTRE Ire. 133

LETTRE II.. 141

	Pages.
Lettre III.	166
Lettre IV.	185
Lettre V.	188
Lettre VI.	198
Lettre VII.	202
Lettre VIII.	213
Lettre IX.	221
Lettre X.	225
Lettre XI.	229
Lettre XII.	233
Lettre XIII.	237
Lettre XIV.	254

POÉSIES.

Pour le jour de ma fête, Stances.	273
La Vieillesse.	277
Le Vieillard devenu aveugle.	283

Observations sur la Correspondance littéraire de Grimm. . 289

NOTES ET PIÈCES JUSTIFICATIVES.

Petit écrit sur une matière intéressante.	315
Requête au roi.	318
Morceaux supprimés par le docteur Tamponet, censeur.	328
D'Alembert et M. Fiévée.	332

	Pages.
Lettre de Cérutti sur J.-J. Rousseau.	334
Discours du président de la Convention.	336
Sur mademoiselle de l'Espinasse.	341
Sur la société du baron d'Holbach.	343
Réponse à une dénonciation.	345
Traité des délits et des peines.	352
Les Marionnettes.	353
Milord Shelburne.	371
Louis XVI et Turgot.	372
La Théorie du paradoxe.	373
Les Marchands de prunes.	ib.
Les Tambours de la ville.	376
De la Dévotion politique.	378
Réflexions du lendemain.	382
Préservatif contre une adresse à l'Assemblée nationale.	385
Évasion de l'abbé Godard.	407
Anecdotes relatives à la mort de Louis XVI, par M. de Vaines.	427
Lettres de l'abbé Sieyes.	434
Note explicative, en réponse à la lettre de Th. Paine et à quelques autres provocations du même genre.	439
La Harpe en 1793.	450
Sur Loménie de Brienne, archevêque de Sens.	465
Le Préjugé vaincu.	469
Le Cri des Familles.	475
Lettres d'un représentant du peuple.	486
Piochefer Bernard, représentant du peuple, délégué par la Convention nationale pour les départemens de la Côte-d'Or et Seine-et-Loire.	ib.
Pensées libres sur la liberté de la presse.	488
Sur Marmontel.	498
Loi des otages.	501

	Pages.
Liste des personnes de quelque nom, que j'ai connues, et avec lesquelles j'ai eu des relations.	507
Ouvrages imprimés de l'abbé Morellet.	509
Ouvrages manuscrits de l'abbé Morellet.	515

FIN DE LA TABLE DES CHAPITRES.

ERRATUM.

Dans le supplément, page 166 (2ᵉ volume), lettre III, *au lieu de* Paris, mars 1817, *il faut lire* : Paris, mars 1807.

ÉLOGE
DE M. MORELLET.[*]

ANDRÉ MORELLET a été, comme Fontenelle, le lien de deux siècles et de deux littératures. Monument de durée et de destruction, il était resté seul des écrivains qui élevèrent l'*Encyclopédie*, seul des penseurs qui fondèrent la science de l'économie politique, et presque seul des membres de la première Académie française qui fut emportée par l'ouragan de la révolution. Tandis que le vulgaire s'intéresse aux longévités extraordinaires, comme à des victoires remportées sur l'ennemi commun, les hommes instruits vénéraient dans ce vieillard le patriarche des lettres, l'auteur d'ouvrages utiles, l'ami et le contemporain des plus beaux génies; et voyant, pour ainsi dire, en lui le représentant du siècle qui nous a fait naître, ils ont pleuré sa perte, et honoré sa dépouille comme on suit le convoi d'un père. Cette douleur filiale appartient surtout à une compagnie

---

[*] L'éditeur de ces Mémoires a été autorisé par M. Lémontey, successeur de M. Morellet à l'Académie française, à tirer cet éloge de son discours de réception prononcé dans la séance du 17 juin 1819.

dont il était le doyen; elle sera mon excuse, si, renonçant aujourd'hui à ces entretiens littéraires qui ont coutume de remplir les solennités académiques, je vous parle seulement de vos regrets, et ne mêle point à votre deuil des ornemens étrangers.

Une constitution forte, des traits prononcés, une âme ferme et un esprit droit, formaient dans M. Morellet l'équilibre le plus favorable à l'empire de la raison. Il n'a ressenti qu'une passion; ce fut l'amour de la vérité, et à sa suite le goût de l'ordre et de la justice, qui en sont inséparables. Je me hâte de signaler ces traits primitifs, parce que l'empreinte n'en fut point effacée. Il règne en effet un tel accord dans la vie de cet homme de lettres, que chaque partie séparée en révèle toutes les autres. Le philosophe centenaire garda toutes les opinions du jeune licencié, parce que celui-ci n'en avait admis aucune légèrement; son cœur fut sans orages, comme sa raison sans faiblesse; sa tête n'a point eu de déclin, et sa conscience n'a fléchi ni sous le temps ni sous la fortune.

Que l'on cherche dans leurs œuvres la vie des autres écrivains; c'est dans la sienne qu'il faut apprécier les livres de M. Morellet. Presque tous, sortant de la classe oisive des spéculations, unirent l'acte et la pensée, l'intérêt du présent et les vues de l'avenir. Je risquerais de n'en laisser qu'une idée incomplète, si, par un jugement purement littéraire, je les détachais des conjonctures qui les virent naître, et si je ne vous montrais tour-à-tour dans chacun d'eux, ou l'impulsion donnée à son siècle par une âme courageuse, ou les services rendus à son pays par un bon citoyen.

Transplanté à quatorze ans de Lyon dans la capitale, M. Morellet s'y fortifia par de longues études; lorsque les bancs de la scolastique le cédèrent au monde, une agitation générale s'y développait. Réveillés de l'assoupissement où les avait tenus le pacifique vieillard de Fréjus, les esprits essayaient d'ouvrir à la gloire nationale des routes indépendantes ; la composition de l'*Encyclopédie* était le centre de ce mouvement : par des articles concis et raisonnables, que la censure a respectés, M. Morellet y exposa les subtiles notions de la métaphysique et de la théologie.

Tout a été dit en bien et en mal sur cette entreprise, et sur les défauts inévitables de sa première exécution ; mais le service éminent qu'on ne peut lui contester, c'est le rapprochement qu'elle opéra entre toutes les branches du savoir. Les anciens avaient dû leur supériorité au commerce des philosophes et des artistes avec les poëtes et les orateurs : nous eûmes alors une semblable alliance, d'abord fictive dans les volumes inanimés d'un dictionnaire, et ensuite réalisée par le temps. En effet l'Institut naquit, et l'Encyclopédie fut vivante. L'Europe reconnut ce sénat des arts, où chaque faculté de l'esprit a ses représentans, et dont la noble mission est de perfectionner l'homme tout entier.

A ces travaux faits en commun, M. Morellet en joignit qui lui furent propres. Il voyageait alors en Italie ; si je vous disais qu'un jour, égaré dans ces grottes, où les poëtes ont placé les bouches de l'Averne, il parvint à un lieu de désolation, où il surprit le secret des prêtres infernaux, le code des furies, et le spectacle des sacrifices humains, ce récit fabuleux serait le voile d'une vérité. M. Morellet découvrit en effet un exemplaire du *Manuel des Inquisiteurs*, et en publia une traduction abrégée, mais nue, sans réflexions, et dans son horreur native. * L'imagination qui, dans les choses secrètes, dépasse ordinairement la réalité, était restée bien au-dessous de ces affreux mystères. J'avoue qu'à leur lecture j'ai été épouvanté de l'homme, et que je ne croyais pas la férocité capable de tant de ruse. Le traducteur, par des touches simples et profondes, peint la conscience d'un inquisiteur, comme Michel-Ange avait fait le portrait des Parques.

Son zèle va chercher de nouveaux alimens. Au-delà des Alpes, l'âme ardente d'un jeune homme est fortement émue de l'imperfection des lois pénales, et au milieu de la souffrance muette des peuples paraît tout-à-coup le livre fameux *des Délits et des Peines*. Cet ouvrage du marquis de Beccaria, qui porte les caractères de l'inspiration, en a un peu le désordre, et pouvait s'évaporer en flamme légère. Encouragé par l'homme excellent des temps modernes (c'est, je crois, nommer M. de Malesherbes), M. Morellet transporte ce traité dans notre langue, et, sans y affaiblir la chaleur qui entraîne les âmes, il donne aux idées l'arrangement logique qui doit convaincre les esprits ; cette traduction prend la place

---

* L'ouvrage original est intitulé *Directorium Inquisitorum*. Il fut composé en 1358 par le cardinal Eymeric, grand-inquisiteur d'Aragon, approuvé par plusieurs papes, conservé dans tous les tribunaux du saint-office, et imprimé à Rome en 1578, sous les auspices de Grégoire XIII. Si l'on doutait de l'utilité dont ces révélations pouvaient être en 1762, que l'on se représente des faits que notre légèreté oublie trop facilement. Pendant la première moitié du dix-huitième siècle, et dans un seul état de l'Europe, l'inquisition condamna onze mille six cent deux victimes, dont deux mille trois cent soixante-quinze furent livrées aux flammes.

de l'original, et une seule année en épuise sept éditions, effet prodigieux qui commença chez toutes les puissances de l'Europe une tendance bien imprévue à réformer les codes criminels. L'abolition des tortures, la publicité des débats, et l'adoucissement de quelques peines, en ont été les fruits. Certes ! c'est un beau privilége pour les noms de Beccaria et de Morellet, que d'avoir laissé de si nobles traces sur la terre; je fixerai encore mieux la part qui en revient à notre nation, en rappelant les paroles que Beccaria écrivit à son traducteur : « Je dois tout aux » livres français; ils ont développé dans mon âme des sen- » timens d'humanité, étouffés par huit années d'une édu- » cation fanatique *. »

Quand l'autorité a fait la première faute d'intervenir dans les choses étrangères à ses devoirs il est rare qu'elle n'en fasse pas une seconde en choisissant le parti de l'erreur. Cet accident lui arriva dans la querelle de l'inoculation, où le combat ne finit que lorsque le roi Louis xv eut perdu la vie par le fléau même que le Parlement et la Sorbonne protégeaient. M. Morellet avait prêté dans cette lutte le secours de sa plume à l'évidence opprimée; mais sans être irrité, ni surpris des obstacles. La vérité a un fonds d'ennemis naturels, qui se reproduit d'âge en âge, et qu'elle doit accepter comme une maladie héréditaire, et une condition de son existence. Ceux qui décrièrent alors les défenseurs d'une pratique salutaire, auraient trois siècles plus tôt montré au doigt le fou qui découvrit l'Amérique, et accusé le magicien qui inventa l'imprimerie.

---

* Lettre datée de Milan, du mois de mai 1766.

M. Morellet chérissait trop les vues utiles pour rester indifférent à une création singulière de la même époque. Quelques hommes ayant les premiers attaché leur attention sur le mécanisme des sociétés, y aperçurent des faits neufs et importans; mais, presque aussitôt jaloux de leurs découvertes, ils les voilèrent de dogmes obscurs et d'un vocabulaire barbare : des philosophes jouèrent le rôle d'initiés. Cette prétendue secte donna le jour à deux sciences positives, dont l'une s'établit en Allemagne sous le nom de *statistique*, et l'autre en Angleterre sous celui d'*économie politique*; l'étranger qui s'enorgueillit de leurs progrès, ne peut leur contester une origine française; ainsi la réunion des écrivains appelés parmi nous les *économistes*, a ressemblé quelque temps à ces fleuves qui portent au loin la richesse et la fécondité, et n'offrent près de leur source que du bruit, et des sites pittoresques. Il était réservé à M. Morellet de corriger l'inégalité de ce partage.

Esprit éminemment clair, juste, et pénétrant, il traversa, sans s'arrêter, la logomachie des disciples de Quesnay, marcha droit à ce que leurs doctrines contenaient de vrai, et l'appliqua au commerce qui devenait de plus en plus le ressort et presque toute la politique des nations modernes. L'ouvrage qu'il publia sous le titre beaucoup trop modeste de *Prospectus d'un nouveau dictionnaire de commerce*, fut la création d'un talent étendu et supérieur, et livra sur les *valeurs*, les *banques* et les *monnaies*, des découvertes fécondes que l'école d'Édimbourg n'a pas surpassées. Le plan du dictionnaire était tracé avec tant de perfection, que d'autres mains ont pu l'exécuter, et la précaution fut heureuse; car l'auteur, élevé à la plus haute estime, ne demeura plus maître de son temps, ni de ses travaux. Il devint le conseil de tout ce que la France possédait d'administrateurs distingués, Trudaine, Gournay, Montaran, Fourqueux et Turgot : « Vous êtes, lui » écrivait Voltaire, le protecteur de Ferney, du com- » merce, de la liberté et de la raison. » En Angleterre, le gouvernement l'eût appelé dans son sein ; en France, il resta magistrat de l'opinion. Ministre, il aurait eu des flatteurs ; écrivain consulté, il garda son talent et son indépendance. Il est permis d'hésiter sur la préférence des deux régimes.

Dans cette enceinte où l'apothéose de Lhospital et de Sully, de Colbert et de d'Aguesseau anima plus d'une fois les fêtes de l'éloquence, je ne crois pas parler une langue étrangère, en arrêtant vos regards sur quelques travaux économiques de M. Morellet ; c'est lui qui, par douze années d'efforts contre de stupides préjugés, obtint à l'industrie française une liberté dont jouissaient les esclaves de l'Inde et de la Perse, et naturalisa parmi nous la fabrication, aujourd'hui si florissante, des toiles imprimées ; c'est lui qui éclaira les provinces sur la nature des douanes, des entrepôts, et des ports-francs, et prépara l'abolition des barrières qui formaient plusieurs Frances dans un seul royaume.

C'est lui qui sapa le privilége de la compagnie des Indes, si onéreux à l'état, et si funeste au commerce national. Il pressentit le danger de substituer à l'utile concurrence des particuliers la rivalité armée des compagnies. Aussi a-t-il pu voir un phénomène inouï dans les annales du monde ; un comptoir de marchands étrangers qui a surpassé les invasions d'Alexandre, de Gengis, et de Tamerlan, et qui, après avoir commencé dans l'Asie tributaire par le monopole de quelques denrées, a fini par y trafiquer des couronnes et des peuples. C'est lui qui, dans une extrême vieillesse, et député par la ville de Paris à la chambre législative, calcula ce que coûterait à l'agriculture, un impôt démesuré sur les fers exotiques, et, poussant les derniers soupirs d'un économiste, tempéra les lois fiscales qui vont ronger jusqu'au soc de la charrue.

Enfin l'on n'a pas oublié l'assaut qu'il soutint dans la discussion sur le commerce des blés contre deux adversaires, dont le parfait contraste amenait sur le même théâtre ce que la France possédait de plus grave et de plus fantasque; l'un, M. Necker, déjà recommandable par son éloge de Colbert, mais apportant sur la matière les préoccupations d'un écrivain né dans une république sans territoire et sans laboureurs; l'autre, l'abbé Galliani, spirituel et sans bonne foi, jetant une lueur piquante sur les accessoires du problème, et laissant le fond dans l'obscurité. Par leur agrément, leur vogue, et leur inutilité, les dialogues tant célébrés de cet Italien, rappellent ceux de Fontenelle sur la pluralité des mondes; et l'on n'apprendra pas mieux l'administration dans les uns que l'astronomie dans les autres. L'équitable Morellet exposa par une simple analyse les timides erreurs du publiciste genevois; mais il rompit sans ménagement les illusions du Protée napolitain. Son livre fonda les principes du commerce libre dont on ne s'est pas encore impunément écarté.

Dans ces ouvrages d'utilité spéciale, la manière de l'écrivain est forte, serrée, lumineuse; le raisonnement et la raison ne s'y font point la guerre; les propriétés de la langue philosophique y sont bien observées. Avare d'ornemens, elle permet seulement à l'ironie socratique de s'y introduire quelquefois. Mais ce champ ne suffit pas au zèle de l'auteur; homme du monde autant qu'homme de lettres, il combat de sa parole comme de sa plume; et l'une commente avec abandon ce que l'autre a tracé avec justesse. Au travers de formes un peu rudes, il épanche une âme sensible au bonheur des hommes, passionnée dans leur défense, et persuasive par sa propre conviction. Il remporta dans cette lice un avantage d'une telle importance qu'il semblait réservé à ces anciennes républiques, où le salut de la patrie était le devoir de tous. Montrons la page où l'histoire déposera ce beau souvenir.

L'événement le plus mémorable du siècle dernier fut sans contredit la paix qui donna au Nouveau-Monde un peuple indépendant, et qui, pour la France, répara les erreurs de la paix d'Aix-la-Chapelle, et les affronts du traité de Paris. La négociation eut un caractère de franchise et de philantropie, jusqu'alors inconnu dans les coutumes diplomatiques, et dont la cause doit à jamais honorer M. Morellet. Lié par des rapports intimes avec lord Shelburne (depuis marquis de Lansdown), mis récemment à la tête du ministère britannique, il avait passé à Londres, et persuadé à son illustre ami que l'intérêt des nations s'accommode mieux d'une bienveillance mutuelle que des petitesses de l'égoïsme. Au moment où il eut signé la paix, le ministre anglais ne cacha point à M. de Vergennes l'éloquent missionnaire auquel il devait sa conversion. Ce fut en voyant la lettre où le marquis de Lansdown s'avouait si généreusement vaincu par le philosophe français, que le roi récompensa M. Morellet par une pension de quatre mille francs, sur les fonds des économats, bien étonnés sans doute d'avoir à payer de tels services.

Celui qui a cherché dans les combinaisons politiques le

bien général, désire aussi de voir les hommes meilleurs, et passe naturellement de la réforme des lois à celle des mœurs. Les peuples graves ou mélancoliques tiennent en grande estime les écrivains qui les soulagent du poids de la morale en la déguisant sous des formes récréatives. Le premier mouvement des Espagnols et des Anglais est de chercher des vues sérieuses dans les fictions les plus folles d'un Butler ou d'un Cervantes, d'un Sterne ou d'un Quevedo. La France, bien différente, est un pays familier, où l'on prend ordinairement au mot les moralistes enjoués, soit que leur but nous échappe, soit que par vanité le lecteur ne veuille pas avoir été trompé, même pour son plaisir. On a passé bien du temps avant de convenir que Rabelais n'était pas seulement un bouffon, Molière un plaisant, La Fontaine un bonhomme, et Voltaire un bel-esprit.

Sans se plaindre de cette lente justice, M. Morellet enferma des leçons d'une morale franche et raisonnable dans des cadres ingénieux, où il se montre l'émule de Swift et de Francklin. Il était familiarisé avec les ouvrages du premier, dont il a traduit et développé divers fragmens; et il a vécu dans l'intimité du second. Comparé à Swift, il lui cède pour la verve et l'invention; mais il le surpasse par la bonne foi et la pureté des sentimens. Sa manière plutôt brusque et bienveillante exclut surtout la malice de cœur qui gâte le rire du satirique anglais. Quant à Francklin, l'homme sans égal pour rendre populaires les pensées fines, et pour donner au sens commun la pointe de la nouveauté, on dirait qu'il s'est fait entre lui et M. Morellet un échange de leurs qualités, en telle sorte qu'on retrouve plus de l'esprit français dans l'insurgé d'Amérique, et plus du quaker dans l'académicien de Paris.

La science grammaticale, l'érudition bibliographique, la théorie des beaux-arts, et la critique littéraire, fournirent aussi aux connaissances profondes, et à la plume de M. Morellet, des exercices d'une singulière variété. Il écrivit sur la musique, avec un sentiment très-fin des ressources de l'art, tel qu'on devait l'attendre du premier Français que Piccini s'était honoré d'appeler son hôte et son ami. Des productions célèbres furent soumises par lui à des examens remplis de goût, de sel, et d'enjouement, où l'on remarque cependant moins d'aptitude à sentir les beautés, que de sagacité à découvrir les fautes. Il en est un peu des procédés de la critique comme des lois pénales dont l'habitude endurcit les ministres. Mais remarquons bien que cette sévérité ne doit s'entendre que des jugemens de l'esprit, et qu'elle n'approcha jamais du cœur qui avait pleuré avec tant d'affliction, et si peu de faste, la mort de madame Geoffrin, sa bienfaitrice.

Une antipathie pour ainsi dire innée armait M. Morellet, aussi bien en politique, qu'en morale et en littérature, contre les productions du faux esprit, de la déraison et du charlatanisme. Voltaire lui avait délivré ses lettres de marque; et ceux qui le provoquèrent, purent s'apercevoir que le compagnon d'Hercule en conservait les flèches. Il perça le téméraire qui, ramenant l'antique licence au sein de l'urbanité française, avait osé rendre à Thalie le cynisme outrageant d'Aristophane. Dirigée ensuite contre de folles et lâches doctrines, sa *Théorie du Paradoxe* offre dans son plan une conception vigoureuse et sans modèle, et peut être regardée comme le premier chef-d'œuvre de la polémique, après les *Lettres provinciales*. L'oubli dans lequel est tombé le vaincu a presque desséché la palme du vainqueur; et ce doit être un avis pour les hommes de talent qui confient leur réputation à ces combats éphémères. Peu d'ennemis valent pour la gloire ces bons casuistes dont la Providence avait gratifié Pascal.

En mesurant la carrière de M. Morellet, en admirant la tenue de ses idées, on a droit de s'étonner qu'un talent d'une trempe aussi forte n'ait laissé aucun de ces monumens qui prennent place dans la littérature classique d'un peuple. Cet écrivain, à qui le calme des champs n'inspirait que le désir du repos, retrouvait l'activité au milieu de ses livres. Mais la cloison qui renferme le cabinet d'un homme de lettres, le défend mal contre les distractions du monde. Je n'ignore pas combien le commerce de sociétés élégantes et spirituelles peut ajouter, aux dispositions du littérateur, de goût, de saillies, de délicatesse, et même de jugement. Mais sur une pente aussi douce il faut un stoïcisme rare pour s'arrêter où commence l'abus. N'a-t-on jamais, dans ce tourbillon séduisant, à regretter des fatigues frivoles, et des veilles sans méditation? Est-il inouï que des talens s'y soient efféminés, des enthousiasmes éteints, et d'heureux naturels corrompus par la mode et l'afféterie?

On peut craindre que pour plaire à ces cercles brillans, dont il fit et goûta long-temps les délices, M. Morellet n'ait trop dissipé en opuscules la substance d'une solide renommée. Observons que les grands hommes du dernier siècle profitèrent sobrement de cette dangereuse école, et que tous allèrent perfectionner dans la solitude les pensées dont le frottement des esprits de la capitale avait pu leur donner l'étincelle. Voltaire abrita son génie vers les bords du Léman; Montesquieu aux forêts de la Brède; Buffon dans la tour antique de Montbar; d'Alembert sous le toit de la pauvreté; Rousseau dans le désert que trainaît autour de lui sa farouche défiance ; il fallut qu'une infirmité séparât Delille des enchantemens du monde, et que, pour le livrer à la gloire, elle étendît sur ses yeux le bandeau de Milton et d'Homère.

La révolution surprit la France jouissant avec sécurité de ses triomphes littéraires. Je laisse aux historiens le pénible devoir d'expliquer les causes et les malheurs de ce terrible réveil. Des philosophes seraient bien indignes de ce nom, si, apôtres de la justice et de la paix, ils ne détestaient les discordes civiles. Après avoir conseillé dans un temps convenable les réformes qui auraient prévenu ce fléau, ils n'eurent plus qu'à en subir la vengeance. M. Morellet voit périr ses amis les plus illustres, le duc de la Rochefoucaud, Bailly, Lavoisier, et Malesherbes; Cabanis distribue aux siens le pain des proscrits, car dans les révolutions, un peu de poison, obtenu par grâce, est le seul trésor qui attende les philosophes.

Déjà la spoliation et l'insulte ont prédit à M. Morellet une issue non moins funeste; mais sa tête menacée ne reste pas long-temps cachée dans l'ombre. Il voit la misère, et des vieillards dont les fils ont fui la mort, et des enfans dont les pères l'ont subie; et il s'élance, quand la tempête gronde encore, pour défendre ces deux générations errantes sur des ruines. Il n'a pas, comme Vincent de Paul, la facile mission d'attendrir de jeunes femmes de la cour sur des enfans nus et en pleurs; il doit désarmer des ennemis encore ivres de haine et de terreur, encore haletans dans une lutte effroyable contre toute l'Europe. Il n'a rien à prétendre ni pour lui ni pour les siens; la justice est le seul dieu qui le presse. Ses soixante et dix ans se soulèvent de colère et de pitié; il publie de mois en mois six écrits pleins d'une verve et d'un pathétique inconnus aux productions de sa jeunesse ; sa logique a des larmes, sa raison a des foudres; et, par un dévouement aussi prodigieux que ses efforts, il obtient en faveur des victimes plus que ces temps désastreux ne permettaient d'espérer. Péril, talent, courage, persévérance et succès, rien n'a manqué à l'honneur de ce grand bienfait, pas même l'ingratitude.

Tandis que son noble dévouement adoucissait tant d'infortunes, M. Morellet, dépouillé de l'aisance que de longs travaux lui avaient honorablement acquise, restait en proie aux besoins de l'âge avancé, et à ceux d'une famille intéressante que soutenait sa tendresse. Dans un état social renversé par un choc subit, la richesse et l'indigence ; les rangs et les professions avaient changé de place, et l'on se souviendra long-temps des métamorphoses qui sortirent de ce chaos; celle de M. Morellet ne fut pas la moins singulière.

Nous n'étions pas alors dans cette île où les naufragés réparaient leurs pertes en récitant des vers ; les plus doux accens de Ducis et de Parny n'auraient touché que des échos. Il fallait des plaisirs assortis à ces temps monstrueux; il fallait des rêves sauvages et des images fantastiques à des cerveaux encore troublés, pour ainsi dire, du tournoiement révolutionnaire. C'est dans la patrie de Richardson et de Fielding, que des esprits délirans nous apprêtaient ces absurdes merveilles. La nécessité contraignit M. Morellet à se ranger parmi les traducteurs de ces étranges romans. Le démon bizarre qui préside aux révolutions dut bien s'applaudir d'avoir réduit le littérateur du sens le plus parfait, le critique du goût le plus sévère à prêter notre langue aux spectres et aux somnambules d'outre-mer.

Parmi les épreuves auxquelles la dureté des événemens

soumit M. Morellet, vous ne me pardonneriez pas, Messieurs, d'omettre celles qu'il affronta pour l'intérêt de l'Académie. Du sein de cette illustre compagnie, qui subsistait comme un témoignage vivant de la haute politique du cardinal de Richelieu, et de la magnificence éclairée de Louis XIV, une voix infidèle s'éleva pour en provoquer la ruine. Tout se taisait alors devant l'inquiète passion des nouveautés ; M. Morellet seul osa combattre une agression dénaturée ; et comme, dans le cœur de cet écrivain, les affections et les devoirs ne se séparaient jamais, il fut heureusement inspiré. Sa réponse à votre adversaire parut très-remarquable, même à cette époque d'espérance et d'imagination, où se débordaient sur nous tous les flots de l'éloquence.

Bientôt de plus pressans dangers exigèrent un plus grand courage. Quand les émissaires d'un pouvoir destructeur vinrent fermer les portes de l'Académie, M. Morellet, accoutumé à rester le dernier sur la brèche, avait déjà soustrait à leurs regards, et déposé dans sa propre maison vos archives, vos registres et le titre même de votre création. Quoique ce trésor de la science fût sans valeur pour des barbares, il n'est pas douteux que leur jurisprudence n'eût fait suivre de la mort la découverte de ce pieux larcin. Quelle fête ce fut pour ce vieillard, lorsque dix années après, il put rentrer dans l'Académie renaissante, et lui rapporter ses dieux domestiques arrachés au pillage des Vandales ! Combien son cœur fut ému en se retrouvant avec ses anciens confrères, sauvés comme lui du naufrage, pour continuer la dynastie des muses françaises ! C'était Ducis, le poëte des douleurs paternelles, qui courba sous le joug les monstres indomptés de Shakspeare ; Delille, semant avec la facilité d'Ovide des vers dignes de Virgile ; La Harpe, épurant par ses leçons la littérature enrichie par ses œuvres; Suard, prononçant avec grâce les arrêts du goût; Boufflers, coupable de deux excès, s'il peut y en avoir dans l'esprit et dans la bonté; Choiseul-Gouffier, qui, entouré du double cortége de la puissance et des arts, fit voir aux Grecs un nouveau Périclès, moins étranger qu'eux aux souvenirs d'Athènes.

A côté de ces illustres vétérans, paraissaient de plus jeunes athlètes. S'il est vrai que les instrumens de la pensée se fortifient dans les agitations du corps social, la gloire des lettres n'avait rien à craindre de ses nouveaux appuis. Une douce vanité persuade aux vieillards que le genre humain décline avec eux; mais M. Morellet fut bien exempt de cette faiblesse. On l'entendit au contraire, dans ses derniers jours, proférer ces paroles, qui furent, en quelque sorte, les adieux de sa voix mourante : « Je suis content des progrès de la raison. » C'est auprès de vous, Messieurs, qu'il apprenait à tout espérer de ce siècle que ses cheveux blancs ont vu commencer. Il se plaisait à compter dans vos rangs l'infatigable milice de l'esprit humain, poëtes, orateurs, historiens, moralistes; ceux qui associent à l'étude grammaticale les hautes spéculations de l'entendement; ceux qui appliquent aux sciences les formes les plus pures du langage, et les chantres de l'épopée, et les favoris des deux muses dramatiques. Son attachement vous avait surtout distingué, Monsieur*; il chérissait dans vous l'urbanité d'un homme aimable, les affections d'un ami vrai, et le talent peu commun d'un poëte toujours naturel avec élégance, toujours ingénieux avec noblesse.

---

* M. Campenon, directeur de l'Académie.

En ramenant une vue générale sur le doyen dont vous regrettez la perte, nous pouvons dire de lui : cœur sincère et bienveillant, homme de conscience et de courage, écrivain correct et méthodique, tête saine et gouvernante, l'ardeur qu'il mit à faire le bien lorsqu'il s'agissait de réveiller l'indolence des routines, fut de la fermeté à empêcher le mal quand vint le règne pétulant des innovations. Remuez la longue chaîne de tout ce qui a été, depuis soixante ans, conçu, entrepris et achevé, de vrai, de bon, d'utile, vous n'y rencontrerez pas un seul anneau qui ne porte quelque vestige de la pensée, du secours ou du vœu de M. Morellet. Ses idées en économie politique touchèrent quelquefois au génie ; des actions de sa vie allèrent jusqu'à l'héroïsme ; les unes et les autres furent constamment empreintes de modération, car j'appelle ainsi l'union de la sagesse et de la force. Il suffit de quelques caractères semblables, jetés par intervalles sur la terre, pour protester au nom de la Providence, contre les invasions de la sottise, ou les représailles de la barbarie.

La philosophie aurait mal payé les services de M. Morellet, si elle l'eût exposé sans défense aux coups du sort. L'accident affreux qui, à l'âge de quatre-vingt-huit ans, fractura son corps, prouva combien il était supérieur aux souffrances. Ses membres captifs et douloureux ne purent altérer ni l'activité de ses travaux, ni l'indépendance de son âme, ni le noble intérêt dont le remplissaient ses deux idoles, la patrie et la vérité. Il s'était en quelque sorte préparé à cette victoire par ses triomphes sur la vieillesse, sur ce dernier don que la nature vend cher à ses favoris.

Ceux-là s'abusent étrangement, qui comptent apprendre dans les livres à supporter la vieillesse. Résultat nécessaire de ce qui l'a précédée, elle arrive telle que nous nous la sommes faite. Il est des vies pleines et généreuses auxquelles s'ajoutent les années, non comme un poids du temps, mais comme un degré d'honneur. Ainsi la carrière de M. Morellet fut embellie vers son terme, par ce je ne sais quoi de libre et de satisfait, qui annonce l'accomplissement d'une bonne et utile destinée. On observa en effet plus de souplesse et de couleur dans le style de ses derniers écrits; son goût pour la musique sembla se rajeunir; comme Socrate vieillissant, il composa des vers.

Plus d'une fois, je me suis figuré que je lisais les détails de sa vie intérieure dans un fragment de Plutarque, tant il me semblait exister de rapports naturels et d'antique analogie entre la manière du peintre et la physionomie du modèle. Je pénètre dans l'asile studieux habité par notre sage, et je contemple avec curiosité les artifices ingénieux qu'il inventa pour l'économie du temps et du mouvement. Il m'offre lui-même, sous le mâle extérieur d'un disciple de Xénocrate, un mélange piquant de candeur et de pénétration, de grands souvenirs et de simplicité. Il vient de tracer d'une main furtive quelques pages de son *Commentaire sur Rabelais*, et je vois s'attacher à ses lèvres ce rire du vieillard, attribut d'un esprit ferme qui a jugé les choses de la terre. Ici l'environnent et l'écoutent de nombreux amis, dont par de solides vertus il mérita la fidélité, une famille attentive qui reconnaît ses bienfaits, des voyageurs distingués qu'attire sa réputation, des femmes d'un noble caractère, dignes des plus purs attachemens. Les voilà retrouvés ces entretiens des sages, ces banquets où l'instruction s'épanche en vives saillies! Voilà ces chastes gaîtés qui ne vieillissent point, parce qu'elles sortent de l'âme! Le philosophe salue l'anniversaire de sa naissance par des chants d'une raison aimable et d'une grâce anacréontique; tout s'enivre de sa joie; et ces fêtes du savoir et de l'amitié se renouvellent autour du vieillard jusqu'au moment où, vaincu par la nature, il laisse la lyre échapper de ses mains, et son âme immortelle s'envoler avec ses chants.

Il n'est pas besoin de fiction pour penser que M. Morellet fut heureux. Il le fut à la manière des âmes élevées, par le bien qu'il fit et par le bien qu'il voulut faire. S'il souffrit des maux de la France, il vécut assez pour en voir le dédommagement qu'il avait désiré. Il a joui avec ivresse du retour de nos princes légitimes, et tout porte à croire que ce sentiment, dont la vivacité tint désormais la plus grande place dans les intérêts de sa vie, en a aussi prolongé la durée.

MÉMOIRES

SUR

LE DIX-HUITIÈME SIÈCLE,

ET

SUR LA RÉVOLUTION.

> *Hoc est*
> *Vivere bis, vitâ posse priore frui.*
> MARTIAL, x, 23.

CHAPITRE PREMIER.

Premières années; Jésuites de Lyon; Séminaire; Sorbonne. Turgot, Loménie de Brienne.

Arrivé à l'âge de soixante-dix ans, et à une époque où je ne suis plus fort éloigné du terme de ma carrière, que les troubles au milieu desquels nous vivons peuvent d'un moment à l'autre abréger encore, je veux profiter du temps qui me reste pour jeter un coup-d'œil en arrière sur le chemin que j'ai fait dans la vie, me rappeler les obstacles que j'y ai rencontrés, les moyens qui m'ont aidé quelquefois à les vaincre, les liaisons que j'ai formées, les caractères des hommes de quelque valeur que j'ai connus, les affaires de quelque importance publique auxquelles j'ai pris une faible part, enfin les événemens de ma vie privée, et l'ordre de mes travaux littéraires.

Parler ainsi de moi, sera peut-être, aux yeux de quelques personnes, un tort et un ridicule. Je ne me justifierai pas par l'exemple de Montaigne, ce qui serait vain, ni par celui de J.-J. Rousseau, qui n'a pas besoin d'apologie lorsqu'il parle si éloquemment de lui, et à qui je ne prétends pas ressembler en cela, non plus que par la liberté et même l'injustice avec laquelle il parle souvent des autres. Mais je dirai que cet écrit devant, après moi, tomber entre les mains de ma famille, ce n'est qu'à moi-même et aux miens que je parle de moi, ce qui est assurément bien loisible.

J'ajouterai que je parle de moi, parce que c'est ce que je sais le mieux, parce que c'est ce que je puis rendre avec le plus d'intérêt pour moi-même, et peut-être, par cette raison, pour mes lecteurs; c'est enfin, à mes périls et risques; car, si j'ennuie, on me laissera là, et je ne puis espérer d'être lu qu'en méritant de l'être.

Je suis né à Lyon, le 7 mars 1727, l'aîné de quatorze enfans. Mon père était marchand papetier, et son commerce, borné comme ses capitaux, ne lui laissait guère les moyens de donner à ses enfans une éducation longue et coûteuse, comme celle qui peut former un homme de lettres.

Je fis pourtant mes études au collége des Jésuites. Là, négligé de mes premiers régens, à cause de la médiocrité de mon état, et n'ayant point d'autre guide, je me souviens qu'en sixième et en cinquième, je fus constamment un des derniers de la classe, et fouetté régulièrement tous les samedis, pour l'exemple et l'instruction des autres; il est sûr que, pour moi, cela ne me servait de rien.

Je ne pense encore qu'avec horreur à la malheureuse condition où j'ai vécu pendant ces premières années d'une jeunesse douce et docile, qui ne demandait qu'à être encouragée, et à tout le temps que j'ai perdu par l'indifférence et l'injustice de mes maîtres.

En quatrième, je trouvai heureusement dans le jeune jésuite appelé Fabri, mon régent, un homme doux et humain, qui déméla en moi quelque talent, et qui me donna la main pour me tirer de l'oppression où j'avais langui jusqu'alors. Je sentis que je pouvais valoir quelque chose. Je m'appliquai davantage, et, dans une classe où nous n'étions guère moins de quatre-vingts ou cent, je me mis tout de suite à être un des meilleurs écoliers, et à obtenir constamment les premières places; à la fin de l'année, je remportai deux premiers prix.

Je continuai, sous le même régent, de me former et de faire des progrès, de sorte qu'en seconde j'eus, à la fin de l'année, deux prix et un accessit. Je me souviens, entre autres petits succès, que je faisais très-bien les versions, et surtout que je mettais avec une grande facilité des odes d'Horace en vers d'une mesure différente, sans altérer la pureté de la pensée; il y avait même, je crois, quelque élégance dans les tournures.

En rhétorique, je ne fus pas si heureux. Je trouvai là, pour régent, un jésuite gentilhomme et provençal, appelé Pont-de-Vesse, qui ne fit pas grand état des petits talens du fils d'un petit marchand, et qui certainement, en beaucoup d'occasions, ne me rendit pas justice. Mes progrès furent encore interrompus. Mais j'avais déjà pris quelques bons principes et quelque goût. Je lisais sans cesse Horace et Juvénal, La Fontaine et les *Lettres provinciales*, entendant de ce dernier ouvrage ce que je pouvais, et, malgré mon ignorance du fonds des idées, sentant ce que la forme avait de piquant et d'ingénieux.

Ma rhétorique achevée, il fut question, pour mon père, de prendre un parti sur mon compte. J'avais quatorze ans. Un mien oncle, qui ne manquait pas de sens, et qu'on appelait dans la famille *le docteur*, parce qu'il lisait la gazette, entretenait quelques relations avec la famille du supérieur du séminaire des *Trente-trois*, à Paris; ce supérieur était de Lyon, et s'appelait Sarcey. Le *docteur* obtint de lui, par l'entremise de ses parens, qu'on me recevrait dans son séminaire pour une modique pension de 300 fr., si je m'en souviens bien, avec promesse de sa part que, si je montrais quelque application et quelque talent, j'aurais une bourse.

Ce plan contrariait le petit projet que j'avais déjà

formé de me faire jésuite. Je résistai quelque temps autant que je le pouvais, ayant affaire à un père violent, et à la grande autorité de mon oncle. J'alléguai d'assez bonne foi ce qu'on appelait, en ce temps-là, une vocation. Mais enfin, je me soumis, et on m'envoya à cheval, par des voituriers, à une tante que j'avais à Roanne; et de Roanne, je voyageai par la Loire et le canal de Briare, avec des bateliers, qui m'obligeaient de leur payer à chaque station tout le vin qu'ils buvaient, et qui consommaient les provisions que m'avait données ma tante; et c'est ainsi que je commençai mon apprentissage du métier de dupe, que j'ai souvent fait depuis.

Arrivé au séminaire, vers la fin de 1741, j'eus moins de peine qu'un autre à me soumettre à la vie dure qu'on y menait, la maison paternelle ne m'ayant pas gâté. On s'y levait à quatre heures et demie, en hiver comme en été, et la rigueur de cet usage ne fut adoucie qu'à la troisième ou quatrième année de mon séjour, par la tolérance du supérieur, homme de sens, qui, en maintenant la régularité dans sa maison, était pourtant disposé à l'indulgence.

Le séminaire des *Trente-trois* était renommé, parmi les séminaires de Paris, pour les bonnes études. Aussi a-t-il fourni un grand nombre de sujets aux chaires de l'université, à celles de Sorbonne, aux cures de Paris, aux places de grandsvicaires. Quand j'y arrivai, les maîtres de conférence étaient l'abbé Sigorgne, depuis professeur de philosophie au collége du Plessis, bon mathématicien et le premier qui ait enseigné dans l'université de Paris, ce qu'on appelait alors *le système de Newton;* l'abbé de Launay, depuis professeur de théologie en Sorbonne et archidiacre de Paris; l'abbé Camyer, de la maison de Sorbonne, depuis professeur de philosophie au collége du Plessis, auteur d'un très-bon cours de philosophie, et plusieurs autres, inconnus aux gens du grand monde, mais qui, dans leur sphère, ont bien mérité des lettres et concouru à l'instruction publique.

Ces leçons, ces exemples, ces motifs d'émulation excitèrent la mienne. Je travaillais avec ardeur. Je contentai mes maîtres et mes professeurs du collége de Navarre, et je gagnai l'amitié de mon supérieur, qui, ayant reconnu en moi de l'application et quelque bon esprit, me fit maître de conférence. Ma pension ne me coûta plus rien. Je devins bientôt philosophe et théologien très-argut. Je poussais surtout les objections avec une grande adresse; je me défendais moins bien que je n'attaquais; mais enfin, sur plus de cent jeunes gens de toutes provinces, j'étais ce qu'on appelait un des meilleurs sujets.

Ces petits succès déterminèrent mon père et ma famille à faire encore un effort de dépense pour me faire obtenir le grade de bachelier en théologie; et, mon *quinquennium* achevé, je soutins en effet ma *tentative* d'une manière qu'on appelait distinguée dans la sphère étroite des écoles.

Mais là finissaient mes moyens. Pour entreprendre *de courir la licence*, il fallait des secours que ma famille ne pouvait me fournir. Je m'adressai à un mien cousin germain, élevé au collége d'Harcourt, et qui était alors en philosophie. Ce cousin était fils d'un vieux marin, frère de mon père, et devenu capitaine de vaisseau de la compagnie des Indes, après avoir commencé par être mousse. Le capitaine venait de mourir en laissant à son fils quinze ou vingt mille livres de rente. Mon cousin me donna 1000 fr., avec lesquels j'entrepris non-seulement de courir la licence, mais de me faire agréger à la maison et société de Sorbonne. Cette route pouvait me conduire plus aisément à quelque établissement utile; mais elle était en effet plus coûteuse que la simple licence, que j'eusse faite comme *ubiquiste* : c'est le nom qu'on donnait à ceux qui faisaient leur licence sans être attachés à aucun corps ou société.

Pour entrer dans la maison de Sorbonne, il fallait subir des épreuves, donner de bons renseignemens de sa conduite et de ses mœurs, et pour ceux qui, comme moi, ne tenaient qu'à des familles obscures, faire espérer quelque mérite et quelques succès. Je me tirai de tous ces examens; je fus reçu dans la maison, et j'y obtins un logement ainsi que mes jeunes confrères.

Je dois donner ici quelque idée de cette société de Sorbonne, que les gens du monde ne connaissaient guère, et qu'ils ont toujours confondue avec ce qu'on appelait dans l'université la faculté de théologie, parce que les docteurs de cette faculté s'appelaient généralement *docteurs de Sorbonne,* même sans appartenir à la société particulière appelée *société de Sorbonne.*

Cette société, fondée sous le roi saint Louis par Robert Sorbon, son confesseur, et relevée et dotée par le cardinal de Richelieu, était une réunion théologique, où se suivaient les études et les exercices de la faculté de théologie. Les membres formaient entre eux une société, où l'on n'était admis qu'après certains examens et quelques frais. La société comprenait environ cent ecclésiastiques, la plupart évêques, vicaires-généraux, chanoines, curés de Paris et des principales villes du royaume, et par conséquent ne pouvant vivre dans la maison. Il y demeurait habituellement environ vingt-quatre docteurs, dont six professeurs des écoles de Sorbonne, un procureur, un bibliothécaire, et dix à douze bacheliers se préparant à leur licence ou la courant, et après leur licence, faisant place à d'autres jeunes gens suivant la même carrière.

Les avantages de cet établissement, pour les membres de l'association, n'étaient pas à mépriser. Trente-six appartemens, que la maison comprend, étaient réservés de droit aux trente-six plus anciens docteurs, qui, s'ils ne les occupaient pas eux-mêmes, devaient les céder à quelques autres membres de la société ; et c'est ainsi qu'il se trouvait, comme je l'ai dit, dix ou douze appartemens pour les jeunes gens courant la licence.

Ajoutez une église, un jardin, des domestiques communs, une salle à manger et un salon échauffés aux frais de la maison, deux cuisiniers, tous les ustensiles du service, comme vaisselle, couverts, payés et fournis, une riche bibliothèque, etc.

A l'heure du dîner, chacun, se rendant à la salle à manger, choisissait sur un menu, affiché dans l'antichambre, les plats dont le prix était taxé, et que les domestiques lui servaient.

A ces dépenses communes fournissaient environ cinquante mille livres de rente en maisons à Paris.

Cette société, qui paraît avoir servi de modèle à divers établissemens anglais, nommés *fellowships*, à Oxford et à Cambridge, soutenait l'étude de la théologie et des sciences religieuses. Nonobstant quelques travers qu'on peut reprocher à la Sorbonne, elle avait certainement son utilité, puisqu'elle conservait la religion, au moins tant qu'on voulait bien en conserver une.

Je ne puis m'empêcher d'observer ici l'injustice à laquelle nos assemblées nationales, et la première elle-même, se sont laissées aller en détruisant cet établissement ; injustice surpassée mille et mille fois, et presque effacée par tant d'usurpations et de crimes.

Pouvait-on assimiler la Sorbonne à une maison

de moines, ou élever contre elle les mêmes reproches? On n'y faisait point de vœux. Pouvait-on la taxer d'alimenter les pratiques superstitieuses? La messe et les vêpres, les fêtes et dimanches, étaient les seuls exercices religieux. Le but des fondateurs, l'étude de la théologie, étant bien connu et bien déterminé, et n'ayant rien de contraire à la tranquillité publique, la fondation devait être regardée comme un simple *club*, ayant, si l'on veut, des occupations futiles, mais non nuisibles à la société. Détruire et dissoudre une pareille association, c'est donc porter atteinte à la liberté de ceux qui la composent, chacun ayant le droit de faire ce qui ne nuit pas à un tiers, et laissant à tous la liberté d'en faire autant.

En supprimant cet établissement, sans aucun dédommagement pour les associés, n'a-t-on pas commis aussi une insigne violation de la propriété envers chaque membre? Pour entrer dans la société, chacun avait prolongé son éducation, subi des épreuves, fait des frais; ces avances et leurs fruits étaient sa propriété.

De quel droit et avec quelle justice les assemblées, dites nationales, m'ont-elles privé de ces avantages, pour toujours, sans m'en donner la moindre indemnité? J'avais ma part, au moins ma vie durant, de la propriété usufruitière des cinquante mille livres de rente attachées à l'association dont j'étais membre; j'avais ma part de l'habitation, de l'usage d'une grande bibliothèque, des salles communes, du pain, du vin, que la maison fournissait à un prix modique; et, sous prétexte que c'était là un établissement public, on me prive de tout! Il a fallu renoncer aux plus simples notions de la justice et de la propriété, pour se permettre une telle spoliation; et cependant, je le répète, je suis presque honteux d'avoir parlé de celle-là au milieu de tant d'autres bien plus criantes et plus barbares.

Mon admission dans la maison de Sorbonne me procura dès-lors un avantage précieux, en me faisant vivre sous le même toit et en me liant avec de jeunes ecclésiastiques, dont plusieurs, destinés par l'ancien ordre des choses à occuper les premières places du clergé, pouvaient me conduire à leur suite dans la carrière de la petite fortune que je pouvais raisonnablement ambitionner.

C'était d'abord M. Turgot, voué par son père à l'état ecclésiastique, et qui, entré comme moi dans la maison en 1748, ne la quitta qu'en 1750, à la seconde année de sa licence, au moment de la mort de son père; l'abbé de Brienne, Loménie, depuis si connu par sa fortune et ses malheurs; l'abbé de Cussé Boisgelin, depuis archevêque d'Aix, et qui nous suivait immédiatement dans l'ordre des licences, etc.

Je prendrai cette occasion de dire ici quelque chose du caractère des deux premiers, qui, appartenant d'ailleurs à l'histoire, seront mieux connus par elle. Je parlerai d'abord de M. Turgot.

« Cet homme, qui s'élève si fort au-dessus de la classe commune, qui a laissé un nom cher à tous les amis de l'humanité et un souvenir doux à tous ceux qui l'ont particulièrement connu, annonçait, dès-lors, tout ce qu'il déploîrait un jour de sagacité, de pénétration, de profondeur. Il était en même temps d'une simplicité d'enfant, qui se conciliait en lui avec une sorte de dignité, respectée de ses camarades et même de ses confrères les plus âgés. Sa modestie et sa réserve eussent fait honneur à une jeune fille. Il était impossible de hasarder la plus légère équivoque sur certain sujet, sans le faire rougir jusqu'aux yeux et sans le mettre dans un extrême embarras. Cette réserve ne l'empêchait pas d'avoir la gaîté franche et naïve d'un enfant, et de rire aux éclats d'une plaisanterie, d'une pointe, d'une folie.

Il avait une mémoire prodigieuse, et je l'ai vu retenir des pièces de cent quatre-vingts vers, après les avoir entendues deux ou même une seule fois. Il savait par cœur la plupart des pièces fugitives de Voltaire, et beaucoup de morceaux de ses poëmes et de ses tragédies.

Il avait passé toute son enfance presque rebuté, non pas de son père, qui était un homme de sens, mais de sa mère, qui le trouvait maussade, parce qu'il ne faisait pas la révérence de bonne grâce, et qu'il était sauvage et taciturne. Il fuyait la compagnie qui venait chez elle; et j'ai ouï dire à madame Dupré de St.-Maur, qui voyait Mme Turgot, qu'il se cachait quelquefois sous un canapé ou derrière un paravent, où il restait pendant toute la durée d'une visite, et d'où l'on était obligé de le tirer pour le produire. Il s'était élevé lui-même; car son instituteur que j'ai connu, homme doux et raisonnable, était très-médiocre. Il fut mis au collége du Plessis pour y faire sa rhétorique et sa philosophie; il eut le bonheur d'y trouver deux hommes qui sentirent ce qu'il valait et surent l'estimer. Guérin, professeur d'humanités, et Sigorgne, professeur de philosophie, quoique ses maîtres, le respectèrent dès qu'ils le connurent. Sigorgne enseignait alors le premier dans l'université la bonne astronomie physique, qui succédait aux rêveries du cartésianisme et des petits tourbillons.

M. Turgot saisit avidement cette doctrine, et fit quelques progrès dans les mathématiques, pour lesquelles il n'eut pourtant jamais une aptitude véritable, et qu'il se plaignait souvent de n'avoir pas assez approfondies.

Il se lia aussi, dans le même temps, avec l'abbé Bon, maître de quartier à Sainte-Barbe, homme de beaucoup d'esprit et de talent. Cette liaison le mêla dans une affaire, qui devint funeste pour Sigorgne et l'abbé Bon. Celui-ci avait fait des vers où le Roi et Mme Pompadour étaient très-maltraités, à l'occasion du renvoi du prétendant, qu'on avait arrêté au sortir de l'Opéra en 1748, et forcé de sortir du royaume, parce que les Anglais avaient exigé ce sacrifice. La pièce commençait par ce vers :

Peuple jadis si fier, aujourd'hui si servile, etc.

Elle fit du bruit. On voulut en découvrir et en punir les auteurs. Sigorgne en avait donné des copies ; on disait même qu'il les avait dictées à ses écoliers. Il fut arrêté et mis à la Bastille. Il ne voulut point nommer l'auteur, quoique sa liberté fût à ce prix, et il passa plus d'une année en prison, d'où il ne sortit que pour être exilé à Vaucouleurs, en Lorraine, pays de sa naissance.

A quelques années de là, l'évêque de Mâcon lui donna un canonicat ; l'exilé devint le grand-vicaire de l'évêque, et obtint une abbaye, par le crédit de M. Turgot, dès la première année du nouveau règne.

Pour l'abbé Bon, désespéré que ses vers eussent fait le malheur de son ami, il traîna depuis une vie languissante, et fut, dès ce moment, frappé de la maladie dont il est mort avant le temps. C'était un homme d'une énergie rare ; admirateur passionné des bons ouvrages, il ne parlait qu'avec enthousiasme de Fénélon, de Vauvenargues et de Voltaire ; il y joignit bientôt Jean-Jacques Rousseau, qui commençait à s'illustrer peu de temps après l'époque dont je rappelle le souvenir ; et ces sentimens, il les avait inspirés à M. Turgot, ou avait du moins contribué à les développer en lui.

Les trois hommes que je viens de citer, gens de mérite assurément, ont toujours regardé M. Turgot avec une vénération profonde, qui devenait une sorte de culte, et je leur ai entendu dire souvent qu'ils se tenaient heureux d'avoir vécu dans le siècle où vivait M. Turgot. Les caractères dominans de cet esprit, que j'admirais comme eux, étaient la pénétration, qui fait saisir les rapports les plus justes entre les idées, et l'étendue, qui en lie un grand nombre en un corps de système. La clarté n'était pas son mérite. Quoiqu'il ne fût pas véritablement obscur, il n'avait pas les formes assez précises, ni assez propres à l'instruction. Souvent un trop grand circuit, trop de développemens nuisaient à ses explications. L'article *Existence* de l'Encyclopédie pèche par ce côté. Je n'ai pas trouvé, non plus, qu'il rangeât toujours les idées dans leur ordre le plus naturel, ni qu'il en suivît toujours la gradation, dont la force de son intelligence lui permettait de se passer.

L'esprit de M. Turgot était dans une activité continuelle ; mais lorsqu'il se mettait au travail, lorsqu'il était question d'écrire et de faire, il était lent et *musard*. Lent, parce qu'il voulait donner à tout un degré de perfection tel qu'il le concevait, naturellement difficile jusqu'à la minutie, et parce qu'il ne pouvait s'aider de personne, n'étant jamais content de ce qu'il n'avait pas fait lui-même ; il *musait* aussi beaucoup, perdant le temps à arranger son bureau, à tailler ses plumes, non pas qu'il ne pensât profondément en se laissant aller à ces niaiseries; mais, à penser seulement, son travail n'avançait pas.

Ce que je dis, qu'il n'était jamais content, et que cette difficulté pour soi-même lui faisait perdre un temps précieux, a été bien marqué dans tout le cours de son ministère et a vraisemblablement contribué à sa retraite. Il avait demandé des préambules, pour les édits qu'il préparait sur les blés, sur les vins, sur les jurandes, sur les corvées, ses quatre principales opérations, à M. de Fourqueux, à M. Trudaine, à M. Abeille, à Dupont et à moi. Je me souviens qu'il m'avait remis trois de ces préambules sur les blés, en m'en demandant mon avis. Je les lui rendis au bout de quelques jours, sans en faire moi-même un nouveau, parce que je les trouvais tous bons. Il insista pour que je lui disse quel était celui que je trouvais le meilleur. Je lui répondis : *Celui que vous donnerez le premier.* Il y avait deux mois qu'on attendait ce malheureux édit; il le fit attendre encore deux mois, et je ne me trompe pas en disant qu'il a consumé à rédiger ce préambule plus de deux mois entiers du peu de temps que le tourbillon des affaires lui laissait pour la méditation.

Cette rage de perfection l'a suivi jusque dans sa retraite, et j'en tire un nouvel exemple des travaux sur la physique expérimentale, qui l'ont occupé après son ministère. Il avait entrepris, avec l'abbé Rochon, de perfectionner les thermomètres. La difficulté est de déterminer un point fixe, le même dans tous les temps et dans tous les lieux, d'après lequel on puisse graduer le tube. Il croyait toucher au but en fixant, avec plus de précision qu'on n'a fait jusqu'à présent, le degré de l'eau bouillante, lorsqu'après un grand nombre d'expériences, il reconnut que, dans les tubes parfaitement purgés d'air, comme il faut qu'ils le soient, la pression de l'air extérieur agit sur la bouteille et le tube, selon la variation de l'atmosphère; de sorte que la liqueur monte ou descend plus ou moins par l'effet de cette pression, indépendamment de l'effet de la dilatation ou contraction de la liqueur. Dès-lors, la graduation du thermomètre perd cette extrême précision, à laquelle on voudrait arriver. Je le trouvai, comme il cherchait à vaincre cet obstacle. Je lui dis : *Vous voilà, faisant en physique comme en administration, combattant avec la nature qui est plus forte que vous, et qui ne veut pas que l'homme ait la mesure précise de rien.*

Un autre personnage avec qui je me liai en Sorbonne, et qui a eu depuis une si brillante et ensuite une si malheureuse destinée, est l'abbé Loménie de Brienne, évêque de Condom, archevêque de Toulouse, puis de Sens, puis ministre du roi Louis XVI, puis cardinal, puis évêque constitutionnel, puis se donnant la mort pour ne point venir à Paris mourir sur un échafaud avec toute sa famille.

L'abbé de Brienne, descendant des Loménie, secrétaires d'état sous Henri III, Henri IV, Louis XIII et Louis XIV, encore écolier, pensait déjà à devenir ministre, et paraissait sûr de l'avenir. Il avait une grande application; étudiant la théologie comme un Hibernois, pour être évêque, et les Mémoires du cardinal de Retz, pour être homme d'état; lisant avec avidité tous les bons livres, et s'en nourrissant avec tout ce que l'esprit lui donnait de discernement, mais avec peu de ce qu'on appelle goût, don de la nature, qui lui a toujours manqué; d'ailleurs facile à vivre, point dénigrant, point jaloux; dépensier et généreux, quoiqu'alors fort peu riche, mais, comme tous les abbés de condition, appelés aux bénéfices et à l'épiscopat, se tenant assuré de payer un jour ses dettes par son mariage, comme on disait, avec une église bien dotée. Il avait une telle ardeur de se distinguer dans la carrière, que, pris d'un grand mal de tête la veille du jour où il devait soutenir sa thèse, appelée *majeure,* il envoya chercher un chirurgien, se fit tirer trois palettes de sang, et se mit sur les bancs le lendemain à sept heures du matin pour en sortir à six heures du soir, répondant à tout venant et fort bien. Il fut prieur de la maison à la seconde année, M. Turgot l'ayant été l'année précédente, et il obtint le premier lieu de la licence, sans qu'on pût dire qu'il ne l'avait pas mérité, quoiqu'il eût d'assez redoutables rivaux.

Après sa licence, il fut fait grand-vicaire de l'archevêché de Rouen; mais conservant toujours l'habitude de l'application et du travail, qu'il commençait encore à tourner davantage vers tout ce qui tenait à l'administration, il écrivit en 1754, un petit ouvrage qui est demeuré inconnu, et qu'on ne distribua que sous le manteau ; un ecclésiastique, qui voulait être évêque, étant bien forcé, en ce genre, d'être sage avec sobriété, *sapere ad sobrietatem*, et de cacher un peu sa sagesse.

Cet ouvrage est le *Conciliateur*, brochure de cinquante et quelques pages, mais où les principes de la tolérance, les principes sains et vrais, sont énoncés d'une manière nette, précise, complète, et solidement établis. J'en parlerai peut-être.

Après avoir donné quelque idée de ces deux hommes, les plus marquans de ceux avec qui je suis entré dans le monde, je reviens à moi-même et à la Sorbonne.

Devenu membre de cette société, j'ose dire que je gagnai l'amitié ou la bienveillance de la plupart de mes confrères. On ne m'appelait que *le bon Morellet*. J'étais, comme je n'ai pas cessé de l'être, violent dans la dispute, mais sans que mon antagoniste eût à me reprocher les moindres injures. Ma chaleur n'était que pour mon opinion, et jamais contre mon adversaire; et je crachais quelquefois le sang, après une dispute dans laquelle je n'avais pas laissé échapper une seule personnalité; du reste, prenant tout bien, ne jugeant point en mal, supposant toujours les hommes justes et bons, et fermement convaincu que cette terre deviendrait incessamment, par le progrès des lumières et de la vertu, un séjour de paix et de félicité parfaites; principes, dont j'ai été depuis forcé de rabattre beaucoup, j'en conviens.

Je passai en Sorbonne, et dans ces douces illusions, environ cinq années, toujours lisant, toujours disputant, toujours très-pauvre, et toujours content. J'étais logé sous le comble, avec une tapisserie de Bergame et des chaises de paille. Je vivais dans la bibliothèque, qui était belle et bien fournie. Je n'en sortais que pour aller aux thèses et dans la salle à manger commune. Je ne connaissais personne que mes confrères. Je n'allais point aux spectacles, faute d'argent; et puis, pour ne pas violer les lois, ou plutôt les coutumes et les mœurs de la maison. Je dévorais les livres. Locke, Bayle, Le Clerc, Voltaire, Buffon, Massillon me délassaient de Tournely, de Morin, de Marsham, de Clarke, de Leibnitz, de Spinosa, de Cudworth; et comme plusieurs de mes confrères apportaient dans ces études la même ardeur que moi, nos discussions étaient de nouveaux et puissans moyens d'instruction.

En 1750 et 1751, je fis ma licence avec quelque distinction. Nous étions environ cent vingt dans cette carrière: à la distribution des places, je fus le quatorzième ou le quinzième, si je m'en souviens bien, et je puis croire qu'il n'y avait pas véritablement quinze de mes confrères qui valussent mieux que moi; mais j'étais obscur, je n'avais aucune protection; je fus fort content de mon lot.

C'est au milieu de ces hommes et de ces occupations, que j'ai passé dans la maison de Sorbonne les cinq années, que je me rappelle encore avec plaisir.

Je me souviens qu'à la fin de notre licence, plusieurs d'entre nous partant pour aller à leurs diverses destinations dans la carrière ecclésiastique, nous dînâmes ensemble chez l'abbé de Brienne, et que nous nous donnâmes rendez-vous en Sorbonne en l'année 1800, pour jouer une partie de balle derrière l'église, comme nous faisions souvent après le dîner. Cette partie serait sans doute moins nombreuse; car, de quatorze ou quinze que nous étions en 1750, la plupart ne sont plus. Elle ne serait pas non plus jouée fort lestement, puisque j'aurais alors soixante-quatorze ans sonnés(1). Mais un autre obstacle qu'aucun de nous ne prévoyait, aurait rompu notre partie de balle. La Sorbonne n'existe plus: la nation s'est emparée d'un établissement qui ne lui appartenait pas plus que les

---

(1) Au moment où je relis ceci, mars 1815, j'ai soixante-dix-huit ans faits, et je suis le seul de mes confrères que je sache vivant.

associations du même genre, fondées à Cambridge ou à Oxford. Je n'ai jamais eu le courage d'aller la revoir, depuis que les Vandales en ont arraché, en le mutilant, le beau mausolée du cardinal de Richelieu. J'écarte l'occasion des tristes regrets et des douloureux souvenirs.

CHAPITRE II.

Éducation du jeune abbé de la Galaizière. Diderot; d'Alembert. Premiers travaux littéraires et politiques. Lettres inédites de Malesherbes.

MA licence achevée en 1752, il fallait penser à m'ouvrir un chemin vers la petite fortune à laquelle j'aspirais, et qui ne consistait alors pour moi qu'à être en état de vivre. Je n'avais à espérer aucun secours de ma famille. L'asile que j'avais trouvé en Sorbonne allait me manquer; pour le conserver, il fallait prendre le bonnet de docteur : nouvelle dépense de 7 à 800 fr., que je n'étais pas en état de faire. Je pouvais prétendre à quelqu'une des chaires de philosophie du collège du Plessis, ou de Lisieux, ou de Mazarin, dont la maison de Sorbonne disposait; mais il n'en vaquait pas. Me faire prêtre de paroisse, était un parti auquel il m'était impossible de me résoudre. Je ne me croyais pas en état de vivre du métier d'homme de lettres. Enfin, je me voyais, littéralement, à la veille de manquer de toute ressource.

Je crus un moment en avoir trouvé une fort bonne. Mon supérieur de séminaire me proposa au Père de la Tour, principal du collége de Louis-le-Grand, pour m'attacher en qualité de docteur, comme on disait alors, à un abbé d'Almeyda, portugais, neveu de l'archevêque de Lisbonne, et d'une des meilleures familles du pays. Je fus présenté dans cette vue au jésuite, l'homme du plus grand crédit dans la Société qui allait bientôt être dissoute, mais dont assurément personne, en 1753, ne croyait la destruction possible. Il me reçut avec toute la morgue et la dignité d'un protecteur, et d'un protecteur jésuite; mais ce qu'il fit vraiment en jésuite, ce fut de me faire parler. Je parlai, je mis en avant des plans d'éducation, des principes de philosophie, etc. Sans doute, il entrevit dans cette conversation le bout d'oreille, je ne dis pas du philosophe, mais de celui qui cherchait à le devenir; car, quelques jours après, mon patron me fit venir, et me dit que l'affaire était manquée, qu'on m'avait trouvé trop jeune; et cela était vrai peut-être. J'ai pensé depuis, quelquefois en riant, et quelquefois en frémissant, à ce que je serais devenu au milieu de prêtres et de jésuites portugais, et dans un pays d'inquisition, moi, qui ai écrit depuis le *Manuel des inquisiteurs* et plusieurs autres ouvrages sentant l'hérésie; moi, qui, sans rien écrire, me serais bientôt mis en rapport avec la sainte inquisition.

Cette affaire manquée, il fallut chercher quelqu'autre espérance, et mon embarras était grand; au bout de quelques mois, mon bon supérieur de séminaire vint à mon secours.

Il avait quitté la conduite de la maison des

Trente-trois, et s'occupait de diriger quelques dévotes, entre autres, une madame Chaumont, mère de M. de la Galaizière, alors chancelier de Lorraine. Malgré la dévotion extrême dont il faisait profession, et que j'ai toujours dû croire bien réelle, et malgré l'opinion peu favorable qu'il avait de la mienne, il prenait toujours beaucoup d'intérêt à un élève de sa maison, qu'il avait, disait-il, formé.

M. de la Galaizière, chancelier du roi de Pologne, avait deux fils : l'un, maître des requêtes et de mon âge; l'autre, destiné à l'état ecclésiastique, et moins âgé de dix ans.

Il était question de suivre les études de ce jeune homme pendant sa philosophie, sa théologie et sa licence, pour en faire un évêque, comme il l'est devenu depuis. L'abbé de Sarcey persuada à la bonne femme, que j'étais précisément l'homme qu'il lui fallait, pour faire de son petit-fils une lumière de l'église. Il me présente, je suis agréé. Je quitte la Sorbonne pour aller au collége du Plessis avec mon élève, ayant 1,000 liv. d'honoraires, logé, nourri, et désormais à l'abri du besoin.

Je ne trouvai dans ce collége, destinés à la même carrière que mon élève, l'abbé de Broglio, depuis évêque de Noyon; le prince Louis de Rohan, depuis cardinal et évêque de Strasbourg, et son frère Ferdinand, depuis archevêque de Bordeaux et ensuite de Cambrai; l'abbé de Cicé, depuis archevêque de Bordeaux et garde-des-sceaux ; enfin, l'abbé de Marbœuf, depuis archevêque de Lyon et ministre de la feuille.

Mon élève, sans avoir un esprit brillant, l'avait juste et droit; ajoutez une probité parfaite, une douceur, une égalité, une bonté de caractère qu'il a gardées dans tout le cours de sa vie : dispositions que je me flatte de n'avoir pas altérées en lui, si même je ne les ai cultivées. Nous fûmes bientôt accoutumés l'un à l'autre, et il m'a toujours témoigné une bienveillance et un intérêt que j'ai toujours conservés pour lui : ce que je rapporte à mon éloge comme au sien.

L'abbé de Rohan était dès-lors ce qu'il s'est montré depuis, haut, inconsidéré, déraisonnable, dissipateur, indécent, de très-peu d'esprit, inconstant dans ses goûts et ses liaisons. J'étais pourtant assez bien avec lui ; et, sauf une petite querelle survenue dix ou douze ans après dans je ne sais quelle affaire qu'il avait avec l'abbé de Grimaldi, évêque de Noyon, j'ai continué de le voir et d'en être assez bien traité. Je lui ai même rendu quelques petits services littéraires dans des occasions assez importantes, et notamment, en lui faisant un mémoire dans l'affaire de l'abbé Georgel contre le comte de Broglio, sans avoir jamais reçu de lui aucune marque d'un intérêt véritable : il avait à sa nomination plusieurs bénéfices, comme abbé de la Chaise-Dieu, abbé de Montmajour, etc. ; mais il les donnait aux *amis du prince*.

L'abbé de Broglio, plus froid, plus réservé, mais non moins vain, ne s'est jamais approché assez de moi, ni moi de lui, pour former une liaison.

Son ami intime, l'abbé de Marbœuf, me traitait, d'après son caractère, avec une sorte de bienveillance qui lui coûtait peu, et qu'il a continué de me témoigner, mais dont il ne m'avait encore donné aucune marque en 1783, après plus de trente-trois ans de connaissance et de liaison, quoiqu'il eût la feuille depuis plusieurs années. A cette époque, il ne résista pas à la demande faite au roi par milord Shelburne, qui, en signant la paix, demanda pour moi à Louis XVI une grâce ecclésiastique, motivée sur des services que j'avais, disait-il, rendus. J'obtins, sur les économats, une pension de quatre mille francs, dont l'assemblée nationale m'a dépouillé ainsi que de tout le reste, et pour laquelle je n'en dois pas moins être obligé envers le ministre qui a consenti à me la donner.

Quant à l'abbé de Cicé, depuis archevêque de Bordeaux, c'était celui des camarades de mon élève pour qui j'avais le plus d'inclination, et avec qui je me suis le plus lié, mais sans fruit pour ma fortune : homme d'esprit, actif, de bonnes intentions, et, dans des temps moins difficiles, très-capable de remplir une grande place.

Je passai ces deux années de la philosophie de mon élève à l'instruire de mon mieux, à apprendre moi-même l'italien, l'anglais, à lire de bons livres et à m'accoutumer à écrire.

Le goût de la littérature et de la philosophie s'était nourri en moi par mes liaisons avec ceux de mes confrères de Sorbonne qui cultivaient l'une et l'autre, tels que M. Turgot, l'abbé de Brienne et l'abbé Bon; mais surtout par la connaissance que j'avais faite, dans la dernière année de ma licence, avec Diderot et d'Alembert.

Je les avais connus tous deux à l'occasion de la persécution suscitée à l'abbé de Prades pour sa fameuse thèse, oubliée aujourd'hui, mais qui occupa tout Paris pendant deux mois, dans un temps où la Sorbonne et la théologie n'étaient pas encore tombées dans le néant où elles sont ensevelies.

L'abbé de Prades connaissait Diderot; et en allant voir l'hérétique abbé, je trouvai chez lui le philosophe, qui était bien pis qu'hérétique. L'abbé n'avait pas prétendu faire tant de bruit. Les deux ou trois propositions qui étaient, dans sa thèse, l'objet des déclamations des théologiens, étaient au fond des moyens de répondre aux objections des incrédules contre l'authenticité des livres de Moïse, contre la chronologie de la Bible, contre l'autorité de l'église. Mais quelques docteurs fanatiques s'échauffèrent; quelques fripons crurent avoir trouvé le moment de se tirer de leur obscurité, et d'attraper des bénéfices; d'autres virent dans cette affaire une occasion de donner quelque lustre à la Sorbonne. Enfin, on vint à bout de faire intervenir le parlement, d'obtenir une censure de la Sorbonne, un décret de prise-de-corps, et l'on força l'abbé de

Prades d'aller chercher un asile chez le roi de Prusse, qui le reçut, à la sollicitation de d'Alembert, et qui n'eut pas lieu de s'en louer, comme on sait.

Après l'éloignement de l'abbé de Prades, je continuai d'aller voir Diderot, mais en cachette, *propter metum Judæorum*. J'employais à cette bonne œuvre les matinées du dimanche, où mon élève était en récréation ou suivait les exercices religieux du collége. La conversation de Diderot, homme extraordinaire, dont le talent ne peut pas plus être contesté que ses torts, avait une grande puissance et un grand charme; sa discussion était animée, d'une parfaite bonne foi, subtile sans obscurité, variée dans ses formes, brillante d'imagination, féconde en idées et réveillant celles des autres. On s'y laissait aller des heures entières comme sur une rivière douce et limpide, dont les bords seraient de riches campagnes ornées de belles habitations.

J'ai éprouvé peu de plaisirs de l'esprit au-dessus de celui-là, et je m'en souviendrai toujours.

On demandera peut-être quel agrément pouvait avoir pour Diderot lui-même la conversation d'un jeune homme, élevé jusqu'alors dans la crasse des séminaires et dans la poussière des écoles, et qui ne pouvait avoir, ce semble, dans la tête que des sottises théologiques.

Mais d'abord, et je dois le dire à l'honneur de sa mémoire, il n'y a jamais eu d'homme plus facile à vivre, plus indulgent que Diderot; il prêtait et donnait même de l'esprit aux autres. Il avait en sentiment le désir de faire des prosélytes, non pas précisément à l'athéisme, mais à la philosophie et à la raison. Il est vrai que si la religion et Dieu lui-même se trouvaient en son chemin, il ne savait s'arrêter ni se détourner; mais je n'ai jamais aperçu qu'il mît aucune chaleur à inspirer ses opinions en ce genre; il les défendait sans aucune humeur, et sans voir de mauvais œil ceux qui ne les partageaient pas.

Ensuite, puisqu'il faut tout avouer, dès ce temps-là je n'étais point si sot. J'avais fait d'assez bonnes études de littérature et de philosophie. Le cours d'études du séminaire et de la licence n'était pas aussi mauvais que le disent et le pensent les gens du monde et les gens de lettres qui n'ont point passé par-là. En effet, au travers des futilités dont les livres de théologie sont remplis, on trouve discutées les plus grandes questions de la métaphysique, de la morale, et même de la politique.

Je sais qu'en parlant ainsi, je contrarie les idées communes. Mais puisque je suis sur cette question, je ne veux pas négliger de relever l'injustice avec laquelle on a jugé souvent l'enseignement ecclésiastique.

Le cours des études de la Sorbonne se retrouve dans l'ensemble des thèses que les étudians étaient obligés de soutenir à diverses époques, avant d'arriver au doctorat.

Ces thèses étaient la *tentative* pour devenir bachelier, et ensuite, dans le courant de la licence, la *mineure*, la *sorbonique* et la *majeure*. Chacune de ces thèses exigeait des études, dont quelques-unes peuvent bien être regardées comme fort inutiles et peu dignes d'occuper des hommes. Mais d'abord, toutes exerçaient l'esprit. Pour soutenir avec distinction ces exercices théologiques, il fallait quelque talent de parler, quelque adresse à démêler l'objection et à y répondre. L'usage de l'argumentation est une pratique excellente pour former l'esprit et lui donner de la justesse, lorsqu'il en est susceptible. M. Turgot me disait souvent, en riant et parodiant le mot de Mme de la Ferté à Mme d'Olonne : *Mon cher abbé, il n'y a que nous qui avons fait notre licence, qui sachions raisonner exactement.* Et lui et moi, nous en pensions bien quelque chose.

Il ne faut pas croire que les absurdités théologiques nous échappassent. La raison, obscurcie par l'éducation des colléges et des séminaires, reprend bien vite ses droits sur des esprits justes. Je me souviens qu'en nous avouant, l'abbé Turgot et moi, notre embarras, nos doutes, ou plutôt notre mépris pour les sottises dont notre jeunesse avait été bercée, le nom de sophismes, donné par les théologiens aux raisonnemens par lesquels le socinien Crellius prouve que un et un et un font trois, nous faisait pâmer de rire.

Je pourrais citer beaucoup d'exemples de questions importantes de métaphysique, de morale publique et privée, de politique, de droit, qui entraient dans nos études et nous occupaient bien plus que les futilités théologiques. Je me contenterai ici de rappeler la discussion, j'ose dire très-approfondie, que nous avions faite pendant le cours de notre licence, M. Turgot, l'abbé de Brienne et moi, de la grande question de la tolérance civile des opinions religieuses.

À l'époque où nous étions en Sorbonne, la querelle des jansénistes avec l'archevêque de Beaumont, qui voulait qu'on refusât les sacremens aux mourans qui ne produisaient pas de billets de confession d'un prêtre approuvé, était dans toute sa chaleur; le parlement poursuivant les curés et les vicaires qui refusaient le viatique à défaut de billets, et l'archevêque interdisant ceux qui administraient sans les exiger. De là s'élevait très-naturellement, dans les écoles, la question de la tolérance religieuse et civile.

Une autre question plus importante ramenait encore, en ce temps-là, cette même question. On accusait les protestans de remuer en Languedoc pour obtenir la liberté de leur culte. En attendant, ils se mariaient au désert; ils faisaient baptiser leurs enfans par des curés, de qui on obtenait de ne pas faire mention de la religion des pères et mères : ils se plaignaient amèrement d'être exclus des emplois publics; ils demandaient à redevenir concitoyens de leurs frères.

Nous nous occupions fortement de tout cela; et, entraînés par l'esprit philosophique, qui avait commencé à prendre un libre essor dans le grand ouvrage de Montesquieu et dans l'Encyclopédie, ceux d'entre nous qui avaient le plus de sève ne balancèrent pas entre les deux opinions, et, bravant les préjugés de l'école et la fausse politique, se déclarèrent pour la tolérance civile en s'efforçant de la distinguer de la tolérance ecclésiastique.

Par la première, nous entendions la conduite d'un gouvernement qui, faisant abstraction de la vérité ou de la fausseté des diverses opinions religieuses, permet à chacune d'enseigner paisiblement ses dogmes, et de pratiquer son culte, en tout ce qui n'est pas contraire aux principes de la morale publique et au repos des sociétés.

Par la tolérance ecclésiastique, nous entendions l'indifférence professée entre toutes les religions, l'opinion que toutes sont également bonnes ou également fausses. Mais nous prétendions que cette indifférence et cette opinion anti-religieuse n'étaient point du tout liées avec les maximes de la tolérance civile ; qu'un souverain et tous les magistrats pouvaient être parfaitement convaincus, que la religion chrétienne et catholique est la seule vraie, que, hors de l'Église, il n'y a point de salut, et cependant tolérer civilement toutes les sectes paisibles, leur laisser exercer leur culte publiquement, les admettre même aux magistratures et aux emplois, en un mot, ne mettre aucune différence entre un janséniste, un luthérien, un calviniste, un juif même et un catholique, pour tous les avantages et devoirs et charges et effets purement civils de la société. Telle était dès-lors notre doctrine, très-philosophique assurément, ou plutôt très-raisonnable, afin d'éviter un mot qu'on a voulu rendre odieux; et nous ne cachions pas cette doctrine raisonnable, car nous l'établissions jusque dans nos thèses, non sans quelque résistance ou improbation des vieux docteurs, mais sans inconvénient pour nous-mêmes.

Le souvenir de mes conférences des dimanches avec Diderot, me conduit à parler d'un abbé que je rencontrais quelquefois chez lui, l'abbé d'Argenteuil, qui avait fait sa licence avec moi et qui était élève du séminaire Saint-Sulpice. Il avait eu le premier rang de notre licence parmi ceux qu'on appelait *Ubiquistes*, c'est-à-dire, n'appartenant ni aux moines, ni aux maisons de Navarre et de Sorbonne. Celui-là s'était mis dans la tête de convertir Diderot, et, animé d'un beau zèle, il venait le prêcher à l'Estrapade dans le même temps que je m'y rendais pour une toute autre raison.

Je me souviendrai toujours de notre embarras réciproque, la première fois que nous nous rencontrâmes, et de l'excellente scène que nous donnâmes à Diderot, qui nous voyait chez lui comme deux libertins honteux, se trouvant nez à nez dans une maison suspecte. Mais, après les premiers éclats de rire, on vint à en découdre ; et voilà l'abbé d'Argenteuil et moi qui, conduits par la marche de la conversation, entrons dans les questions de la tolérance, et le philosophe qui, voyant la querelle engagée, met ses mains dans les manches de sa robe de chambre et se fait juge des coups.

De cette fois, je gagnai son amitié par la chaleur et la vigueur de logique avec lesquelles je défendis la bonne cause contre mon antagoniste, qui soutenait l'intolérance politique, non pas comme un moine ou un inquisiteur, mais comme un homme de beaucoup d'esprit, et qu'au jugement de Diderot je forçai dans tous ses retranchemens. Nous eûmes ainsi plusieurs autres conférences en tiers, jusqu'à ce que l'abbé, reconnaissant l'inutilité de son zèle apostolique pour ramener Diderot dans le bon chemin, et craignant de se casser le cou, renonça à ses visites de l'Estrapade, et se contenta de prier pour la conversion du philosophe, et sans doute aussi pour la mienne. Je dois ajouter que cet abbé d'Argenteuil était de bonne foi, et que sa vie entière et son désintéressement l'ont prouvé. Il a été aumônier du roi, n'a jamais voulu être évêque; et, après avoir été dépouillé, comme tous les autres et jeté en prison, il est mort pauvre et oublié.

C'est de cette même époque que date ma connaissance avec d'Alembert : je dis connaissance, car ma liaison avec lui ne s'est établie que deux ou trois ans après, et elle ne s'est jamais relâchée. On peut croire facilement combien ma jeunesse était flattée de ce commerce avec des hommes de lettres qui commençaient à marquer dans le monde.

Je recueillais leurs paroles, mais non pas avec la docilité d'un novice envers ses supérieurs. Je discutais leurs opinions, et ils ne dédaignaient pas les miennes. Je n'avais avec eux aucune conversation d'où je ne rapportasse une nouvelle ardeur de savoir.

Mon élève ayant achevé sa philosophie en 1754, je l'accompagnai au séminaire Saint-Magloire, pour qu'il fît sa théologie. Nous nous y retrouvâmes avec l'abbé de Rohan, fidèle à ses grands airs, qu'il ne savait pas même soutenir, à sa dissipation, à sa légèreté, et qui aurait gâté mon abbé de la Galaizière, sans le fonds excellent de réserve et de raison qui le défendait contre lui.

Ma vie continua d'être fort douce. Un joli logement sur le jardin du séminaire ; des livres qui déjà formaient une petite collection ; la liberté, dont je n'abusais pas, de sortir dans les instans où mon élève assistait aux conférences, aux offices, et allait aux écoles de Sorbonne ; tout cela me convenait beaucoup. Je dois avouer aussi que, cette situation libre et commode me laissant absolument le choix de mes occupations, je laissais divaguer mon esprit à trop d'objets divers, tandis qu'en le portant sur un seul j'aurais pu mieux faire, si tant est que j'eusse réussi jamais à le fixer.

Je commençai cependant, dès-lors, à tourner mes réflexions vers les objets de l'économie publique et du gouvernement, conduit dans cette route par le goût qui y portait, de leur côté, M. Turgot et l'abbé de Brienne, que je continuais de voir et de cultiver.

Le premier, après avoir quitté l'état ecclésiastique, s'était fait conseiller au parlement, afin de pouvoir ensuite devenir maître des requêtes et intendant. Ainsi, outre l'attrait qui l'entraînait vers toutes les connaissances utiles, il avait de plus le motif, bien puissant pour lui, de bien savoir ce qu'il aurait à faire. Quant à l'abbé de Brienne, appelé à l'épiscopat, il ambitionnait un de ces évêchés auxquels se trouvait réunie quelque administration, comme dans les siéges du Languedoc, et il voulait s'instruire aussi de tout ce qui tenait au gouvernement.

Dès-lors, ces objets entrèrent naturellement dans nos conversations. On se communiquait ses idées; on lisait, on discutait, on cherchait la vérité; et, quoique les questions métaphysiques, qui avaient été l'aliment de ma première jeunesse, occupassent toujours beaucoup mes pensées, je me laissais insensiblement conduire à des études plus solides, non moins abstraites pour ceux qui veulent les approfondir, et plus utiles aux hommes lorsqu'on sera parvenu à en trouver le bout.

Vers 1755, une connaissance, que je dus à M. Turgot, m'attacha encore davantage à ces études; ce fut celle de M. de Gournay, intendant du commerce.

Ce magistrat avait été un des premiers à se convaincre, par son expérience, des vices de l'administration commerciale : il avait eu, lui-même, une maison à Cadix. Il avait lu de bons livres anglais d'économie publique, tels que Petty, Davenant, Gee, Child, etc., dans un temps où la langue anglaise n'était encore que fort peu cultivée parmi nous. Il répandit le goût de ces recherches ; il encouragea Dangeuil à publier les *Avantages et les Désavantages* de la France et de l'Angleterre, extraits d'un ouvrage anglais, et Forbonnais à abréger le *British merchant* de King, sous le titre du *Négociant anglais*. Il donna l'exemple, en traduisant Child, sur *l'Intérêt de l'argent*, et Gee, sur *les Causes du déclin du commerce*, etc. Il fit publier à Forbonnais *les Élémens du commerce ;* il fit surtout lire beaucoup *l'Essai sur le commerce en général* par Cantillon, ouvrage excellent qu'on négligeait ; enfin, on peut dire que, si l'on eut alors en France les premières idées saines sur la théorie de l'administration commerciale, on doit en rapporter le bienfait à son zèle et à ses lumières.

M. Turgot me fit connaître à lui, et je pris, dès ce moment, un goût plus vif encore pour le genre d'étude qui pouvait me faire entretenir cette liaison.

Ce fut aussi à M. Turgot que je dus, vers ce temps, la connaissance de M. Trudaine et de son fils, de Montigny, père de ceux qui ont si misérablement péri, égorgés par les tribunaux révolutionnaires.

Le grand-père a laissé une mémoire respectée à juste titre ; homme instruit, honnête, ferme et modéré, un véritable caractère d'homme public.

M. Trudaine de Montigny, avec moins de qualités et un caractère moins ferme que son père, trop paresseux, trop dissipé, voulant un peu plus et un peu mieux qu'il ne pouvait, n'en était pas moins un homme estimable et bon ; éclairé, juste, ami du bien ; et je ne dis ses défauts que pour être vrai ; car son amitié m'a été douce, et je lui ai dû la petite fortune qui m'a fait passer agréablement la plus grande partie de ma vie, jusqu'au moment où la ruine publique a entraîné la mienne et celle de tant d'autres.

Vers ce temps-là, je connus aussi M. Malesherbes ; il aimait dès-lors, il recherchait les gens de lettres, et les traitait avec cette simplicité qui le rendait si aimable, et avec l'intérêt qu'il savait mettre à ses moindres mouvemens.

Lié avec des hommes dont les idées se portaient ainsi sur des objets utiles, les miennes prirent naturellement le même cours.

Un des premiers fruits de mes petits travaux en ce genre, fut une brochure intitulée : *Petit écrit sur une matière intéressante*, faite à l'occasion de quelques persécutions exercées contre les protestans du midi.

Un Languedocien, leur agent à Paris, me venait voir quelquefois depuis la connaissance que j'avais faite avec lui chez M. de Gournay. Je ne me rappelle plus son nom ; je me souviens seulement que celui du ministre Rabaut entrait pour beaucoup dans nos entretiens. Ce ministre était poursuivi comme excitant des troubles dans la province. C'est le père de celui qui, devenu membre de la première assemblée, dite Constituante, a pris quelque revanche des protestans sur les catholiques, et a contribué peut-être à inspirer à la nation plus d'intolérance envers l'ancien culte, que Louis xiv n'en avait jamais eu pour les religionnaires de son temps.

Cet avocat des protestans m'ayant inspiré beaucoup d'intérêt pour ses frères persécutés, je fis une plaisanterie dans le genre de celle de Swift : j'exagérais les principes de l'intolérance, ou plutôt j'en poussais les conséquences jusqu'où elles doivent aller. Cette plaisanterie eut quelque succès dans le temps : c'est le *Petit écrit* dont j'ai parlé. D'Alembert et Diderot furent ravis de voir un prêtre se moquer des intolérans, persuadés qu'ils étaient, qu'on ne pouvait être tolérant sans abandonner les principes religieux ; en quoi je leur soutenais toujours qu'ils se trompaient, et que la tolérance était dans l'Évangile. M. de Gournay, M. Turgot, M. de Malesherbes furent aussi très-contens de moi.

Diderot et d'Alembert m'engagèrent alors à travailler pour l'Encyclopédie. Je leur fournis quelques fragmens théologiques, tels que *Figures, Fils de Dieu, Foi,* (articles) *Fondamentaux, Gomaristes, Fatalité,* etc.

Je faisais la théologie chrétienne historiquement, et point du tout dogmatiquement ni pour mon compte. Je leur avais fait entendre que c'était le ton dont il fallait que fussent exposées les opinions religieuses dans un ouvrage destiné aux nations, qui en avaient tant de différentes, et aux siècles, pour lesquels un grand nombre de ces opinions seraient passées lorsque l'Encyclopédie subsisterait encore ; et je leur avais persuadé que, dans un recueil tel que l'Encyclopédie, il fallait faire l'histoire et l'exposition des dogmes et de la discipline des chrétiens comme celles de la religion des brames et des musulmans.

Je ne veux pas, avant de quitter ce sujet, oublier deux anecdotes relatives à mon travail encyclopédique.

La première est, que les éditeurs m'ayant demandé l'article *Étymologie,* j'en rédigeai un d'après des manuscrits du président de Brosses, que m'avait confiés Diderot, et qui ont servi depuis à l'ouvrage de ce président, intitulé *du mécanisme des langues.* J'y avais réduit en peu d'espace, méthodiquement et clairement, les idées de l'auteur, trop souvent délayées et confuses, mais dont le fond est excellent ; et j'y avais ajouté quelques vues nouvelles sur cette matière, qui m'a toujours beaucoup intéressé.

Je communiquai mon manuscrit à M. Turgot ; il trouva que je n'avais pas fait l'article *étymologie*, mais plutôt celui d'*onomatopée* ; ou du mécanisme de la formation des mots ; et, comme il avait rassemblé d'ailleurs un grand nombre d'idées sur le même sujet, il me témoigna le désir de s'en charger, de sorte que son article *étymologie*, qu'on peut lire dans la première édition de l'Encyclopédie, fut substitué au mien : ce que je trouvai fort bon.

Je conservai néanmoins mon article manuscrit, et on le trouvera dans mes papiers, avec beaucoup d'autres recherches étymologiques (1).

La seconde anecdote que j'ai voulu recueillir regarde mon article *Gomariste*, inséré au septième tome de l'Encyclopédie.

J'avais eu pour objet d'y établir la doctrine de la tolérance civile des opinions religieuses. Les disputes des jansénistes et des molinistes, les billets de confession exigés par l'archevêque Beaumont, occupaient alors tout Paris. Après avoir fait l'histoire du gomarisme et de l'arminianisme en Hollande, à l'occasion de ces querelles, qui étaient au fond les mêmes que celles des jansénistes et des molinistes, j'avais exposé les principes qu'auraient dû suivre les États de Hollande en-

---

(1) La plupart de ces *recherches* sont imprimées dans le premier volume des *Mélanges de littérature et de philosophie*, par l'abbé Morellet, 4 vol. in-8°. — 1818.

vers les deux sectes, principes de tolérance purement civile dans les magistrats comme tels, sans être des principes d'indifférence religieuse. Tout cela était parfaitement applicable à nos querelles du moment. Le docteur Tamponnet, dont Voltaire s'est si bien moqué, était censeur de l'Encyclopédie. Il laissa passer tout l'historique; mais il ne voulut point de raisonnement. Quoique homme de peu d'esprit, il subodora l'application que je voulais qu'on fît aux querelles des jansénistes et des molinistes; et, en fanatique qu'il était, il refusa absolument d'approuver la deuxième partie : elle ne fut imprimée que sur l'épreuve. D'Alembert et Diderot m'écrivirent à Lyon, où j'étais allé faire un petit voyage, qu'ils avaient fait l'impossible pour fléchir le docteur inexorable. J'ai conservé le manuscrit. Il est curieux de comparer ce qu'on a fait depuis avec ce qu'on demandait alors humblement et d'une manière détournée, et ces mêmes hommes qu'on voulait rendre tolérans, persécutés à outrance, et en butte à une injustice bien plus criante que celle qui soulevait alors tous les bons esprits.

Vers la fin de 1757 et le commencement de 1758, s'agita au conseil de commerce la question de la liberté de la fabrication des toiles peintes en France : elle y était, depuis plus de trente ans, interdite, en même temps que les prohibitions les plus sévères défendaient l'introduction et l'usage des toiles étrangères. On inquiétait les citoyens, surtout en province et jusque dans la capitale, par des visites domiciliaires; on dépouillait les femmes à l'entrée des villes; on envoyait nombre d'hommes aux galères, pour une pièce de toile : enfin, toutes les tyrannies financières et commerçantes étaient employées pour empêcher ce genre d'industrie de s'établir, et le peuple français de s'habiller et de se meubler à bon marché. Les débitans et les fabricans de toutes les villes du royaume maintenaient la nécessité absolue de la prohibition, pour défendre chacun leur commerce particulier. Cependant, les inconvéniens se faisaient vivement sentir. On porta la question au conseil : M. Trudaine, le grand-père, me chargea de la traiter contradictoirement avec les marchands et fabricans, et les chambres de commerce du royaume, qui avaient presque toutes voté contre la liberté. En mars 1758, je publiai un ouvrage intitulé *Réflexions sur les avantages de la libre fabrication et de l'usage des toiles peintes en France.* Un arrêt du conseil, qui établit cette liberté sans qu'elle ait jamais été violée depuis, fut en grande partie le fruit de mon travail. J'eus pour adversaire dans cette question, le sieur Moreau, ennemi de toute sorte de liberté; depuis, auteur des *Cacouacs,* plaisanterie assez plate où il décrie les philosophes comme gens de sac et de corde, et d'un livre sur le gouvernement français, où toutes les maximes du despotisme sont applaudies et consacrées pour l'instruction des

Enfans de France. M. le chevalier de Chastellux, mon ami, prit la peine de répondre dans le *Mercure*, mai 1759, à une diatribe que le sieur Moreau avait insérée dans le *Mercure* d'octobre de l'année précédente, contre mes opinions et mon ouvrage.

Dans cette même année 1758, le septième volume de l'Encyclopédie venant de paraître, on vit se ranimer la guerre que faisaient depuis plusieurs années aux encyclopédistes, les ennemis de la philosophie. Les jésuites, dans le journal de Trévoux; Fréron, dans l'Année littéraire; l'avocat Moreau, dans les *Cacouacs*; Pallissot, dans les *Petites Lettres* sur de grands philosophes, et beaucoup d'autres champions se signalèrent.

Comme, dans ces écrits, on traduisait les encyclopédistes, non pas aux tribunaux littéraires seulement, mais auprès du gouvernement même, comme ennemis des lois et de la religion, ils crurent pouvoir se plaindre de cette manière de les attaquer. Diderot et d'Alembert, éditeurs de l'Encyclopédie, et le dernier surtout, jetèrent des cris. Ils s'en prenaient à M. de Malesherbes, alors chargé de l'administration de la librairie sous le chancelier de Lamoignon, son père.

J'avais été plusieurs fois auprès de M. de Malesherbes le porteur des plaintes de d'Alembert, et j'avais souvent discuté avec lui cette grande question de la liberté de la presse et de ses limites.

Mais quand j'exposais à mon ami d'Alembert les principes de M. de Malesherbes, je ne pouvais les lui faire entendre; et le philosophe tempêtait et jurait, selon sa mauvaise habitude.

Après beaucoup de pourparlers, M. de Malesherbes convint avec moi qu'il écrirait à d'Alembert une lettre où il exposerait en abrégé ses principes d'administration; que je remettrais sa lettre à d'Alembert, et que je tâcherais de tirer de lui une réponse motivée, et, ce qui était plus difficile, de le résoudre à être lui-même plus raisonnable sur les points contestés.

Je fis la commission de M. de Malesherbes, et j'ai conservé la lettre qu'il m'écrivit, et la copie de celle que je remis à d'Alembert de sa part. On les lira sans doute avec intérêt; car on y trouvera la bonté et la raison de M. de Malesherbes, et, en même temps, une fermeté dont je suis sûr que beaucoup de personnes ne l'ont pas cru capable.

LETTRE

DE M. DE MALESHERBES (A MOI).

Je vous ai communiqué, monsieur, la lettre que j'ai reçue de M. d'Alembert; et vous savez que j'ai vu avec beaucoup de peine qu'un homme comme lui s'attachât à une subtilité, pour se plaindre d'un auteur périodique qui l'a bien plus réellement offensé dans d'autres endroits de ses feuilles. J'ai été encore plus fâché de voir que le chagrin que lui causent les brochures l'ait aveuglé au point de ne pas sentir combien il est indiscret, et, j'ose le dire, déraisonnable, de demander froidement justice de Fréron dans le moment où le septième tome de l'Encyclopédie, et surtout l'article *Genève*, ont excité les cris les plus puissans, et où on ne peut soutenir l'ouvrage et prendre le parti des auteurs qu'en s'exposant personnellement à des reproches très-graves.

Pour ce qui me regarde, vous savez que, pendant bien des années, je me suis occupé uniquement de littérature, et je n'ai vécu qu'avec des gens de lettres. Quand je me suis trouvé entraîné par des circonstances imprévues, et peut-être contre mon gré, dans une sphère différente, je n'ai rien tant désiré que de pouvoir rendre quelques services à ceux avec qui j'avais passé ma vie. J'ai cru en trouver l'occasion lorsque j'ai été chargé de la librairie, puisque je me trouvais à portée de leur procurer la liberté d'écrire, après laquelle je les avais toujours vus soupirer, et de les affranchir de beaucoup de gênes sous lesquelles ils paraissaient gémir, et dont ils se plaignaient continuellement. Je croyais aussi rendre un service à l'état, parce que cette liberté m'a toujours paru avoir beaucoup plus d'avantages que d'inconvéniens.

Mes principes sont toujours les mêmes, quant au bien de l'état. Pour les gens de lettres, l'expérience m'a appris que quiconque a à statuer sur les intérêts de leur amour-propre doit renoncer à leur amitié, s'il ne veut affecter une partialité qui le rende indigne de leur estime.

Dans ce moment-ci, ne pouvant pas avec justice déférer aux plaintes de M. d'Alembert, j'ai cru ne pouvoir lui donner de plus grande marque d'estime et de considération, que de lui exposer mes principes d'administration.

Quand j'ai reçu sa lettre, je travaillais à un mémoire que je dois donner à M. le chancelier, sur les livres qui doivent être permis ou défendus. Mon premier mouvement a été de communiquer ce mémoire à M. d'Alembert, pour toute réponse.

Il est presque achevé; mais je m'aperçois qu'en le conservant tel qu'il est pour le fond des choses, il faudra le refondre entièrement pour l'ordre. Cela demandera encore quelque temps, et je n'ai pas voulu faire attendre ma réponse jusque-là. Ainsi j'ai pris le parti d'en faire une que je vous envoie, et que je vous prie de remettre vous-même à M. d'Alembert.

Quand le mémoire sera fini, je le ferai passer sous vos yeux, et vous me ferez plaisir de le communiquer encore à M. d'Alembert, s'il vous paraît qu'il veuille se donner la peine de le lire.

Enfin, monsieur, je vais finir par une proposition qui vous paraîtra peut-être singulière, et que je consens que vous fassiez à M. d'Alembert, si vous le jugez à propos. Vous avez vu dans les fragmens de mon mémoire, que nous avons lu ensemble, que mon principe de liberté n'est pas restreint à la littérature, et que j'incline beaucoup à l'étendre jusqu'à la science du gouvernement, sans même en excepter la critique des opérations du ministère. Je ne suis pas le maître de donner cette liberté aussi entière que je le désirerais sur les autres administrations; mais, pour la mienne, personne ne peut se plaindre que je l'abandonne. Ainsi, si M. d'Alembert, ou un autre, peut prouver qu'il est contre le bon ordre de laisser subsister des critiques dans lesquelles l'Encyclopédie est aussi maltraitée que dans les dernières brochures, si quelqu'autre auteur trouve qu'il est injuste de tolérer des feuilles périodiques, et s'il prétend que le magistrat doive juger lui-même de la justice des critiques littéraires avant de les permettre, en un mot, s'il y a quelqu'autre partie de mon administration qu'on trouve répréhensible, ceux qui s'en plaignent n'ont qu'à dire leurs raisons au public. Je les prie de ne me pas nommer, parce que cela n'est pas d'usage en France; mais ils peuvent me désigner aussi clairement qu'ils le voudront, et je leur promets toute permission. J'espère au moins qu'après m'être exposé à leurs déclamations, pouvant les empêcher, je n'entendrai plus parler de plaintes particulières, dont je vous avouerai que je suis excédé.

J'ai l'honneur d'être, etc.

LAMOIGNON DE MALESHERBES.

LETTRE

DE M. DE MALESHERBES A M. D'ALEMBERT.

Le 16 février 1758.

J'AI reçu, monsieur, la lettre que vous m'avez fait l'honneur de m'écrire au sujet d'une feuille, où le sieur Fréron parle de l'histoire des *Cacouacs*. Je ne sais si votre délicatesse est bien fondée à cet égard, et si le trait dont vous vous plaignez est aussi injurieux qu'il vous l'a paru. Le critique vous attribue, dites-vous, une phrase qui ne se trouve dans aucun de vos ouvrages. C'est une fausseté dont il est aisé de le convaincre, sans que le gouvernement s'en mêle. D'ailleurs je ne trouve pas que cette phrase soit répréhensible, ni qu'elle puisse faire aucun tort à celui qu'on en croit l'auteur.

Vous ajoutez qu'on a voulu par-là vous impliquer nommément dans les accusations de l'auteur des *Cacouacs*. Il me semble que les accusations vagues de cette allégorie ne peuvent pas porter également sur tous ceux qui y sont désignés.

Au reste, je serais fort à plaindre si j'étais obligé de discuter toutes les inductions et les allusions qui peuvent déplaire aux auteurs critiqués. Ainsi, monsieur, ne nous arrêtons pas à cette note qui est au bas d'une *Année littéraire,* et qui n'est pas digne de votre ressentiment. Convenons que ce qui excite vos plaintes est l'histoire même des *Cacouacs,* l'extrait que Fréron en a fait, celui que le même journaliste a donné de votre traduction de Tacite dans une autre feuille, les *Petites lettres sur de grands philosophes,* et en général le grand nombre de critiques, satires ou libelles, comme il vous plaira de les nommer, dans lesquels l'Encyclopédie est attaquée, et surtout le reproche d'irréligion et d'autres imputations aussi graves, qui vous paraissent tomber tant sur vous que sur vos amis. C'est à cela que vous êtes sensible, et je n'en suis pas surpris. Je n'ai connu aucun homme de lettres ni aucun philosophe qui portât l'indifférence jusqu'à n'être pas vivement touché des critiques, même en matière de goût, et à plus forte raison de celles dont vous vous plaignez. Voici sur cela mon unique réponse.

Je suis affligé des chagrins que vous causent les critiques, tant de Fréron que des autres. Je voudrais que rien ne troublât la satisfaction que vous donnent vos succès, et que vous pussiez jouir en paix de votre réputation, la seule récompense digne de vos talens. Je vois, encore avec plus de regret, que des traits semés avec imprudence dans l'ouvrage dont vous avez été un des éditeurs, donnent lieu à des accusations dont les suites sont toujours fâcheuses. Mais je mets une grande différence entre ce qui me déplaît, ou même ce que je désapprouve comme particulier, et ce que je dois empêcher comme homme public.

Mes principes sont qu'en général la critique littéraire est permise, et que toute critique qui n'a pour objet que le livre critiqué, et dans laquelle l'auteur n'est jugé que d'après son ouvrage, est critique littéraire.

Ce n'est pas que, si un auteur abusait de cette permission jusqu'à diffamer ses adversaires en matière grave, ceux qui se croiraient lésés ne pussent se pourvoir devant les tribunaux réglés, comme il est arrivé plusieurs fois; mais la fonction de l'administrateur de la librairie, et celle du censeur, ne consistent point à prévenir de pareils abus; sans quoi il serait à craindre que, sous prétexte d'empêcher la diffamation personnelle, on n'empêchât les critiques qu'on trouverait trop dures, et qu'on ne vînt par degrés à interdire toute espèce de critique, ou à y mettre de telles gênes qu'on les réduirait presqu'à rien.

L'accusation d'irréligion sort, me direz-vous, des bornes de la critique littéraire; mais on vous répondra qu'il est impossible de défendre la cause de la religion sans démasquer ceux qui l'attaquent;

que cette accusation ne peut jamais être réputée personnelle, quand ce n'est ni sur les discours, ni sur les actions de l'auteur qu'on le taxe d'irréligion; mais seulement sur les ouvrages qu'il a donnés volontairement au public, et c'est surtout en cette matière qu'il serait à craindre que les ménagemens qu'un censeur voudrait avoir pour un auteur, n'empêchassent la vérité de se faire jour.

Ces principes vous paraîtront sûrement fort durs, et je connais trop la sensibilité des auteurs sur ce qui intéresse leur amour-propre, pour me flatter que ni vous, ni aucun homme de lettres maltraité dans les brochures, les adopte; mais après y avoir long-temps réfléchi, j'ai trouvé que ce sont les seuls que je puisse suivre avec justice, et sans m'exposer moi-même à tomber dans la partialité.

L'étendue de vos lumières et la justesse de votre esprit ne me permettent pas de douter que vous ne jugiez aussi sainement des objets de législation et d'administration, que de tous les autres, si vous vouliez vous en occuper.

Ainsi, vous aurez peut-être des objections puissantes à faire aux principes que je viens d'établir. Communiquez-les-moi, et je les recevrai avec reconnaissance, parce que je cherche la vérité de très-bonne foi.

S'il arrivait au contraire, ce dont je ne me flatte pas, que le fruit de vos réflexions fût de vous les faire approuver, malgré l'intérêt que vous avez à les rejeter, je vous croirais aussi supérieur à la plupart des hommes par le courage et la justice, que vous l'êtes par les talens et le génie.

J'ai l'honneur d'être, etc.

LAMOIGNON DE MALESHERBES.

Je suis obligé d'avouer que je n'eus pas beaucoup de succès dans ma négociation, d'Alembert prétendant toujours que, dans l'Encyclopédie, on ne passait pas les limites raisonnables d'une discussion philosophique, tandis que les accusations d'impiété, de sédition, intentées aux éditeurs par les journalistes, étaient d'odieuses personnalités que devait interdire un gouvernement, ami de la vérité, et qui voulait favoriser le progrès des connaissances.

Cette discussion ne pouvait donc pas être facile à terminer. Je la suivais avec tout l'intérêt dont l'amitié et la reconnaissance me faisaient un devoir; mais j'en fus bientôt détourné par un voyage en Italie.

CHAPITRE III.

Voyage en Italie. *Manuel des Inquisiteurs*. Lettres inédites de Voltaire, de d'Alembert, etc. L'improvisatrice Corilla. Helvétius. Boulanger. Tartini.

La mort de Benoît xiv allant donner ouverture à un conclave, je pressai les parens de mon élève de nous y envoyer. Un oncle de mon pupille, abbé comme lui, qui avait fait ce voyage dans sa jeunesse, favorisa notre projet auprès du chancelier de Lorraine, qui n'y était pas trop porté. Enfin, nous eûmes la permission de partir, mais un peu tard; et nous voulûmes, par une extrême diligence, réparer le temps perdu : car nous allâmes de Paris à Rome en onze jours, après nous être reposés un seul jour à Lyon. Nous n'arrivâmes cependant qu'après l'ouverture du conclave.

Je me rappelle encore l'impression que j'éprouvai au passage du mont Cenis. J'étais porté sur une espèce de brancard ou civière, par des hommes qui se relevaient. Nous faisions route en silence : c'était la fin de mai, et le temps était admirable. L'aspect des montagnes, nouveau pour moi, les neiges couvrant encore les sommets des plus éloignées, les chutes d'eau et les torrens dans toute leur abondance et dans toute leur beauté, l'air vif et pur que je respirais pour la première fois à cette hauteur, le spectacle ravissant qui se présente sitôt que l'on commence à descendre vers la belle Italie, tout cela me jeta dans une sorte de rêverie si douce, si voluptueuse, que j'en étais hors de moi, et que le souvenir m'en affecte encore profondément, après plus de quarante ans écoulés.

Arrivés au-delà de Parme, nous suivîmes la côte de l'Adriatique, Pezaro, Fano, Sinigaglia. Là, nous prîmes les Apennins par Fossombrone, allant jour et nuit.

Je ne puis oublier de conter ici le risque que nous courûmes en traversant ces montagnes. Nous avions passé la nuit dans notre chaise, gravissant par des chemins bordés de précipices, au fond desquels nous entendions rouler des torrens. Les chevaux faisaient feu des quatre pieds sur ces rochers; et, s'ils se fussent rebutés, rien n'était plus aisé que de reculer dans un abîme. Nous étions, l'abbé de la Galaizière et moi, enveloppés dans nos redingotes, ne soufflant pas le mot, et nous résignant à la destinée dont on nous avait fait peur en nous voyant partir ainsi de nuit, contre l'usage des voyageurs qui prennent cette route. Cependant le jour paraît, et nos inquiétudes diminuent. Il était neuf heures du matin, lorsqu'en entamant une longue montagne, je propose à mon compagnon de descendre pour nous dégourdir les jambes et soulager les chevaux. Nous montons en suivant la voiture. Tout-à-coup nous voyons les chevaux se rebuter, le postillon fouettant de toutes ses forces, et la chaise reculant toujours. Nous voulons mettre des pierres sous la roue ; l'impulsion de la voiture en arrière était déjà trop forte pour être arrêtée, et nous la voyons se diriger vers le précipice. Enfin, le postillon appelant vainement à son aide Sant-Antonio, se jette à bas précisément sur le bord du chemin, et la voiture et les chevaux font le saut.

Il est vrai de dire que ce précipice était infiniment moins terrible que ceux dont nous avions parcouru les bords toute la nuit. La première chute était d'environ vingt pieds ; et dans cet espace les traits se rompirent, et les chevaux, après avoir resté quelques momens étourdis, se relevèrent et se mirent à brouter sur une petite lisière de terre faisant terrasse, tandis que la chaise continua de rouler. Dans le reste de la pente, la terre était assez meuble, et couverte de broussailles qui amortissaient la rapidité de la descente. La chaise, à longs brancards et sans ressorts, étant chargée de deux grosses malles, son derrière, où était le centre de gravité, descendait le premier et la dirigeait, tandis que les brancards et la dossière, portant sur la terre et s'embarrassant dans les arbrisseaux, retardaient encore la vitesse de sa chute. Mais ce qu'il y eut de plus heureux, c'est qu'en descendant ainsi, le derrière de la voiture rencontra, environ aux deux tiers de la pente, un arbre assez gros, qu'il déracina en partie et plia, et sur lequel la voiture demeura comme à cheval. Les planches qui portaient les malles, ayant reçu par leur tranchant toute la force du coup, la chaise ne fut pas brisée. Nous en fûmes quittes pour quelques boulons cassés, et pour demeurer là deux ou trois heures, en attendant que, par un détour d'une demi-lieue, on tirât la voiture en coupant l'arbre sur lequel elle s'était perchée, et qu'on la ramenât dans le chemin à travers tous les circuits de la vallée. Il est probable que, si nous eussions été dans la chaise, notre voyage se fût terminé là : car, soit en voulant nous jeter dehors, soit en rendant la chute plus rude et en changeant la direction de la voiture, nous eussions beaucoup plus mal réussi. Notre postillon nous assura bien, et demeura convaincu, que c'était un miracle de Sant-Antonio, et nous dit qu'il fallait lui faire dire une messe que nous lui payâmes de bon cœur, mais dont je crois fort que Sant-Antonio n'a pas tâté.

L'abbé de la Galaizière, arrivant à Rome des derniers, trouva toutes les places de conclavistes prises. La plupart de nos camarades de voyage n'en eurent point non plus. Mais comme ce n'est pas là le seul but d'un voyage à Rome, ils s'en passèrent. Nous courions les églises et les palais et les monumens. Je dois dire à ma honte que l'impression que je recevais de ces chefs-d'œuvre des arts était faible, en comparaison de celle que je voyais dans quelques véritables amateurs et dans les artistes. D'abord, ma vue est un peu courte, ce qui est un désavantage immense; mais ensuite, je suis fort incliné à croire que l'habitude de penser un peu profondément, d'occuper au-dedans toutes les facultés de son âme, de se concentrer pour ainsi dire en soi, est, jusqu'à un certain point, ennemie ou exclusive de la sensibilité que demandent les arts du dessin. Difficilement un métaphysicien sera-t-il un habile artiste, ou un habile artiste un bon métaphysicien. Celui-ci est un homme intérieur, qui ne voit qu'en lui-même, qui a, si j'ose ainsi parler, les yeux tournés en dedans; l'artiste et l'amateur sont, au contraire, tout yeux et tout oreilles; leur âme se répand au-dehors; les couleurs, les formes, les situations, voilà ce qui les frappe sans cesse, tandis que le philosophe n'est occupé que de rapports, de différences, de généralités, d'abstractions.

Que cette opposition de l'esprit et du goût des beaux-arts avec l'esprit métaphysique et philosophique, soit générale ou non, je déclare qu'au moins elle est en moi jusqu'à un certain degré. Les tableaux m'ont fait peu de plaisir.

J'en ai goûté davantage aux statues. Mais l'architecture est ce qui a produit sur moi la plus forte impression. L'église de Saint-Pierre et toutes les belles églises de Rome, le Panthéon, le Colisée, d'autres ruines antiques, les édifices de Florence et la belle architecture du Palladio à Padoue, à Venise et sur la Brenta, voilà ce qui fixait le plus mes yeux et mon attention.

Cette manière d'être me disposait naturellement

à m'occuper davantage chez moi. Je lisais, j'étudiais l'italien; je recueillais surtout, comme j'ai toujours fait, les idées sur la voie desquelles mon esprit avait été mis la veille. Je me donnais même une occupation qui m'attacha, en contrastant d'une manière assez piquante avec ma robe, et avec la ville et le lieu que j'habitais. L'abbé de Canillac, auditeur de Rote, à qui nous étions recommandés, m'avait logé dans sa bibliothèque, toute formée de théologiens et de canonistes. En parcourant ce fatras, je tombai sur le *Directorium inquisitorum* de Nicolas Eymeric, grand inquisiteur au quatorzième siècle. Cet ouvrage, selon son titre, servait de guide aux inquisiteurs dans toute la chrétienté avant l'invention de l'imprimerie. Il fut imprimé dès le commencement du seizième siècle; l'édition que je trouvais était de 1578, à Rome, *in œdibus populi romani*, c'est-à-dire, au Capitole : contraste curieux, sans doute, pour celui qui observe cette législation sacerdotale, absurde et barbare, partant du même lieu d'où émanaient les ordres des conquérans du monde, et le partage des royaumes, et les lois qui régissaient tant de nations. Cette lecture me frappa d'horreur; mais c'était un *in-folio* énorme, qu'on ne pouvait faire connaître que par échantillon.

J'imaginai d'en extraire, sous le titre de *Manuel des Inquisiteurs*, tout ce qui me paraissait le plus révoltant; et, avec un peu de peine, je vins à bout de donner un corps et une forme à toutes ces atrocités éparses. Je les rangeai selon l'ordre de la procédure, en commençant par l'information, et finissant par l'exécution des condamnés. Je m'interdis toute réflexion, parce que le texte seul suggérait assez celles que j'aurais pu faire.

A l'extrait du *Directorium*, j'ajoutai celui d'un autre gros volume *in-folio* que je trouvai dans la même bibliothèque; c'était l'histoire de l'inquisition, d'*A. Paramo*, inquisiteur portugais. On y trouve l'établissement du saint-office en Portugal, par un fripon, nommé Saavedra qui, ayant fait de fausses bulles, vint fonder l'inquisition à Lisbonne, fit le procès à beaucoup de gens riches dont il s'attribua les dépouilles, et fut enfin reconnu, arrêté et mis aux galères, en même temps que l'institution, ouvrage de sa friponnerie, a été religieusement conservée.

Mon *Manuel* n'a paru qu'en 1762, et j'ai dû à M. de Malesherbes la permission de le publier; mais j'ai souvent cité aux zélateurs de notre ancienne jurisprudence le fait suivant qui mérite d'être conservé.

J'avais communiqué, à mon retour en France, mon manuscrit à M. de Malesherbes. Il me dit, en me le rendant : Vous croyez peut-être avoir recueilli là des faits extraordinaires, des procédés inouïs ; eh bien ! sachez que cette jurisprudence d'Eymeric et de son inquisition est, à très-peu près, notre jurisprudence criminelle tout entière. Je fus confondu de cette assertion, qui me parut alors un paradoxe (et j'ai toujours cru voir le goût du paradoxe dans M. de Malesherbes); mais depuis j'ai bien reconnu qu'il avait raison; et M. Séguier, surtout, m'en a bien convaincu par son réquisitoire contre les accusés qu'a défendus M. Dupaty.

Je puis croire que dans ce petit travail je n'ai pas manqué mon but; car, cette lecture donne pour l'intolérance plus d'horreur qu'un traité en forme n'en peut exciter. Une femme de ma connaissance m'a dit qu'en lisant le *Manuel*, arrivée vers la moitié, elle ne put soutenir cette impression plus long-temps, et qu'elle trouva quelque soulagement à jeter le livre au feu et à le cogner sur la braise avec ses pincettes, comme si elle eût grillé un inquisiteur. Je l'envoyai à Voltaire, qui écrivit à M. d'Alembert: « Si j'ai lu la belle jurisprudence de l'inquisition! Eh oui, mort-dieu, je l'ai lue, et elle a fait sur moi la même impression que fit le corps sanglant de César sur les Romains. Les hommes ne méritent pas de vivre, puisqu'il y a encore du bois et du feu, et qu'on ne s'en sert pas pour brûler ces monstres dans leurs infâmes repaires. Mon cher frère, embrassez pour moi le digne frère qui a fait cet excellent ouvrage. Puisse-t-il être traduit en portugais et en castillan! Plus nous sommes attachés à la religion de notre Sauveur J.-C., plus nous devons abhorrer l'abominable usage qu'on fait tous les jours de sa divine loi. Il est bien à souhaiter que vos frères et vous donniez tous les mois quelque ouvrage édifiant comme celui-là, qui achève d'établir le royaume du Christ, et de détruire les abus, etc. » Cette lettre n'est pas dans la correspondance de Voltaire, et j'ai dû la conserver dans mes mémoires.

Enfin, je citerai en faveur de mon *Manuel* une grande autorité; c'est celle de Frédéric II, à qui d'Alembert en avait fait l'hommage pour moi. Celui-ci m'écrivit de Charlottembourg la lettre suivante, que je rapporte, et parce qu'elle me regarde, et parce qu'on y trouvera quelques détails relatifs à Frédéric II, qui doit intéresser plus que moi. On voit que j'anticipe sur les temps.

Charlottembourg, près Berlin, le 16 juillet 1762.

« Le roi m'a chargé, mon cher abbé, de vous remercier des livres que je lui ai remis de votre part. Il connaissait les brochures, qu'il croyait de Voltaire; cela vous prouve le cas qu'il en faisait; il les a relues, et trouve (avec raison) les *si* et les *pourquoi* meilleurs que les *quand*; il m'a dit que l'auteur de ces ouvrages était sûrement un homme de beaucoup d'esprit. Je lui ai dit que c'était un honnête prêtre, qui, à la vérité, ne disait pas beaucoup de messes; et je ne doute pas qu'il ne vous prît volontiers pour son aumônier, surtout depuis le *Manuel des Inquisiteurs*. Vous ne sauriez croire l'impression que cet ouvrage lui a faite; il ne le connaissait pas, il l'a lu et relu, et en a parlé plusieurs jours de suite avec l'horreur que ces gens-là méritent. Assurément, ce prince ne fera brûler personne pour savoir s'il y a en J.-C. deux personnes ou une nature, ou deux natures et un personne, ou deux volontés et deux hypostases, ou etc., etc. A l'égard du prince, vous seriez enchanté de le voir et de l'entendre, même après l'idée que vous en avez. Il me faudrait un volume pour vous dire tout ce que j'en sais, tout ce que j'en pense, et tout ce qui le rend respectable et aimable à mes yeux. Je réserve tout ce détail pour le temps où j'aurai le plaisir de vous embrasser, c'est-à-dire, pour les premiers jours de septembre; je me contenterai d'ajouter que je reçois ici, de la part de tout le monde, toutes les marques de bonté imaginables, et qu'il est impossible d'avoir fait jusqu'à ce moment un voyage plus agréable à tous égards.

» Eh bien, le parlement veut donc consulter *la faculté de théologie* sur l'inoculation? Ah! les sots personnages! Je suis bien charmé de cette sottise, qui les couvre de ridicule chez les étrangers. Je voudrais que vous entendissiez avec quel mépris le roi parle de ces gens-là, et que vous vissiez comme tous les gens qui pensent ici, tant soit peu, lèvent les épaules de ce bel arrêt. Que dites-vous aussi de la belle équipée de la Condamine à Londres? Il faut avouer qu'en corps et en détail nous donnons une grande idée de nous aux nations!

» Ma foi, juge et plaideurs, il faudrait tout lier.

» Adieu, mon cher abbé; mon adresse est à Postdam en Brandebourg; mais ne m'écrivez pas passé le 14 du mois prochain, parce que je compte partir le 25 ou le 26. »

À cet amusement théologique et philosophique, comme on voudra l'appeler, j'en joignis un autre d'un genre bien différent; c'était celui d'entendre improviser la fameuse Corilla, appelée en son nom *Magdalena Morelli*, que je retrouvai depuis à Naples et à Florence.

Comme peu de gens ont vu des improvisateurs, au moins de ceux qui ont quelque célébrité, je parlerai de ce talent et des souvenirs qu'il m'a laissés.

La signora nous recevait fort obligeamment, quelques-uns de nos abbés français et moi; et, après un ou deux quarts-d'heure de conversation, elle était toujours également prête et également complaisante à improviser pour nous.

On lui donnait le sujet. Elle se recueillait un moment, et commençait à débiter assez posément quelques stances sur la mesure et le rhythme de celles du Tasse et sur un air syllabiqué fort simple, qu'accompagnait derrière elle un joueur de clavecin, ou plutôt d'une petite épinette. À mesure qu'elle avançait dans son sujet, elle s'animait ; et l'accompagnateur, qui la suivait toujours, hâtait la mesure. Ses yeux devenaient brillans, son visage se colorait, elle s'embellissait beaucoup. En continuant quelque temps, lorsque son sujet était assez abondant pour lui fournir une carrière un peu étendue, elle produisait et débitait les dernières stances avec une extrême rapidité, et aussi vite qu'on pourrait prononcer des vers qu'on saurait très-bien par cœur. Alors le feu lui sortait des yeux, sa gorge avait un mouvement élevé et rapide. C'était une vraie pythonisse, et je dois dire en même temps qu'elle ne se défigurait point, et que sa physionomie, en s'altérant ainsi, avait un caractère plein de force et d'agrément.

Elle déclamait un quart-d'heure entier, souvent davantage, et jusqu'à une demi-heure de suite. Il est bien naturel de demander si cette improvisation était élégante et correcte. Au temps dont je parle, quoique déjà un peu familiarisé avec la langue italienne, je ne l'entendais pas assez pour avoir un avis. Ce que je puis dire, c'est que je remarquais des stances très-agréables et remplies de traits piquans et spirituels, d'autres, d'un ton grave et noble, et qu'en tout, c'était un spectacle des yeux et un plaisir de l'esprit très-vifs l'un et l'autre, que de voir et d'entendre la Corilla.

Je serais ridicule de faire entrer, dans le récit rapide que je fais ici, des descriptions des grands monumens et des chefs-d'œuvre des arts que je vis à Rome. Ces descriptions sont partout, et celles des artistes et des vrais amateurs rendraient les miennes superflues, quand je pourrais me flatter de les faire bonnes ; or, j'ai dit que ce talent me manque absolument. Je rappellerais pourtant quelques-unes de mes impressions.

Celle que m'a faite Saint-Pierre est, sans comparaison, la plus forte et la plus profonde que j'aie éprouvée, mais je ne dis pas la plus subite ; car, je puis confirmer de mon témoignage ce que beaucoup de voyageurs ont écrit, que cet édifice majestueux ne frappe pas d'abord de toute l'admiration qu'il inspire par degrés. On ne saisit pas dès l'entrée son immensité. De la porte on aperçoit deux anges placés contre les deux premiers piliers, et tenant les bénitiers à la moitié de leur hauteur. On les croit tout près de soi, on leur donne, à l'œil, la stature humaine ; on s'avance, et on marche beaucoup plus long-temps qu'on n'avait cru, avant d'arriver jusqu'à eux : là, tout ce que peut faire un homme de la taille commune est d'atteindre à l'eau bénite, et l'ange est une figure de dix à onze pieds (1).

Vous reconnaissez cette même illusion sur la distance et les grandeurs, en avançant dans ce vaste vaisseau. Les grands piliers, qui soutiennent des arcs immenses, vous paraissent à l'œil infiniment

---

(1) *Voyez* Montesquieu, *Essai sur le goût.*

moins distans les uns des autres que vous ne l'éprouvez en parcourant l'espace qui les sépare; et après l'avoir parcouru, l'étonnement redouble, lorsque, plus près de l'immense baldaquin sous lequel s'élève l'autel, vous en saisissez la hauteur. Enfin, ce n'est que lorsque vous avez, pour ainsi dire, développé vous-même ce grand plan, que vous en concevez toute l'étendue; c'est alors, c'est du milieu de la basilique, qu'instruit par votre propre expérience des distances et de la grandeur des masses dans la partie que vous avez parcourue, et jugeant des autres par celles-là, vous êtes frappé de tout l'étonnement, de toute l'admiration que doit causer ce beau spectacle, et que vous éprouvez une sorte d'amour-propre qu'inspire à l'homme le sentiment de la grandeur dans les ouvrages de l'homme, charme secret, qui peut-être nous attache le plus aux grands chefs-d'œuvre des arts.

J'ai entendu des artistes et des métaphysiciens soutenir que c'est un défaut dans cet admirable monument, de ne pas produire tout-à-coup toute son impression, et de ne pas faire sentir au premier instant toute sa grandeur. Je ne leur ai jamais ouï dire une bonne raison de ce jugement, que je combats, d'abord par le charme même de l'impression qu'on reçoit, toute graduée qu'elle est, et ensuite par quelques réflexions.

Il me semble que, dans tous les procédés des beaux-arts, cherchant à faire leurs impressions sur nous, il y a des degrés, des progrès, un exorde, un milieu, une fin; qu'on y marche toujours du doux au fort, du simple au magnifique : l'exorde d'une épopée doit être modeste; le premier acte d'une tragédie ne peut pas être aussi tragique que le cinquième; le vestibule d'un palais ne peut pas être aussi orné que le salon.

Cela est ainsi, du moins dans tous les ouvrages des arts qu'on ne peut d'abord embrasser en entier, mais qui se développent successivement. Or, un édifice immense est, à cet égard, comme une tragédie qu'on ne peut voir jouer entière en moins de quelques heures, et un poëme qu'on ne peut lire en un jour. Il est certain qu'on ne peut voir Saint-Pierre en un coup-d'œil, ni en quelques minutes; il faut donc aussi que les impressions qu'il fait naître soient graduées et aillent en croissant; il n'en ressemble que mieux à un beau poëme et à une belle tragédie.

Puisque j'en suis sur les impressions des arts, je dirai ce que j'ai vu à Rome et à Naples de celle que produit la musique sur les oreilles italiennes, et ce qui m'a fait toucher au doigt la différence énorme entre un tel peuple et nous, qui prétendons à faire et à sentir la musique, dépourvus que nous sommes (je parle généralement) du sens auquel s'adressent les sons, et avec des oreilles doublées de maroquin, comme nous le disait Caraccioli, l'ambassadeur de Naples.

C'était l'usage à la Saint-Louis, que l'ambassadeur de France donnât le soir au peuple une illumination et un concert. L'évêque de Laon, Rochechouart, notre ambassadeur, logé au palais de France, place Saint-Marcel, avait fait établir un orchestre d'instrumens à cordes, sur un échafaud dressé au-devant de la façade, et un autre orchestre d'instrumens à vent, vis-à-vis, à l'autre côté de la petite place, chacun composé de plus de cent instrumens. La rue qui est le *Corso*, et la place, étaient couvertes de peuple. Les deux orchestres se répondaient alternativement et se réunissaient : dans ces grands *tutti*, l'effet était admirable, le silence du peuple était profond, et on pouvait lui appliquer avec justesse le

Densum humeris bibit aure vulgus.

Mais il fallait entendre, à la fin de chaque pièce, les cris de sensibilité et de joie de cette multitude, et ses transports, *o benedetto! o che gusto! piacer da morire*, etc. J'en ai vu qui, ne sachant à qui s'en prendre de tant de plaisir, embrassaient les chevaux des carrosses mêlés parmi la foule; et l'on sait que les chevaux italiens ne sont pas doux comme les chevaux anglais, ni même autant que les nôtres. Au milieu de ce délire, la plupart de nos Français n'entendaient que du bruit, et se gardaient bien d'y apporter la moindre attention.

Je conservai pendant mon voyage, quelque relation avec mes amis de Paris, M. Turgot, Diderot et d'Alembert; et ces derniers m'en écrivaient de bonnes. Le livre de l'*Esprit* venait de paraître, et l'auteur était menacé par la Sorbonne, dont les censures faisaient encore peur, secondées qu'elles étaient par la Cour et le Parlement. Je ne connaissais alors Helvétius que par mes amis. Son livre, qui nous arriva en Italie, ne me plut point pour le fond. J'avais, et je conserve même aujourd'hui, une meilleure idée de l'humanité que celle qu'il en donne. M. Turgot détestait ses principes, et ne rendait pas autant de justice que moi à son talent, ou plutôt à son travail : car j'avoue que le livre d'Helvétius me paraît travaillé comme une pièce de fer mise et remise à la forge dix fois de suite. Rien n'y est fait de verve et de naturel, à la manière de Jean-Jacques ou des belles pages de Diderot, et avec cette facilité séduisante de Voltaire. Helvétius suait long-temps pour faire un chapitre. Il y a telle partie de *l'Esprit* et surtout de *l'Homme*, qu'il a composée et recomposée vingt fois. Dans les longs séjours que j'ai faits depuis avec lui dans ses terres, je le voyais ruminant une page pendant des matinées entières, tous ses volets fermés, se promenant dans sa chambre en long et en large pour échauffer ses idées, ou leur donner une forme qui ne fût pas commune. Enfin, je n'ai connu aucun homme de lettres travaillant avec tant de peine et d'effort. L'éloignement où j'étais de Paris, et les occupations que me donnait mon voyage, m'empêchèrent de suivre la destinée du livre de *l'Esprit* avec l'intérêt que j'y eusse mis sans doute au milieu de mes amis philosophes, qui regardaient tous Helvétius comme un apôtre et un martyr de la philosophie. Les Italiens, parmi lesquels je vivais, ne s'en occupaient pas encore, quoique ce fût le pays de l'Europe où cet ouvrage devait avoir le plus grand succès, et a fini par l'obtenir; car, de tous les Européens, ceux qui estiment le moins l'humanité sont, sans contredit, les Italiens, qui, en général, ne croient pas assez à la vertu, et qui disent presque tous, dès vingt ans, le mot de Brutus, qu'il ne faut dire, comme lui, qu'en mourant :

O vertu, tu n'es qu'un vain nom !

Quand je parle, au reste, du succès de ce livre en Italie, j'entends auprès des hommes qui y cultivent la philosophie, et non des moines et du clergé : ceux-là savaient à peine qu'il existait, et je citerai à ce sujet une balourdise de je ne sais plus quel cardinal, qui, ayant entendu parler d'un ouvrage d'Helvétius, fermier général, et lu en même temps dans les gazettes quelque expédition militaire du général Fermer, commandant un corps de troupes russes, nous dit un jour après y avoir bien pensé : *Non sapevo che il generale*

Fermer maneggiasse ugualmente e la spada e la penna. Il croyait que le général était le même que l'écrivain.

Parmi les correspondances que j'avais avec Paris, je n'oublierai pas celle de Boullanger, l'auteur du *Despotisme oriental*, de l'*Antiquité dévoilée*, et d'autres ouvrages d'une philosophie également hardie et systématique, dans le sens le plus étendu qu'on puisse donner à ces mots. J'avais fait connaissance avec lui vers 1755. Il cherchait à me gagner à ses paradoxes historiques, sur lesquels il fondait toutes ses opinions philosophiques. Mais la sévérité de mon raisonnement mettait souvent son imagination au désespoir, lorsque de trois ou quatre assertions gratuites qu'il enchaînait les unes aux autres, je ne voulais en recevoir aucune, faute de bonnes preuves qu'il ne trouvait pas, et que je lui contestais toutes celles qu'il avait trouvées. Il eût pourtant bien voulu me séduire, et il n'y épargnait rien. J'ai eu de lui plusieurs lettres, que j'ai données à un de ses amis; une entre autres qu'il m'écrivit à Rome, et qui commençait par ces mots: *Vous voilà donc, mon cher ami, dans le pays de Janus*, et où il développait tout son système de l'identité de Saint-Pierre avec Janus, qui a des clefs et un coq, et qui ouvre l'année comme Saint-Pierre les portes du ciel, etc. Il y aurait eu de quoi me mettre à l'inquisition dans un autre siècle; mais en baisant les pieds du saint père après son exaltation, je ne m'avisai pas de lui dire qu'il était le successeur de Janus, et Rome moderne est aussi tolérante que l'ancienne.

Ce Boullanger était un homme de beaucoup d'esprit et d'un esprit original. Employé dans les ponts et chaussées dès l'âge de vingt-trois ans, il avait dirigé plusieurs fouilles en Champagne, en Lorraine et en Bourgogne ; ses travaux lui avaient suggéré différentes observations sur l'organisation du globe ; et puis, il s'était fait une théorie de la terre et des divers changemens qu'elle paraît avoir éprouvés ; et pour chercher dans l'histoire les preuves de ses systèmes, il s'était mis à apprendre le latin, le grec, et enfin les langues orientales. Ensuite, employant cette érudition nouvelle à l'appui de ses doctrines, il trouvait tout dans les mots, dans leur décomposition, et dans les analogies d'une langue à l'autre. Il crut voir que les dogmes et les rites religieux de tous les peuples prenaient leur origine dans les impressions qu'avaient laissées les grands bouleversemens du monde physique, et n'en étaient que des commémorations. A cette idée, qui a quelque chose de vrai et de grand, il attachait tout, il subordonnait tout ; il ne lisait, ne voyait, n'entendait rien qu'il n'y rapportât, ce qui lui suggérait sans cesse des interprétations ingénieuses, des vues profondes, d'heureuses applications, en même temps que cet esprit de système l'égarait dans un dédale de conjectures et de folies dont il est vraiment impossible de faire un ensemble.

Son principe général était que l'histoire ancienne n'est qu'une *cabale :* le nom de chaque personnage célèbre, dont les actions y sont racontées, exprime tous les événemens de sa vie, c'est-à-dire que les événemens ont été imaginés d'après ces noms. Ainsi *Ève*, dans la langue hébraïque et dans les autres langues orientales que les Juifs ont connues, signifiera *vie, arbre, fruit, serpent, tentation,* etc. Les ouvrages des rabbins ne sont que la suite des livres historiques de l'Écriture ; les faits qu'ils racontent résultent des nouvelles combinaisons qu'ils ont trouvées dans les noms propres.

Cette idée n'est pas nouvelle relativement à l'Écriture; mais l'application que Boullanger en fait à toute l'histoire ancienne est certainement nouvelle. Il a même étendu ce principe à l'histoire des premiers siècles de l'Église : à son avis, Saint-Pierre est un personnage chimérique, dont on a tissu la vie d'après les significations différentes que donnent en hébreu et son nom et les syllabes de son nom, combinées à la manière juive. Son coq, ses clefs, etc., ont la même origine. Pilate est un être imaginaire de la même façon : c'est le prétérit d'un verbe, qui signifie en hébreu celui qui a jugé et qui a voulu trouver innocent.

Voici encore quelques idées de Boullanger sur

l'histoire ancienne : tous les héros de l'antiquité se ressemblent et sont calqués d'après un même modèle ; de sorte qu'on peut faire une formule générale qui exprime toute leur histoire. Un grand homme doit naître des dieux, ou des fils des dieux ; sa naissance doit être extraordinaire et accompagnée de miracles ; il doit être exposé en naissant, et sauvé par des moyens singuliers ; il doit courir beaucoup de dangers pendant sa jeunesse, essuyer de grands travaux, détrôner des tyrans, combattre des monstres ou exterminer des brigands, être le conquérant et ensuite le législateur d'un grand peuple, mourir et disparaître sans savoir comment, être élevé au ciel et obtenir l'apothéose. Qu'on parcoure l'antiquité tout entière, et on verra qu'Osiris, Minos, Thésée, Moïse, Romulus, Numa, etc., se ressemblent exactement en tous ces points ; et n'en faut-il pas conclure que leur histoire est un roman ?

Il appelait cette ressemblance des principaux personnages des histoires anciennes, *consonnance mythologique;* et il se proposait d'en faire sentir la réalité dans un petit ouvrage sous ce titre, par des parallèles suivis entre les vies des héros de l'antiquité. Par exemple, il prouverait que le David des Hébreux et l'Apollon des Grecs est un seul et même homme : leur nom, disait-il, a exactement la même signification grammaticale; *Apollo* vient d'Ἀπόλλυμι, *perdo;* et le mot *David*, qui a peu d'analogie avec l'hébreu, vient directement du mot qui, dans presque toutes les langues orientales, signifie *destructeur, exterminateur*. Apollon et David sont tous deux bergers ; Apollon est chassé du ciel, David est chassé de la cour de Saül ; tous deux jouent de la lyre ; Apollon tue le serpent Python, David délivre Saül de l'esprit de Python qui l'obsédait ; Apollon est le Dieu des vers et du chant, David fait des hymnes ; Apollon est blond et beau, *David erat rufus et pulcher aspectu ;* Apollon envoie la peste dans le camp des Grecs, et David l'attire sur son peuple ; Apollon prédit l'avenir et inspire les Sibylles, David est prophète, etc.

Avec cet esprit bizarre, et malgré tout l'intérêt qu'il mettait à ses découvertes, souvent extravagantes, il n'avait aucun éloignement pour ceux qui ne les admettaient pas ; il riait tout le premier d'une conjecture hasardée ou folle qu'il avait faite la veille, et quand il me la communiquait, il trouvait bon que j'en risse aux éclats. Enfin son commerce littéraire était le plus doux du monde, parce que la singularité et la sagacité de son esprit étaient accompagnées de beaucoup de bonhomie et d'une simplicité d'enfant. Il est mort vers la fin de 1759, à mon retour d'Italie, regretté de tous ceux qui l'avaient connu.

Je quitte Boullanger pour retourner à Rome, où ses lettres venaient me trouver. Nous y restâmes trois mois, et nous partîmes pour Naples, quelques jours après le couronnement du nouveau pape Rezzonico, qui prit le nom de Clément XIII. J'avais fait à Rome peu de connaissances, et je m'y amusais médiocrement : cette foule d'abbés, gens de condition et destinés à l'épiscopat, éclipsait un pauvre homme de lettres, dans un pays où l'espèce de littérature philosophique à laquelle me portait mon goût n'était pas en grand honneur.

A Naples, les beaux spectacles qu'offrent les antiquités de Puzzoles et de Baies, et le Vésuve, et la Solfatare, et Pausylippe, et la beauté de la ville et du climat, et le charme de la musique, m'attachèrent davantage : aussi je laissai mon élève repartir pour Rome avec l'abbé de Brienne et l'abbé de Saint-Simon, depuis évêque d'Agde; et moi, je prolongeai d'une quinzaine mon séjour à Naples. Je n'y trouvai point cependant de liaison littéraire à former, si ce n'est celle d'un comte Gazola, qui avait de beaux dessins. Mais le consul de France me donna quelques mémoires sur le commerce. Je tirai aussi plusieurs renseignemens de l'ambassadeur, M. d'Ossune, et de son secrétaire, Basquiat de la House, qui a depuis été ministre de France en d'autres cours.

Celui-ci était une espèce de *loustic* qui ne manquait pas d'esprit, et encore moins d'adresse. C'est lui qui, ayant en Gascogne, sa patrie, dans un petit village, un petit bien en vignes et en mauvais vin qu'on ne pouvait vendre, imagina de se faire donner par le pape un *corps saint,* qu'il baptisa d'un nom vénéré dans le pays, qu'il envoya avec toutes les bulles et indulgences possibles, et pour lequel il s'établit une fête et une foire, où le concours de tous les villages voisins lui a depuis fait vendre et boire chaque année tout son vin en huit jours.

Puisque j'ai nommé ce Basquiat, je veux conter une autre facétie de sa façon, à laquelle je ne puis penser sans rire. Nous allions souvent chez l'ambassadeur, qui vivait fort noblement. Nous y trouvions quelquefois un M. de Turbilly, gentilhomme français, frère d'un autre Turbilly qui s'occupait en ce temps-là d'expériences d'agriculture, et de charrues, et de semoirs. Celui de Naples était ennuyeux à fuir d'une lieue, de ceux que les Italiens appellent *secatore di strada publica*, ennuyeux de grand chemin, par allusion aux voleurs qui vous attendent sur les routes pour vous assassiner. L'ambassadeur le recevait par bonhomie, sans disconvenir qu'il était le fléau de la société.

Lorsque Basquiat voyait que son ambassadeur commençait à se lasser de Turbilly, il lui demandait la permission de l'en débarrasser. Alors commençait une scène la plus divertissante du monde. Basquiat s'approchait du Turbilly, et le rencoignait bientôt dans la croisée la plus voisine de la porte. Là, le prenant à la boutonnière, il lui entamait un conte qui ne finissait pas, ou une discussion vague qui ne marchait pas, ou des raisonnemens à perte de vue, enchevêtrés les uns dans les autres avec un art vraiment prodigieux; assaisonnant son discours de bâillemens si naturels qu'ils gagnaient bien vite le pauvre patient, et que ce symptôme nous mettait en état d'observer tous les progrès de son mal. Enfin, quand il commençait à tourner à la mort, Basquiat ouvrant la porte, le pauvre homme s'échappait, et nous laissait riant aux éclats du succès d'un *ennuyeur*, qui nous divertissait en ennuyant un ennuyeux.

Je rassemblai aussi à Naples différens mémoires d'économie publique, et je fis, à l'aide du consul, une collection d'échantillons de toutes les étoffes de laine légères, et des étoffes de coton que les Anglais portent dans ces pays. J'envoyai ces échantillons à M. Trudaine, qui les distribua, comme objets d'imitation, à nos fabriques françaises.

En quittant Rome et Naples, nous allâmes passer six semaines en Toscane et d'abord à Florence, où je fis connaissance avec le président Neri, qui venait de terminer un grand travail sur les impositions de la Lombardie autrichienne, *Il censimento di Milano*, et avec le comte Firmani, depuis gouverneur du Milanais; ensuite, nous vîmes Sienne, Pise, Lucques, Livourne. J'eus à Livourne plusieurs mémoires sur le commerce de cette place, ainsi que sur celui de la Toscane, et j'en traduisis de grands morceaux destinés à M. Trudaine et au bureau du commerce.

Revenus à Florence, nous allâmes à Venise, où nous passâmes encore un mois environ, mais à mener une vie bien monotone, sauf le temps où nous allions voir les chefs-d'œuvre de l'école vénitienne. Je ne fis, dans cette ville, de connaissance utile à mes vues que celle d'Angelo Quirini, qui a depuis joué un grand rôle dans sa république, mais que je ne pus connaître qu'en passant.

Je vis à Padoue, en décembre 1758, le célèbre Tartini. Je l'écoutai parler musique. Le bonhomme était fort occupé de faire adopter à l'Académie des sciences de Paris son système sur le principe de l'harmonie. J'avais cru, sur ce que j'en avais entendu dire (car je n'avais pas lu son ouvrage), qu'il n'avait d'autre prétention que de faire recevoir comme la véritable base fondamentale le troisième son qui résonne lorsqu'on en fait entendre deux autres, expérience qui lui appartient. Mais il a bien d'autres idées : il veut assigner le premier principe physique de l'harmonie; il rejette la coïncidence des vibrations, etc., et il prétend le trouver dans le rapport de certaines *ordonnées* à certaines *abscisses;* il prétend que ce rapport est toujours le même que celui des termes de la proposition harmonique, et il prouve, *en passant,* que la quadrature du cercle est impossible à trouver ; il ajoute, toujours *en passant,* que son principe est universel dans l'ordre physique, et qu'il est une clef du système de l'univers. Comme il craignait que l'Académie ne se déterminât pas à lire son ouvrage, qui est fort mal écrit et qui est une énigme perpétuelle, il en avait fait un petit extrait en quatre pages *in-folio* de très-fine écriture, et il me promit de m'en envoyer une copie. Morelli de Vérone, homme habile en beaucoup de genres et surtout en mathématiques, m'a assuré que la partie mathématique de l'ouvrage est fort mauvaise. Dans la conversation que j'eus avec Tartini, je lui parlai de l'expérience de *de Lusse*, dans laquelle on entend résonner, et sur le clavecin et dans les instrumens à vent, divers sons qui ne peuvent être regardés en aucune manière comme *harmoniques* du son fondamental. Il me dit qu'il avait fait de son côté des expériences analogues à celle-là, et que, si l'on touche ensemble les sons suivans *ut ut sol ut mi sol*, on entend un *mezzo harmonico* plus bas que le son *ut*. Dans cette expérience, il faut accorder le clavecin sans tempérament par quintes exactement justes."

Au reste, je fus très-content de sa conversation; il avait de la vivacité et tout l'air d'un homme de beaucoup d'esprit. Il me joua un *capriccio*, que je trouvai médiocre : il n'avait plus de doigts et fort peu d'archet.

De Venise et de Padoue, après avoir parcouru les villes de cette partie de la Lombardie, nous arrivâmes à Milan, où nous passâmes janvier et presque tout février, faisant fort bonne chère avec les *lupi milanesi*, entendant un bon opéra, allant au *Ridotto* et au bal; enfin menant une vie assez peu métaphysique, car l'école des philosophes milanais, Pietro et Alessandro Veri, de Frisi, de Beccaria, n'était pas encore élevée, ou du moins n'était pas assez connue pour attirer mon attention : je ne vis que plus tard ces hommes qui ont honoré leur patrie. Mais, à défaut de philosophie, dont on peut dire comme La Fontaine des chardons pour l'âne :

> Point de chardons, pourtant ; il s'en passa pour l'heure ;
> Il ne faut pas toujours être si délicat,
> Et faute de servir ce plat
> Rarement un festin demeure.

je me consolais à entendre tous les jours de bonne musique, et à causer quelquefois avec un cavalier *Litta*, qui en composait lui-même et nous donnait souvent des concerts. Je fis alors un petit écrit, intitulé *De l'expression en Musique*, qui n'a été imprimé que quelques années après, et qui n'est peut-être pas indigne d'être conservé (1). J'y établis très-nettement des principes enseignés depuis par les deux écrivains qui ont le mieux analysé la théorie de l'union de la poésie avec la musique dans le mélodrame, et en général la nature de l'imitation dans les arts, M. le chevalier de Chastellux et M. Marmontel.

---

(1) On l'a conservé dans les *Mélanges*, tome IV, page 366.

CHAPITRE IV.

Madame Geoffrin. Lefranc de Pompignan. Palissot. La Bastille.

REVENU en France à la fin de mars 1759, nous allâmes demeurer, l'abbé de la Galaizière et moi, au collége de Bourgogne, où il soutint sa première thèse, et se prépara, dès-lors, à entrer dans la maison de Sorbonne et à faire sa licence. Vers les derniers mois de l'année, il alla loger en Sorbonne; et moi, devenu plus libre, je repris mon occupation favorite, l'étude de l'économie publique, qui pouvait me procurer quelque ressource à joindre à cent pistoles de pension sur l'abbaye de Tholey, en Lorraine, dont le chancelier paya près de dix ans de soins donnés à son fils.

Quelque temps après mon retour, j'avais été présenté à Mme Geoffrin par M. Trudaine de Montigny. Je ne m'étendrai pas ici sur cette femme estimable et sur les agrémens de sa maison, parce que j'ai rempli ce devoir envers sa mémoire dans le petit ouvrage intitulé, *Portrait de Mme Geoffrin*, imprimé à sa mort, en 1777 (1), et où j'es-

---

(1) Réimprimé en 1812, avec les écrits sur le même sujet, par Thomas et d'Alembert.

sayais d'exprimer les sentimens de reconnaissance qui m'attachaient à elle, et dont je suis encore aujourd'hui pénétré.

Je rappellerai seulement qu'à son dîner du lundi se trouvaient surtout les artistes qu'elle aimait; Pierre, Cochin, Soufflot, Vien, Lagrenée, Mariette, Carle Vanloo, etc.; des amateurs, tels que M. de Marigny, surintendant des bâtimens, Wattelet, Billy, l'abbé de Saint-Non, et des étrangers aimant les arts et faisant travailler les artistes. Le mercredi était réservé ordinairement aux gens de lettres de sa société, d'Alembert, Helvétius, le baron d'Holbach, Burigny, Galliani, Raynal, Mairan, Marmontel, Thomas, Bernard, l'abbé de Voisenon, le marquis Caraccioli, Gatti, Mlle Lespinasse, et beaucoup d'étrangers de tous les pays, qui n'eussent pas cru avoir vu Paris, s'ils n'avaient été admis chez Mme Geoffrin.

Elle donnait aussi quelques soupers peu nombreux dans la semaine à des femmes agréables, et elle recevait dans la soirée beaucoup de gens du monde et de la meilleure compagnie : car elle ne sortait jamais, et on était sûr de la trouver.

Dans les sept ou huit dernières années de sa vie, elle m'avait engagé à ne manquer ni lundi ni mercredi, et j'allais aussi quelquefois y passer les soirées.

Après nos dîners chez elle, nous nous rendions souvent aux Tuileries, d'Alembert, Raynal, Helvétius, Galliani, Marmontel, Thomas, etc., pour y trouver d'autres amis, apprendre des nouvelles, fronder le gouvernement, et philosopher tout à notre aise. Nous faisions cercle, assis au pied d'un arbre dans la grande allée, et nous abandonnant à une conversation animée et libre comme l'air que nous respirions.

Nous mettions un intérêt tendre aux succès du roi de Prusse; consternés quand il avait fait quelque perte, et radieux quand il avait battu les armées d'Autriche. Nous étions indignés de cette réunion des puissances européennes contre un roi que nous appellions philosophe, et qui était en effet plus favorable qu'aucun autre de ses frères les rois, à l'établissement des vérités que nous regardions comme utiles, et que nous nous efforcions de répandre.

La bonne femme démêlait parfaitement nos dispositions malévoles pour le ministère, qui avait fait déclarer la guerre à notre cher Frédéric; elle en était alarmée, et comme elle contenait un peu chez elle notre pétulance, elle voyait bien que nous allions quelque autre part fronder en liberté.

Quand nous la quittions, Raynal ou d'Alembert, d'Alembert ou moi, ou Marmontel, *Je parie, disait-elle, que vous allez aux Tuileries faire votre sabbat, et que M. Turgot ou l'abbé Bon vous y attendent; je ne veux pas que vous vous en alliez ensemble,* et elle n gardait un. Puis elle se ravisait : *Bon, que je suis sotte! je ne gagne rien à vous retenir; il vous attend sûrement au bas de l'escalier;* et cela était vrai, et nous lui en faisions l'aveu; et de rire.

Ce détail la montre comme elle était en effet, un peu méticuleuse et timide, obséquieuse envers le gouvernement, ménageant les gens en place et les gens de la cour : sentimens bien excusables et bien naturels dans une femme âgée, qui soignait avec raison sa vie, et ne voulait pas en compromettre la douceur et la tranquillité; mais rien de tout cela n'altérait en elle le fonds de bonté que ses gronderies cachaient à ceux qui ne l'observaient pas assez bien.

Je puis cependant, et je dois dire, que cette disposition craintive n'allait pas jusqu'à la faiblesse, et j'en donnerai une preuve qui m'est personnelle : c'est qu'après ma détention à la Bastille, dont je parlerai bientôt, elle me reçut avec la même bonté, quoiqu'un homme qui avait attiré l'animadversion du gouvernement pût lui faire quelque peur. Elle me gronda beaucoup; mais chacune de ses réprimandes était une absolution. Un véritable attachement pour les gens de lettres qui formaient sa société, l'emportait toujours sur ses craintes et ses égards pour les dépositaires du pouvoir.

J'aurai plus bas une occasion de parler encore de cette femme estimable et bonne, à qui j'ai dû, pendant près de vingt années, une partie des agrémens de ma vie, et de véritables bienfaits.

Depuis mon retour d'Italie, j'avais repris mes

occupations littéraires, mais j'en avais un peu changé l'objet. L'Encyclopédie ayant été supprimée par arrêt du conseil, je ne pensai pas devoir partager désormais la défaveur que cette suppression jeterait sur un homme de mon état, qui continuerait, malgré le gouvernement, à coopérer à un ouvrage proscrit comme attaquant le gouvernement et la religion; et je me livrai dès-lors avec plus de suite à mes études d'économie publique.

Mais les liaisons que j'avais déjà formées avec les éditeurs et les coopérateurs de cet ouvrage, et la part que j'y avais prise moi-même, en donnant plusieurs articles dans les tomes VI et VII, ne me permettaient pas de demeurer neutre dans le combat qui ne tarda pas à s'engager entre les philosophes et leurs ennemis.

Le 10 mars 1760, le sieur Lefranc de Pompignan avait prononcé, à sa réception à l'Académie française, un discours où, pour être appelé à *l'éducation* du dauphin, il insultait, en les désignant sans équivoque, ses nouveaux confrères, M. d'Alembert, M. de Voltaire, M. de Buffon, et en général tous ceux qu'on appelait, en ce temps-là, philosophes. M. de Voltaire envoya de Genève, dix ou douze jours après cette équipée, les *Quand;* cette plaisanterie réussit, et j'imaginai qu'il fallait *faire passer* M. de Pompignan *par les particules*. Je fis les *Si* (1), et ensuite les *Pourquoi*, et ensuite un

---

(1) Tome II des *Mélanges*, pag. 18 et suiv.

petit commentaire sur une traduction en vers de la *Prière universelle* de Pope, petit symbole de déisme que M. de Pompignan avait publié plusieurs années auparavant, mais qui formait un contraste assez piquant avec le beau zèle qu'il venait de montrer contre l'Académie. Enfin, je le fis entrer bientôt dans la préface de la comédie des *Philosophes*. Pendant ce temps, M. de Voltaire envoyait toujours de petits pamphlets bien plus plaisans que les miens, et dirigés au même but, *le Pauvre diable*, *la Vanité*, *le Russe à Paris*, etc.

C'était un feu roulant. Il paraissait un papier toutes les semaines, et l'on peut dire qu'il ne s'est jamais fait une meilleure et plus prompte justice. On sait que *le Pauvre diable* fut obligé de retourner dans sa province de Montauban : il était devenu ridicule aux yeux mêmes de ses premiers partisans, et l'on se réjouit beaucoup dans le temps de la citation du vers de *la Vanité*,

Et l'ami Pompignan pense être quelque chose,

faite par le feu dauphin, père du roi, en voyant s'éloigner Pompignan, qui venait de lui offrir sa voix à l'Académie pour l'abbé de Saint-Cyr.

Je n'aurais pas moi-même lâché prise de long-temps, sans le petit accident qui me mit tout-à-coup hors de combat.

Le sieur Palissot venait de donner sa comédie des *Philosophes*, où Helvétius, Rousseau, Diderot, d'Alembert, etc., étaient traduits sur la scène comme des coquins, ennemis de toute autorité, et destructeurs de toute morale. J'avais assisté à la seconde représentation avec M. de Malesherbes. Je logeais tout près de l'ancienne comédie, rue des Cordeliers, dans l'un de ces colléges détruits depuis, appelés *colléges borgnes* (1). Je revins chez moi indigné, et j'écrivis presque d'un trait, et pendant une grande partie de la nuit, *la Préface de la comédie des Philosophes* (2).

J'en dois faire ici ma confession : dans cet écrit, je passe beaucoup les limites d'une plaisanterie littéraire envers le sieur Palissot, et je ne suis pas, aujourd'hui même, sans remords de ce péché; mais j'ai pourtant de quoi excuser un peu ma faute. Les faits que j'y indique de la vie du sieur Palissot, je les tenais tous d'un homme qui a laissé une bonne réputation d'honnêteté, la Condamine. J'avais dîné deux jours auparavant avec lui chez M. Trudaine. On ne parlait que de la pièce nouvelle qui avait eu déjà sa première représentation. Il me tira dans une embrasure, et me dit : Voulez-vous connaître l'homme qui se fait aujourd'hui le chevalier des mœurs et de la religion? voici l'histoire de sa vie. Il me lut en même temps un petit écrit dans la forme des *Quand*, où Palissot était peint des pieds

---

(1) Au collége de Bourgogne.
(2) Tome II des *Mélanges*, page 5.

à la tête. J'avais alors la mémoire assez fidèle; je connaissais la Condamine comme bon homme et comme bon fureteur, et même pas trop crédule pour un curieux. Les faits qu'il avait recueillis se placèrent très-naturellement dans le cadre qui s'offrit à moi.

Je portai, dès le lendemain matin, mon papier à d'Alembert et à M. Turgot, mes seuls confidens. Ils le trouvèrent fort bon. M. Turgot me le fit contre-signer, et je l'envoyai à Lyon, à Jean-Marie Bruyset, libraire, mon compatriote et mon ami. C'était lui qui m'avait déjà imprimé les *Si* et les *Pourquoi*, et la *Prière universelle*. Au bout de quelques jours, il me renvoya, imprimée, la *Préface des Philosophes, ou Vision de Charles Palissot* : je la donnai à quelques colporteurs : elle se répandit fort promptement; on la lisait partout; et aux Tuileries et au Palais-Royal, on voyait des groupes de lecteurs riant aux éclats. Je me cachais avec soin; mais cependant je ne pouvais éviter de lire moi-même ma *Préface* dans quelques maisons où l'on me trouvait le petit talent de bien lire, et j'entendais dire partout qu'elle était excellente, sans être obligé d'en rien rabattre pour ne pas me déceler.

Malheureusement mon triomphe fut passager. J'avais mis dans mon pamphlet Mme la princesse de Robecq, jeune et jolie femme, dont je n'avais pourtant dit autre chose que ceci, même sans la nommer :

« Et on verra une grande dame bien malade dé-
» sirer, pour toute consolation avant de mourir,
» d'assister à la première représentation, et dire :
» C'est maintenant, Seigneur, que vous laissez aller
» votre servante en paix, car mes yeux ont vu la
» vengeance. »

Pour entendre ces mots, il faut savoir que madame de Robecq, qui affichait une grande haine pour ce qu'on nommait les philosophes, avait été insultée cruellement dans une préface du *Fils naturel* par Diderot; car on a su depuis que c'était lui qui s'était laissé aller à cet emportement. Elle était furieuse; elle avait accueilli Palissot, vaincu tous les obstacles que la police opposait à la représentation de son ouvrage ; et enfin, mourante de la poitrine et crachant le sang, elle était allée à la première représentation, se faisant donner la main par l'auteur, et le recevant dans sa loge, d'où elle fut obligée de sortir au quatrième acte. Cette protection déclarée, affichée, pouvait bien, ce me semble, être consignée dans un petit pamphlet, après avoir été si publique. Ce fut pourtant ce mot qui m'attira une lettre de cachet, avec laquelle on vint me prendre et me conduire à la Bastille, où j'ai demeuré deux mois sans communication avec personne. M. de Choiseul aimait ou avait aimé Mme de Robecq. Elle était mourante. Palissot lui avait adressé, comme *de la part de l'auteur*, la plaisanterie où elle se trouvait mêlée, atrocité dont j'étais incapable. Elle demanda vengeance à M. de Choiseul. On fit des recherches. Le colporteur me vendit.

Le commissaire et l'exempt de police qui m'arrêtèrent m'ayant demandé mes papiers, je leur livrai sans difficulté trois autres petits écrits que je préparais pour les semaines suivantes ; car j'étais en train, et j'aurais suivi la chasse encore longtemps. C'est ce qui fit dire à Voltaire apprenant ma détention : *C'est dommage qu'un aussi bon officier ait été fait prisonnier au commencement de la campagne.*

Ma captivité finit vers les derniers jours du mois d'août. Je dus ma liberté à M. de Malesherbes, à M. le maréchal de Noailles, et surtout à Mme la maréchale de Luxembourg ; je leur dus de n'être pas chassé de Paris, idée suggérée à M. de Choiseul par quelques-uns des protecteurs de Palissot. Je dois dire aussi que, pour mon malheur, madame de Robecq, que je ne pouvais croire si malade, puisqu'elle allait à la comédie, était morte environ quinze jours après mon emprisonnement ; ce qui n'avait pas manqué de faire élever contre moi toutes les femmes *sensibles* et tous les gens de cour, qui répétaient que je lui avais porté le coup de la mort, et qu'il fallait faire un exemple. Heureusement je trouvai des défenseurs, et j'en fus quitte pour m'absenter de Paris pendant le reste de l'automne de 1760, après quoi j'y revins cultiver, comme auparavant, la philosophie et mes amis.

Je ne puis m'empêcher, à cette occasion, de dire un petit mot de la Bastille pour nos neveux, qui ne la trouveront plus au faubourg Saint-Antoine, et pour ceux de nos contemporains qui, l'ayant vue, n'y ont pas séjourné comme moi.

Je dirai donc que la première nuit que j'y passai me fut très-pénible, non par aucune inquiétude que j'eusse pour moi-même, mais par la crainte très-fondée que j'avais de compromettre la fortune de mon ami, le libraire Jean-Marie Bruyset, qui avait été mon complice; mais je fus bientôt délivré de cette crainte.

M. de Sartines vint m'interroger le lendemain; je lui demandai de lui parler seul à seul, et une espèce de greffier, qui devait rédiger l'interrogatoire, s'étant éloigné, je lui dis que j'espérais que sa bonté naturelle et l'amitié qu'il avait pour un mien cousin, son camarade de collége, me faisaient espérer qu'il m'écouterait avec bienveillance.

Je lui dis ensuite, ce qu'il savait très-bien, que j'étais en effet le coupable, que je n'entreprenais pas de me justifier; que je le priais seulement de m'accorder que l'imprimeur ne fût pas compromis dans cette affaire, qu'il était mon ami, que c'était un père de famille, que je faisais entre ses mains le serment de me dévouer le reste de ma vie à l'éducation de ses enfans, et de perdre ainsi toutes les espérances que je pouvais avoir de quelque petite fortune dans la carrière des lettres, s'il lui était fait le moindre mal; que, s'il me rassurait sur ce point, je supporterais ma captivité avec une entière résignation, etc.

Je lui tins ce discours d'une manière si vive, et, à ce qu'il m'a dit lui-même depuis, si touchante, qu'il me donna sa parole d'honneur qu'il ne serait rien fait à mon libraire; et il me laissa si parfaitement calme, que les deux mois que je passai dans cette solitude s'écoulèrent, je ris encore en l'écrivant, très-agréablement pour moi : on le concevra par les détails suivans.

D'abord, le lendemain de mon interrogatoire par M. de Sartines, M. de Malesherbes m'envoya des livres; une bibliothèque de romans, qu' tenait à la Bastille pour l'amusement des prisonniers, fut à ma disposition, et on me donna de l'encre et du papier.

J'avais fait demander à M. de Malesherbes, par M. de Sartines, les œuvres chimiques de Sthal, l'histoire de Hume en anglais, publiée depuis peu, et un Tacite. On va voir jusqu'où l'on peut pousser l'emploi du temps, par l'exemple de ce que je fis du mien.

On était aux plus longs jours; car c'était en juin que je fus arrêté : j'ai dit que je sortis au mois d'août. Je me levais avec le soleil et me couchais avec la nuit; et, sauf le temps de mes repas, je lisais ou j'écrivais, sans autre distraction que celle que me donnait l'envie de chanter et de danser tout seul, qui me prenait à plusieurs reprises chaque jour.

Je lus ainsi les *Essais philosophiques* de Hume, et les six volumes in-4° de son histoire, quoique je ne susse pas encore l'anglais aussi bien que je l'ai su depuis.

Je lus Tacite tout entier, et deux fois la vie d'Agricola.

Je traduisis du latin la *Zymotechnie*, ou traité de la fermentation de Sthal.

Je lus environ quatre-vingts volumes de romans de la bibliothèque de la Bastille, à deux et quelquefois trois volumes par jour, en y mêlant d'autres lectures.

J'écrivis un traité *de la Liberté de la presse*, dont j'ai fait quelqu'usage, en traitant depuis le même sujet.

Enfin, je rédigeai des observations sur quelques-uns des Essais philosophiques de M. Hume, et principalement sur celui qui a pour titre *de la Liberté et de la Nécessité*. Je ne compte pas quelques vers et quelques chansons, dont je ne parle même que pour donner une idée des dispositions de mon âme, et des ressources que fournissent le travail et la jeunesse contre un malheur qui n'est pas petit, la perte de la liberté.

De ces ressources, la plus puissante est, sans doute, une occupation suivie, et une forte attention de l'esprit, quand il en est susceptible. Cette force d'attention s'augmentait par la solitude. Les impressions que je recevais de ma lecture étaient si vives, qu'en lisant les romans de Prévost, et entre autres *Cléveland*, que j'avais pourtant déjà lu, j'étais obligé d'interrompre ma lecture, de temps en temps, et quelquefois de tourner un feuillet tout entier sans le lire, pour modérer ma désolation.

J'ajouterai, de peur qu'on ne me fasse trop d'honneur de mon courage à soutenir ma captivité, que je ne croyais pas qu'elle pût être longue, et que j'étais persuadé que j'en serais quitte pour quelques six mois; car je m'étais donné cette marge en mettant tout au pis, et je m'étais fait un fonds de constance pour tout cet avenir. Je fus donc agréablement surpris, lorsqu'on vint m'annoncer, à la fin d'août, que j'étais libre, en m'invitant seulement à aller passer quelques mois hors de la capitale: j'obéis.

Je puis dire au reste que, mis à la Bastille en vertu d'un ordre du roi, pris par M. de Choiseul, alors tout-puissant, et fort en colère contre moi, je n'y ai éprouvé aucune des duretés qu'on a reprochées à l'ancien régime.

On me donnait par jour une bouteille d'assez bon vin, un pain d'une livre fort bon; à dîner, une soupe, du bœuf, une entrée et du dessert; le soir, du rôti et de la salade. Renfermé d'ailleurs hermétiquement, et ne sortant point de ma chambre pendant les six premières semaines de ma captivité.

Après ce temps, on envoya au gouverneur un ordre de me laisser promener dans la cour. Mais, après avoir usé une fois de cette permission, j'observai que, pour me donner ce petit plaisir, il fallait l'ôter à quelqu'un. Je demandai à parler au gouverneur, à qui je dis que je le remerciais de la permission que je supposais que lui-même m'avait obtenue, et que je le priais d'en faire jouir quelque autre prisonnier, à qui elle fût plus nécessaire qu'à moi. Il loua ma générosité, et je restai dans ma cellule.

Je ne me serais pas rappelé cette petite anecdote, après trente-cinq ans révolus, si, par un hasard singulier, l'ordre du ministre, *de me laisser promener*, ne s'était trouvé dans les papiers de la Bastille, en 1789, avec l'apostille du gouverneur, faisant mention du refus que j'avais fait d'user de cette liberté, et de la raison de mon refus.

Ce papier étant tombé entre les mains d'un homme qui avait quelque relation avec M. Marmontel, et qui savait qu'il avait épousé ma nièce, lui a été remis encadré, avec une lettre très-obligeante, où l'on donne à ce trait beaucoup plus d'éloges qu'il n'en mérite. Ma nièce, Mme Marmontel, a conservé cette pièce.

Je dois dire enfin, pour atténuer la trop bonne

opinion qu'on pourrait prendre de moi et de mon courage, que j'étais merveilleusement soutenu par une pensée, qui me rendait ma petite vertu plus facile.

Je voyais quelque gloire littéraire éclairer les murs de ma prison : persécuté, j'allais être plus connu. Les gens de lettres que j'avais vengés, et la philosophie dont j'étais le martyr, commenceraient ma réputation. Les gens du monde qui aiment la satire, allaient m'accueillir mieux que jamais. La carrière s'ouvrait devant moi, et je pourrais y courir avec plus d'avantage. Ces six mois de Bastille seraient une excellente recommandation, et feraient infailliblement ma fortune.

Telles étaient les espérances dont je me berçais, et, s'il faut le dire, elles n'ont pas été trompées, et je n'ai pas trop mal calculé les suites de cet événement de ma vie littéraire.

Je serais ingrat, si je ne répétais que je dus ma liberté surtout à Mme de Luxembourg, auprès de qui j'eus des solliciteurs très-actifs, M. de Malesherbes, d'Alembert et J.-J. Rousseau.

CHAPITRE V.

J.-J. Rousseau.

Rousseau a donné, au livre X de ses *Confessions*, quelques détails de mon aventure. Il raconte à sa manière que Diderot, ayant très-imprudemment, et j'ajoute moi, *très-cruellement* offensé madame la princesse de Robecq, fille de M. de Luxembourg, *Palissot, qu'elle protégeait, la vengea par la comédie des* Philosophes; *et que Diderot à son tour trouva un vengeur dans l'abbé Morellet, qui fit contre Palissot un petit écrit intitulé* la Vision, *où il offensa très-imprudemment madame de Robecq, dont les amis le firent mettre à la Bastille.*

« D'Alembert, ajoute-t-il, qui était fort lié avec l'abbé Morellet, m'écrivit pour m'engager à prier Mme de Luxembourg de solliciter sa liberté, lui promettant en reconnaissance des louanges dans l'*Encyclopédie*. » Et Rousseau rapporte sa lettre en réponse à M. d'Alembert, où il dit qu'il a déjà témoigné à la maréchale la peine que lui faisait ma détention, combat l'idée qu'en m'arrêtant on eût voulu venger madame la princesse de Robecq, et ajoute malignement qu'après tout, *on ne doit pas s'attendre que le plaisir de la ven-*

geance appartienne aux philosophes exclusivement, et que, quand ils voudront être femmes, les femmes seront philosophes, etc. « L'abbé, dit-il encore, m'écrivit une lettre de remercîment qui ne me parut pas respirer une certaine effusion de cœur, et dans laquelle il semblait atténuer, en quelque sorte, le service que je lui avais rendu ; et, à quelque temps de là, je trouvai que d'Alembert et lui m'avaient, en quelque sorte, je ne dirai pas supplanté, mais succédé auprès de Mme de Luxembourg, et que j'avais perdu près d'elle autant qu'ils avaient gagné. Cependant, je suis bien éloigné de soupçonner l'abbé Morellet d'avoir contribué à ma disgrâce; je l'estime trop pour cela, etc. »

Je ferai ici quelques réflexions.

J'observe d'abord que c'est très-faussement que Jean-Jacques insinue que j'avais voulu venger Diderot, ce qui, d'après tout le reste, signifie que je prenais fait et cause pour l'homme de lettres qui avait insulté grossièrement une femme. Or ce motif n'entra pour rien dans ma plaisanterie ; j'ignorais parfaitement alors que Diderot fût l'auteur de la préface insultante du *Fils naturel*, et je n'avais pas balancé un moment à la trouver telle qu'elle était, c'est-à-dire, très-blâmable. Je ne voulais absolument que défendre la philosophie, et les philosophes encyclopédistes en général, contre les imputations de Palissot, qui les traduisait comme des gens de sac et de corde, ennemis de la religion et du gouvernement, et cherchait à leur susciter une véritable persécution. Je voulais défendre des hommes dont j'admirais les talens, dont je cultivais la société ; je voulais me défendre moi-même, puisque j'avais, dès ce temps-là, donné différens articles à l'*Encyclopédie ;* et je n'avais nul besoin du motif que Jean-Jacques se plaît à me prêter.

Il me taxe aussi légèrement, comme on le faisait à la cour, d'avoir offensé Mme de Robecq ; mais, je le répète encore, je n'avais dit rien autre chose (et cela sans la nommer), sinon que, bien malade, *elle avait désiré, pour toute consolation, d'assister à la première représentation de la pièce, et de voir la vengeance ;* et l'allégation d'un fait si public ne pouvait pas, avec justice, être regardée comme une *offense* et une insulte, surtout par un homme tel que J.-J. Rousseau qui, affichant pour les grands le dédain, la haine même que prouvent ses ouvrages, ne devait pas juger une épigramme, contre une grande dame, aussi sévèrement que les théologiens jugent le péché, dont la malice est, disent-ils, infinie comme la grandeur de Dieu.

Ce n'est pas encore là le seul tort de Jean-Jacques dans ce récit. Il accuse M. d'Alembert d'avoir promis à madame la maréchale de Luxembourg *des louanges dans l'Encyclopédie,* pour me faire rendre ma liberté. D'Alembert n'a dit ni écrit, ni pu dire ou écrire rien de pareil : il a pu dire, ce qui était bien naturel, que les gens de lettres avec qui j'étais lié partageraient ma reconnaissance; et c'est vraisemblablement de quelque idée semblable que Jean-Jacques avait fait une promesse de louer madame la maréchale de Luxembourg dans l'*Encyclopédie*. Jean-Jacques dit en note que la lettre de d'Alembert, où il faisait à la maréchale cette promesse, a disparu de ses papiers avec plusieurs autres, lorsque ses papiers étaient en dépôt à l'hôtel de Luxembourg. On ne voit pas trop qui peut avoir eu aucun intérêt à retirer une pièce d'aussi peu d'importance; mais on voit avec peine que la passion favorite de Jean-Jacques, la défiance, lui montre partout des fantômes.

La suite porte le même caractère. Il dit que ma lettre de remercîment *ne respirait pas une certaine effusion de cœur; que je semblais atténuer en quelque sorte le service qu'il m'avait rendu,* etc.

Je ne me rappelle point du tout la lettre que je lui écrivis, et je n'en puis rien dire. Il ne l'a pas trouvée assez sensible : cela peut être. Mais j'entends bien pourquoi il dit que je lui semblais atténuer le service qu'il m'avait rendu : c'est que je paraissais croire, sans doute, que d'Alembert y avait contribué. Rien n'était plus vrai : d'Alembert pressait opiniâtrément madame la maréchale; il allait la voir sans cesse le matin, et lui faisait ses facéties et ses bons contes. C'était de quoi gagner auprès d'elle une cause plus mauvaise que la mienne. Mme de Luxembourg, de son côté, lorsque j'allai la voir en sortant de la Bastille, ne me parla que des sollicitations de M. de Malesherbes et de M. d'Alembert; enfin, d'Alembert seul m'apprit que J.-J. Rousseau s'y était employé comme eux, et que je lui en devais des remercîmens.

Mais l'imputation d'avoir supplanté Jean-Jacques, ou de lui avoir succédé auprès de la maréchale, est fausse jusqu'au ridicule. Pour moi, ma preuve est sans réplique : c'est qu'au sortir de la Bastille, et après avoir vu, dans la matinée même, Mme de Luxembourg, d'après l'avis du lieutenant de police, à qui elle avait demandé de m'envoyer chez elle, je partis dès le lendemain pour Saint-Just, petite terre appartenant alors à une Mme Mérard, veuve d'un caissier de la compagnie des Indes, dont un mien cousin avait épousé la fille. Je n'en revins que vers le milieu de novembre. Dans le courant de l'hiver, je fis ma cour quatre ou cinq fois à Mme de Luxembourg, et dans la suite à de grandes intervalles. Voilà comment j'ai pu supplanter Jean-Jacques auprès d'elle.

Quant à d'Alembert, il était, avant mon aventure, très-bien avec la maréchale : ce qui n'est pas difficile à croire pour ceux qui les ont connus l'un et l'autre, et qui ont pu observer combien ils devaient se convenir. Et puis, je ne crois pas qu'il soit jamais venu à l'esprit de d'Alembert, en aucun temps, en aucune circonstance, de supplanter personne.

Le caractère défiant de Jean-Jacques se montre ici dans toute sa naïveté; car on le voit résolu de se livrer à un soupçon sans preuve, et contraint, par la force de la vérité, à s'exprimer d'une manière qui décèle clairement l'absence de tout motif raisonnable. Dans ma lettre, je *semble* atténuer *en quelque sorte* le service qu'il ma rendu, et, d'Alembert et moi, nous l'avons, en *quelque sorte*, non pas *supplanté*, mais nous lui avons *succédé* auprès de Mme de Luxembourg. Toutes ces vraisemblances, ces modifications, ces restrictions, montrent un homme qui ne peut attacher à aucun fait, à aucune raison les soupçons injurieux qu'il conçoit et qu'il ose publier sans scrupule; l'homme qui devait faire, quelques années après, au bon M. Hume, la plus odieuse et la plus injuste querelle.

Je déclare, au reste, qu'en parlant ici de J.-J. Rousseau, je suis absolument sans passion. Je l'ai constamment jugé avec plus d'indulgence que mes confrères les philosophes lorsqu'ils ont été brouillés avec lui. Je le défendais et l'ai défendu bien long-temps contre eux auprès d'eux-mêmes. Je n'ai cédé qu'à l'évidence des faits pour le croire défiant jusqu'à la déraison, et ingrat jusqu'à la haine envers ses bienfaiteurs et ses amis.

J'ai été long-temps témoin de la manière dont

il était traité, caressé, choyé par les gens de lettres, qu'il a depuis rendus ses ennemis, ou décriés comme tels en tant de manières et avec tant d'adresse et d'éloquence. Il n'y a point d'égards qu'on ne lui montrât dans les sociétés littéraires où je l'ai vu. Diderot, dont il s'est plaint si amèrement, était son adorateur, et je dirai presque son complaisant. Nous allions souvent, Diderot et moi, de Paris à son ermitage près Montmorency, passer avec lui des journées entières. Là, sous les grands châtaigniers voisins de sa petite maison, j'ai entendu de longs morceaux de son *Héloïse*, qui me transportaient ainsi que Diderot; et nous lui exprimions l'un et l'autre, chacun à notre manière, notre juste admiration, quelquefois jointe à des observations critiques, qui ne pouvaient que relever à ses yeux le bien que nous lui disions du reste. En un mot, j'ose l'affirmer, jamais homme de lettres n'a trouvé auprès des autres gens de lettres plus de bienveillance, de justice, d'encouragement, que cet homme qui a rempli ses ouvrages de satires contre les gens de lettres ses contemporains, et les a traduits à la postérité comme sans cesse occupés de le décrier et de lui nuire. Je rappellerai, à ce propos, une autre imputation non moins injuste que j'ai essuyée de lui quelques années plus tard, et qui servira à montrer encore son caractère défiant.

Il était revenu depuis peu de Suisse, après que l'espèce de persécution qu'il avait essuyée fut tout-à-fait ralentie. Mᵐᵉ Trudaine de Montigny, qui l'avait recherché à son retour, et qui était folle de ses ouvrages, dont elle sentait fort bien le mérite, était parvenue, à force de cajoleries, à apprivoiser sa misantropie et à l'attirer chez elle, où il venait dîner en très-petit comité. La première fois qu'elle me fit dîner avec lui, je trouvai un homme sérieux et froid, et tout différent pour moi de ce que je l'avais toujours vu. Je hasardai quelques avances pour me concilier un accueil un peu plus favorable, mais sans succès. Le lendemain, je demande à Mᵐᵉ Trudaine l'explication de la froideur de Rousseau : elle me dit qu'elle la lui a demandée, et qu'il avait répondu que j'avais fait pour l'archevêque de Toulouse, parlant au nom de l'assemblée du clergé, une instruction pastorale où il était fort maltraité. Je m'expliquai avec lui dans l'entrevue suivante, et je lui affirmai, ce qui était vrai, que je n'avais fait de ma vie d'instruction pastorale, ni pour M. l'archevêque de Toulouse, ni pour aucun évêque. Il s'excusa, se rétracta et me serra la main ; mais je voyais dans son retour même que l'impression qu'il avait reçue ne s'effaçait point.

On trouvera peut-être que je me suis trop étendu sur la conduite de Jean-Jacques envers moi, objet de peu d'importance sans doute ; mais on me pardonnera ces détails, si l'on considère qu'en écrivant mes Mémoires, je me suis surtout proposé de faire connaître les hommes célèbres avec lesquels j'ai vécu; et parmi eux, J.-J. Rousseau a mérité un des premiers rangs dans l'admiration publique.

C'est là ce qui m'engage à donner encore quelques détails sur lui, persuadé que cette digression reposera mes lecteurs de ce que mes souvenirs m'entraînent à dire de moi.

Je parlerai d'abord de sa querelle avec ce bon M. Hume, en 1766, quoiqu'il y ait peu de chose à ajouter à ce qu'en a écrit Hume lui-même dans une lettre adressée à M. Suard. On y voit clairement, ainsi que dans la préface de l'éditeur, l'ingratitude, ou au moins la défiance extravagante et injuste du Génevois, et cette impression résulte du simple récit des faits. Mais, vivant dès-lors dans la société de Mme la comtesse de Boufflers, avec Hume et Jean-Jacques, précisément à l'époque de leur départ pour l'Angleterre, j'ai été témoin de quelques faits relatifs à cette querelle, et je veux ici les conserver.

Je dirai donc que, la veille ou la surveille du départ, Hume, avec qui je dînais chez Helvétius, me mena chez Mme de Boufflers, à qui il allait faire ses adieux au Temple, à l'hôtel de Saint-Simon. Jean-Jacques y était logé. Nous y passâmes deux heures, pendant lesquelles je fus témoin de toutes les tendresses, de toutes les complaisances de Hume pour le philosophe chagrin.

Nous le laissâmes vers les neuf heures du soir, et nous allâmes passer la soirée chez le baron d'Holbach : Hume lui exprima sa satisfaction du service qu'il croyait rendre au *petit homme*, comme il l'appelait; et il nous dit qu'il allait, non-seulement le mettre pour jamais à l'abri des persécutions, mais qu'il se flattait de le rendre heureux ; ce qui était, assurément, bien au-delà de son pouvoir. Le baron l'écouta paisiblement ; et, quand il eut fini : « Mon cher M. Hume, lui dit-il, je suis fâché de vous ôter des espérances et des illusions qui vous flattent ; mais je vous annonce que vous ne tarderez pas à être douloureusement détrompé. Vous ne connaissez pas l'homme. Je vous le dis franchement, vous allez réchauffer un serpent dans votre sein. » Hume parut un moment choqué de ce propos. Je m'élevai contre le baron ; je défendis Jean-Jacques. Hume dit qu'il ne pouvait lui fournir aucun sujet de querelle ; qu'il allait le conduire chez M. Davenport, son ami; qu'on aurait pour lui tous les égards que méritaient ses talens et ses malheurs, et qu'il espérait que les prédictions sinistres du baron seraient démenties. Ils partent. A trois semaines ou un mois de là, comme nous étions rassemblés chez le baron, il tire de sa poche et nous lit une lettre de Hume, où celui-ci nous apprend la querelle d'Allemand que lui fait Jean-Jacques. Qui fut penaud ? ce fut moi, en me rappelant la chaleur que j'avais mise à le défendre contre les prédictions du baron. Quant au reste de la société, Grimm, Diderot, Saint-Lambert, Helvétius, etc., qui connaissaient mieux que moi le caractère de Rousseau, ils n'en furent point étonnés.

En lisant le récit artificieux que Jean-Jacques a composé de cette querelle, j'ai fait une remarque, qui me revient à l'esprit en ce moment. On sait que le grand reproche de Rousseau à M. Hume, c'est de l'avoir emmené en Angleterre, *pour le montrer comme l'ours à la foire*. Voici le premier trait qui lui donne cette idée, devenue tout de suite une conviction. Couché à l'auberge, dit-il, dans la même chambre que Hume, il l'a entendu dire la nuit, et en rêvant, *je le tiens!* parodie du mot du roi de Perse, chez qui s'était réfugié Thémistocle. Or, j'ai pensé que M. Hume, qui savait fort mal le français, ne s'est pas énoncé en français dans un rêve, mais en anglais; et, comme Rousseau n'entendait pas un mot d'anglais, je conclus que le propos est inventé.

On ne peut s'empêcher de regarder comme une manie, comme un délire, ce caractère ombrageux qui lui faisait trouver presque un ennemi dans tout homme qui lui faisait des avances ou lui avait rendu service; et cette folie mérite quelque pitié : mais elle n'en est pas moins odieuse, et doit éloigner à jamais tout homme raisonnable de celui que la nature a si malheureusement organisé, quelque talent qu'elle lui ait d'ailleurs départi.

J'ai ouï conter à Rulhières, mon confrère à la feue Académie française, connu par sa jolie pièce des *Disputes* et par son *Histoire de la révolution de Russie*, qu'après avoir recherché Jean-Jacques, et obtenu de lui un accueil assez obligeant, un matin où il était allé lui rendre visite, Jean-Jacques, sans provocation, sans qu'il se fût rien passé entre eux de nouveau et d'extraordinaire, le reçut d'un air d'humeur très-marqué, et continua froidement de copier de la musique, comme il faisait avec affectation devant ceux qui venaient le voir, en répétant *qu'il fallait qu'il vécût de son travail*. Il dit à Rulhières, assis au coin du feu : *M. de Rulhières, vous venez savoir ce qu'il y a dans mon pot; eh bien, je satisferai votre curiosité; il y a deux livres de viande, une carotte et un oignon piqué de girofle*. Rulhières, quoique assez prompt à la repartie, fut un peu étourdi de l'apostrophe, et cessa bientôt ses visites à Jean-Jacques, chez qui il menait la belle Mme d'Egmont, et à qui ils avaient montré l'un et l'autre beaucoup d'intérêt, d'admiration et d'amitié.

On ne peut imaginer de motifs plus frivoles et plus déraisonnables que ceux pour lesquels il se brouille avec ses meilleurs amis : avec le baron d'Holbach, parce que celui-ci paraît croire qu'il n'est pas bien habile compositeur en musique, et que, s'il est capable de faire un joli chant, il ne l'est pas, d'en faire avec sûreté, la basse et les accompagnemens, ce qui était parfaitement vrai, ou parce que le baron lui a envoyé cinquante bouteilles de vin de Bordeaux, après lui avoir entendu dire que c'était le seul vin dont son estomac s'accomodât, ce qui était, dit-il, insulter à sa pauvreté, en lui donnant plus qu'il ne pouvait rendre ; avec la plupart des autres, parce qu'il s'aperçoit que ses amis n'approuvent pas le mariage ridicule qu'il contracte avec sa dégoûtante Thérèse, ou parce que les gens de lettres qu'il fréquente sont, dit-il, les moteurs de la persécution qu'il essuie des parlemens, de la cour, de Genève, de l'Angleterre, de l'Europe ; avec Diderot, pour une indiscrétion qu'il lui attribue : Diderot lui fait voir, pièces en main, qu'elle n'est pas de lui, mais de Saint-Lambert, qui l'avoue ; il paraît convaincu, et, à quinze jours de là, il imprime, dans un de ses ouvrages, une note sanglante (1), par laquelle il diffame l'homme qui s'est justifié auprès de lui, et brise, à jamais, tous les liens qui lui avaient attaché Diderot si tendrement et si long-temps.

J'ajouterai, comme une observation capitale, que J.-J. Rousseau n'était rien moins que simple : ce qui est une grande tache dans un caractère. Il mettait une extrême affectation à parler de sa pauvreté, à la montrer, à s'en faire gloire. Il nous disait, quand nous allions le voir Diderot et moi, qu'il nous donnait du vin de Montmorency, parce qu'il n'était pas en état d'en acheter de meilleur.

---

(1) Préface de la lettre à d'Alembert. V. *Confessions*, liv. X.

En montrant son pot au feu dans le coin de sa cheminée, il avait l'air de dire : Vous voyez qu'un homme comme moi est obligé de veiller lui-même sa marmite, tant est grande l'ingratitude du siècle! Jeune encore, et transporté d'admiration pour le talent et d'amour pour les lettres, je ne démêlais pas alors ces intentions ; mais lorsque d'autres traits du caractère de cet homme célèbre, ou même d'autres actions moins équivoques, m'ont eu mis sur la voie, je me suis vu forcé d'expliquer ainsi toute sa vie.

Jusqu'à présent je n'ai parlé que du caractère moral de Jean-Jacques, de l'homme social ou plutôt insociable; je veux le considérer maintenant comme écrivain, et ensuite comme philosophe, deux côtés qu'il faut soigneusement distinguer en lui.

Ici je déclare que mon admiration pour J.-J. Rousseau, comme écrivain, est sans bornes ; que je le crois l'homme le plus éloquent de son siècle ; que je ne connais rien de plus entraînant que les beaux endroits de son *Discours sur l'Inégalité*, de son *Émile*, de sa *Lettre à l'archevêque*, et de son *Héloïse*. Son éloquence est abondante, et n'en est pas moins énergique. Les développemens qu'il donne à une même idée, la fortifient loin de l'affaiblir. La dernière forme qu'elle prend est toujours plus frappante que celle qui précède ; de sorte que le mouvement va sans cesse croissant, pour opérer enfin une persuasion intime et forte, même lorsqu'il établit une erreur, si une grande justesse et d'esprit et de raison ne nous en défend pas. Je pense que, de réflexion et après coup, il a dû rejeter lui-même plusieurs de ses paradoxes ; mais il m'est impossible de croire qu'au moment où il les établit, il n'en ait été parfaitement convaincu : car on ne persuade pas comme il fait, sans être soi-même persuadé. En un mot, je trouve qu'on peut appliquer à cet homme de génie, tout prosateur qu'il est, la belle strophe d'Horace sur Pindare :

> *Monte decurrens velut amnis, imbres*
> *Quem super notas aluere ripas,*
> *Fervet, immensusque ruit profundo.*
>   *Pindarus ore.*

Je me rappelle encore les transports d'admiration et de plaisir que j'éprouvai à la lecture des premiers ouvrages de Rousseau, et le bonheur que me donna plus tard la lecture d'*Héloïse* et d'*Émile*. Par la vive impression que j'en recevais, j'aurais pu conjecturer moi-même que je n'étais pas absolument incapable de faire un jour quelque chose de bien, et me guérir ainsi d'une assez grande défiance que j'ai eue long-temps de mes forces telles quelles. Je prends cette occasion d'avertir les jeunes gens, que le caractère qui peut faire le plus espérer d'eux, est cette admiration pour les bons ouvrages portée à une sorte d'enthousiasme : celui à qui cet organe manque ne fera jamais rien.

J'ai parlé d'*Héloïse :* ce n'est pas qu'aujourd'hui je m'en dissimule les défauts que je ne faisais alors qu'entrevoir. *Héloïse* est souvent une faible copie de *Clarisse; Claire* est calquée sur *Miss Howe.* Le roman, comme composition dramatique, ne marche pas. Plus d'une moitié est occupée par des dissertations fort bien faites, mais déplacées, et qui arrêtent les progrès de l'action. Telles sont les lettres sur Paris, le duel, le suicide, les spectacles. A peine resterait-il deux volumes, si l'on retranchait tout ce qui n'est point du sujet. Quelle comparaison peut-on faire d'une composition pareille avec *Clarisse*, cette grande machine dans laquelle tant de ressorts sont employés à produire un seul et grand effet, où tant de caractères sont dessinés avec tant de force et de vérité, où tout est préparé avec tant d'art, où tout se lie et se tient? Quelle différence encore dans le but moral des deux ouvrages! Quel intérêt inspire l'héroïne anglaise, et combien est froid celui que nous prenons à Julie! Elle est séduite comme Clarisse, mais ne s'en relève pas comme elle; au contraire, elle s'abaisse davantage encore en épousant Volmar sans l'aimer, tandis qu'elle en aime un autre. On me la montre mariée, bonne mère de famille, élevant bien ses enfans, remplissant froidement ses devoirs d'épouse ; mais le tableau de ces vertus domestiques serait bien mieux placé dans une femme qui eût toujours été chaste et pure; et c'est blesser la morale que de les supposer à une fille corrompue avant son mariage, et qui n'aime pas son mari.

Rousseau a voulu, quelque part, non-seulement excuser cette immoralité, mais la tourner à son avantage : cette apologie n'est qu'un tissu de sophismes.

Quant à *l'Emile*, c'est, sans contredit, et le meilleur ouvrage de Rousseau, et un excellent ouvrage. La douce loi qu'il impose aux mères, l'éducation physique et morale de la première enfance, la marche et les progrès de l'instruction du jeune âge, la naissance des passions, la nature de la femme et ses droits, ses devoirs, résultant de son organisation même, etc., tous ces sujets, et une infinité de vues saines et vraies, donnent à *l'Emile* un caractère d'utilité, qui le met dans la première classe des ouvrages dont la lecture a contribué ou peut contribuer à l'instruction des hommes. Au reste, même force et même éloquence dans le style, où le raisonnement se trouve heureusement entremêlé et fondu avec les mouvemens oratoires, à la manière de Pascal, et d'Arnaud, et de Mallebranche; vrai modèle d'une discussion philosophique et animée, raisonnable et pathétique, dont nos harangueurs révolutionnaires, sans en excepter Mirabeau lui-même, sont restés bien loin.

Je sais que l'on a dit que le fond des idées de *l'Émile* est tout entier dans Plutarque, dans Montaigne et dans Locke, trois auteurs qui étaient constamment dans les mains de Jean-Jacques, et dont il a suivi toujours les traces; mais je ne regarde pas cette observation comme suffisante pour diminuer la gloire d'avoir mis si habilement en œuvre ces matériaux que fournissait la nature. Des idées si vraies, si justes, si près de nous, sont à tout le monde, comme l'arbre d'une forêt avant que la main de l'homme l'abatte et le façonne en canot, en charrue; mais, comme l'arbre aussi, elles deviennent la propriété de celui qui les a façonnées, qui les a revêtues de l'expression la plus pure, embellies de la plus vive couleur, et les a rendues capables de pénétrer et de convaincre nos esprits.

Si je veux donc maintenant examiner Rousseau comme philosophe, je dirai qu'il est vraiment philosophe dans son *Émile;* mais aussi je ne crains pas d'affirmer que, dans la plupart de ses autres ouvrages, non-seulement il ne mérite pas ce titre, mais qu'il n'a enseigné que la plus fausse et la plus funeste philosophie qui ait jamais égaré l'esprit humain.

On voit que c'est surtout contre ses livres de politique que je porte cet anathème, et je ne le prononce qu'après avoir consacré toute mon intelligence et toute ma vie aux questions et aux recherches où le philosophe de Genève me semble avoir adopté des principes faux, contraires à la nature même de l'homme qu'il a prétendu suivre, et subversifs de tout état social.

Sa première erreur, et peut-être celle qui a entraîné toutes les autres, a été son paradoxe extravagant sur la part funeste qu'il attribue aux sciences et aux arts dans la corruption et le malheur des hommes. Je ne combattrai pas cette doctrine, qu'il faut en effet regarder comme folle, si l'on ne veut pas, pour être conséquent, retourner dans les bois, se vêtir de peaux de bêtes et vivre de gland; mais je confirmerai de mon témoignage un fait déjà connu, qui doit nous suffire pour apprécier l'autorité du philosophe ennemi de la civilisation et des lettres.

Il conte, livre VIII des *Confessions*, et dans une lettre à M. de Malesherbes, qu'il allait voir souvent Diderot à Vincennes, où il avait été mis pour sa *Lettre sur les Aveugles*, dans laquelle il enseigne l'athéisme. «Je pris un jour, dit-il, le *Mercure de France*; et, tout en marchant et le parcourant, je tombai sur cette question proposée par l'académie de Dijon, pour le prix de l'année suivante : *Si le progrès des sciences et des arts a contribué à corrompre ou à épurer les mœurs?* A l'instant de cette lecture, je vis un autre univers, et je devins un autre homme...... Ce que je me rappelle bien distinctement, c'est qu'arrivant à Vincennes, j'étais dans une agitation qui tenait du délire. Diderot l'aperçut; je lui en dis la cause, et je lui lus la prosopopée de Fabricius, écrite au crayon sous un arbre. Il m'exhorta de donner l'essor à mes idées, et de concourir au prix. Je le fis, et dès cet instant je fus perdu. Tout le reste de ma vie et de mes malheurs fut l'effet et la suite inévitable de ce moment d'égarement...»

Or, voici ce que j'ai appris de Diderot lui-même, et ce qui passait alors pour constant dans toute la société du baron d'Holbach, où Rousseau n'avait encore que des amis. Arrivé à Vincennes, il avait confié à Diderot son projet de concourir pour le prix, et avait commencé même à lui développer les avantages qu'avaient apportés à la société humaine les arts et les sciences. Je l'interrompis, ajoutait Diderot, et je lui dis sérieusement : « Ce n'est pas là ce qu'il faut faire; rien de nouveau, rien de piquant, c'est le pont aux ânes. Prenez la thèse contraire, et voyez quel vaste champ s'ouvre devant vous : tous les abus de la société à signaler; tous les maux qui la désolent, suite des erreurs de l'esprit; les sciences, les arts, employés au commerce, à la navigation, à la guerre, etc., autant de sources de destruction et de misère pour la plus grande partie des hommes. L'imprimerie, la boussole, la poudre à canon, l'exploitation des mines, autant de progrès des connaissances humaines, et autant de causes de calamités, etc. Ne voyez-vous pas tout l'avantage que vous aurez à prendre ainsi votre sujet? » Rousseau en convint, et travailla d'après ce plan. Ce récit, que je crois vrai (1), ren-

---

(1) Celui de Marmontel est tout semblable, liv. VII des *Mémoires*.

verse et détruit toute la narration de Jean-Jacques. Je n'empêche pas, au reste, ceux qui aimeront mieux l'en croire que Diderot et toute la société du baron d'Holbach, de se contenter en cela; mais je rapporte ma conviction, qui a été de bonne foi.

Ce premier paradoxe une fois embrassé par Jean-Jacques, il fut assez naturellement conduit à ceux qui remplissent son discours *sur l'inégalité des conditions.*

Mais c'est surtout dans le *Contrat social* qu'il a établi des doctrines funestes, qui ont si bien servi la révolution, et, il faut le dire, dans ce qu'elle a eu de plus funeste, dans cet absurde système d'*égalité*, non pas devant la loi, vérité triviale et salutaire, mais *égalité* de fortunes, de propriétés, d'autorité, d'influence sur la législation, principes vraiment destructeurs de tout ordre social.

S'il était besoin d'appuyer de preuves cette opinion sur les ouvrages politiques de Rousseau, j'en apporterais une assez forte que me fournit le discours prononcé en 1794, au mois de *vendémiaire*, par le président de la Convention, lorsqu'on alla déposer au Panthéon les cendres du philosophe génevois. L'orateur de la Convention s'exprime ainsi :

« Moraliste profond, apôtre de la liberté et de l'égalité, il a été le précurseur qui a appelé la nation dans les routes de la gloire et du bonheur; et si une grande découverte appartient à celui qui l'a le premier signalée, c'est à Rousseau que nous devons cette régénération salutaire, qui a opéré de si heureux changemens dans nos mœurs, dans nos coutumes, dans nos lois, dans nos esprits, dans nos habitudes.

» Au premier regard qu'il jeta sur le genre humain, il vit les peuples à genoux, courbés sous les sceptres et les couronnes; il osa prononcer les mots d'*égalité* et de *liberté*.

» Ces mots ont retenti dans tous les cœurs, et les peuples se sont levés.

» Il a le premier prédit la chute des empires et des monarchies; il a dit que l'Europe avait vieilli, et que ces grands corps, prêts à se heurter, allaient s'écrouler comme ces monts antiques, qui s'affaissent sous le poids des siècles. »

Si l'on considère qu'à cette époque la révolution, à laquelle l'orateur félicite Rousseau d'avoir puissamment coopéré, avait déjà répandu sur la nation un déluge de maux et de crimes, on s'étonnera sans doute qu'il ait été loué des plus funestes effets de ses ouvrages; mais on reconnaîtra du moins, qu'en lui attribuant en partie les maux de la révolution, je ne fais que suivre la route que m'ont tracée ses panégyristes et ses admirateurs.

La seule restriction qu'on puisse apporter à ce reproche, et qu'il soit même juste de faire, c'est que, dans sa théorie des gouvernemens, il paraît n'avoir pas écrit pour une grande nation; mais, outre qu'il n'a pas prononcé assez nettement cette modification à ses principes, il n'en est pas moins vrai que c'est en les appliquant, par ignorance ou par mauvaise foi, à un grand pays comme la France, qu'on a préparé tous les malheurs dont nous avons été les témoins et les victimes.

CHAPITRE VI.

Clairault, Chastellux, Buffon, d'Holbach, Helvétius, madame de Boufflers.

1761. On a vu que je m'étais consolé dans ma prison par l'idée de la petite considération que j'en tirerais dans le monde, et de l'honneur qui me reviendrait d'avoir été persécuté. Je reconnus bientôt que ces espérances n'étaient pas tout-à-fait chimériques : je trouvai un redoublement d'amitié dans M. Turgot, M. Trudaine de Montigny, Diderot, d'Alembert, Clairault, le chevalier de Chastellux ; et beaucoup de maisons, celles du baron d'Holbach, d'Helvétius, de Mme de Boufflers, de Mme Necker, etc., s'ouvrirent aisément pour moi.

J'aurais pu craindre, avec quelque raison, que M. Trudaine le père, de qui je pouvais attendre mon humble fortune en m'occupant des matières d'administration, ne m'accueillît plus froidement depuis que j'avais été mis à la Bastille par ordre du roi ; mais il était au-dessus de cette petitesse, et jugeait, en homme juste et en homme de sens, qu'une légèreté comme celle que j'avais faite, car c'en était une, méritait quelque indulgence, et que je n'en serais pas moins bon à employer pour ses divers travaux, où il ne cherchait vraiment que l'utilité publique.

Quant à son fils, M. de Montigny, il ne m'en aima que mieux après mon équipée. Il me fit connaître ses amis et ses amies : Mme Belot, depuis la présidente de Meisnières, qui a traduit les *Plantagenet* et les *Tudor* de Hume, dont l'abbé Prevost n'avait traduit que les *Stuart;* et Mlle de Riancourt, devenue depuis Mme Dogny, femme du fermier-général. J'allais très-assidûment chez celle-ci tous les soirs ; j'y voyais le comte de Maillebois, M. Trudaine de Montigny, l'abbé Arnaud, Bougainville, le chevalier de Chastellux, etc. Elle était jolie, vive et piquante ; elle chantait, et jouait du clavecin agréablement. J'aimais la musique, que j'avais assez bien apprise sans maître. Je lui lisais quelque bon livre, dont elle attrapait ce qu'elle pouvait ; et en tout, c'était pour moi une fort douce manière de passer la soirée, en attendant mieux.

M. de Montigny m'avait fait aussi connaître Clairault, chez qui nous dînions quelquefois avec une demoiselle G***, qui demeurait chez lui, parce que, en homme laborieux et appliqué, il voulait avoir sous la main les choses dont il avait besoin. C'était une assez bonne fille, qui a tenté depuis de s'empoisonner pour l'amour d'un M. Leblanc, parce qu'il n'avait pas voulu l'épouser après lui en avoir fait la promesse ; mais, pour se dépiquer, elle a épousé dans l'année un autre M. Leblanc, auteur tragique.

Elle *aimait* alors Clairault, qui lui avait enseigné assez de calcul pour qu'elle pût l'aider dans ses études astronomiques. Après avoir prédit heureusement la comète de 1759, il travaillait alors sur d'autres comètes, et cherchait à en fixer le retour.

Je n'entrerai pas dans la querelle qui s'éleva entre d'Alembert et lui, ou plutôt entre les partisans de l'un et de l'autre, sur le succès de ce travail, que d'Alembert atténuait un peu, mais que les amis de Clairault magnifiaient peut-être de leur côté.

Comme je n'y entendais rien, j'étais charmé de n'avoir pas à me prononcer entre deux hommes que j'aimais et que j'estimais, et qui, à l'exception des géomètres qui se partagèrent, conservèrent leurs communs amis. Je dînais donc quelquefois chez Clairault avec M. de Montigny et le chevalier de Chastellux, en sortant de chez d'Alembert, qui demeurait rue Michel-le-Comte, à deux pas de son antagoniste.

Je faisais des chansons pour le géomètre et sa société. Je conserverai ici deux couplets, les seuls dont je me souvienne, et que j'ai retenus, sans doute à cause de leur style astronomique et mathématique, fort peu propre à faire de bonne poésie, mais qui nous divertissait chez un géomètre.

> Clairault, emporté dans les cieux,
> Au plus haut de son apogée,
> Est moins adorable à mes yeux
> Qu'avec nous dans son périgée.
> Il ne perd rien de mes respects,
> Lorsqu'en suivant ma théorie,
> Il substitue à ses y grecs
> Un moment de folie.
>
> Parmi des mondes inconnus
> Quand il a fourni sa carrière,
> On dit qu'il s'arrête à Vénus
> Avant de descendre à la Terre.
> Mais l'amour y conduit ses pas
> Au lieu de la chaste Uranie,
> Et ce dieu ne calcule pas
> Les momens de folie.

Le chevalier de Chastellux, que M. Turgot m'avait fait connaître, aimait passionnément les lettres et ceux qui les cultivaient, surtout parmi les écrivains qu'on appelait philosophes. Il avait au plus haut degré cette estime des talens, avec laquelle on n'a pas toujours du talent, mais sans laquelle on peut dire qu'il ne se trouve jamais; règle que j'ai toujours vue sans exception. Il rendait une sorte de culte à Rousseau, à d'Alembert, à Clairault, à Diderot; il avait la même passion pour les artistes. Avec de l'esprit, et même quelque profondeur dans l'esprit, il avait peu de netteté et d'ordre dans ses idées, moins encore dans son style. Son goût n'était pas non plus bien sûr; mais ces défauts ne l'ont pas empêché de faire un ouvrage plein d'excellentes vues, intitulé, *de la Félicité publique*, et un petit morceau *sur l'Union de la musique avec la poésie*, qui est fort bien pensé. Il était d'ailleurs excellent ami, facile à vivre, bienveillant, d'une extrême droiture, d'une grande politesse, et il a laissé des regrets à tous ceux qui l'ont connu.

C'est au chevalier de Chastellux que j'ai dû la connaissance de M. de Buffon. Je me rappelle que celui-ci, me recevant après ma campagne contre Palissot, m'assura que j'écrirais bien. Il l'augurait des petits ouvrages polémiques que j'avais publiés, et surtout, disait-il, du *Commentaire sur la prière universelle*. Il est vrai qu'il avait contre Pompignan une disposition malévole, pour la part que l'orateur maladroit lui avait faite dans son discours à l'Académie; et je veux bien qu'on attribue à cette disposition l'éloge qu'il me donnait.

Il me dit aussi, à cette occasion, que ce qu'il y avait de plus difficile à apprendre, était de bien écrire, et qu'il n'y avait aucun art, aucune science qui demandât plus d'observation, de travail, d'habitude et de temps. C'était sa maxime, qui ajoutait, comme on voit, un nouveau prix à ses éloges.

Je ne laisserai point passer le nom de cet homme, devenu immortel dans l'histoire de la philosophie et de l'éloquence, sans dire quelque chose de sa manière de travailler, que je l'ai entendu exposer lui-même, et qui expliquera comment il sentait mieux qu'un autre toute la difficulté de l'art d'écrire.

Les gens qui l'ont vu dans sa terre de Montbar, en Bourgogne, savent qu'il allait, dès le matin, dans un petit pavillon situé au milieu de ses jardins, et que, là, il passait une matinée entière à faire et à polir une page dans sa tête, en se promenant, et n'écrivant que lorsque sa période était arrondie ou sa page terminée.

A cet égard, M. de Buffon n'a pas caché son jeu : car on voit bien dans son style le travail et même l'espèce de travail, qu'il lui a coûté. Nous pouvons en faire l'observation sans dénigrement ; car, si le travail se laisse apercevoir chez lui, son style a l'air soigné et non pas pénible, élégant et non pas maniéré, noble et non pas exagéré ; et, en cela, s'il travaillait comme Helvétius, difficilement, c'était d'une autre manière.

Voilà ce que certains juges ne sentaient pas bien, ou se dissimulaient dans l'humeur qu'ils avaient prise contre lui ; c'étaient pourtant des hommes qui avaient le droit d'avoir une opinion, tels que d'Alembert, Diderot, l'abbé de Condillac, etc. Ils l'appelaient charlatan, rhéteur, déclamateur, phrasier. Ils lui reprochaient de n'avoir pas le style de la chose ; ses descriptions des animaux leur paraissaient des amplifications de collége, et ses discours généraux sur la nature, des déclamations vagues, fausses et inutiles.

J'avoue que je n'ai jamais pu approuver ces critiques. Je conviens qu'on peut écrire l'histoire naturelle d'une autre manière que Buffon, mais je conçois qu'il y a aussi un grand mérite à l'écrire comme lui.

Il me semble que ce reproche du défaut de convenance, ne peut être juste que d'après la supposition, qu'en lisant un ouvrage d'histoire naturelle, on ne veut, on ne peut, on ne doit avoir d'autre objet que s'instruire. Mais rien de plus hasardé que cette supposition, et ce qu'Horace a dit des poëtes,

Et prodesse volunt et delectare poetæ,

n'est pas particulier à la poésie. Seulement, le naturaliste, qui cherche à intéresser et à plaire, qui embellit et anime son style, doit toujours respecter la vérité dans les choses et dans l'expression, ce qui est l'art et le mérite du grand écrivain, et n'est point incompatible avec l'élégance des termes et la richesse des images, bien plus sûres de leur effet, quand elles s'unissent à la justesse des idées.

Ces observations, et de semblables, qui, sans doute, guidaient Buffon dans ses écrits, peuvent bien, je crois, lui servir d'apologie contre les philosophes qui l'ont si amèrement censuré.

Ajoutons aussi qu'en ce genre Buffon n'a point certainement péché par ignorance. Il avait des idées très-arrêtées sur la nature et les qualités du style, et il en parlait avec finesse et profondeur. Je l'ai ouï plusieurs fois s'étendre avec complaisance sur ce sujet, et captiver fortement notre attention.

Il est vrai qu'il était quelquefois assez simple dans son langage, et je me rappelle à cette occasion, non sans rire, une scène excellente qui se passa chez Mme Geoffrin.

Mlle de l'Epinasse, dont je parlerai encore, aimant avec passion les hommes d'esprit, et ne négligeant rien pour les connaître et les attirer dans sa société, avait désiré vivement de voir M. de Buffon. Mme Geoffrin, s'étant chargée de lui procurer ce bonheur, avait engagé Buffon à venir passer la soirée chez elle. Voilà Mlle de l'Espinasse aux anges, se promettant bien d'observer cet homme célèbre, et de ne rien perdre de ce qui sortirait de sa bouche.

La conversation ayant commencé, de la part de Mlle de l'Espinasse, par des complimens flatteurs et fins, comme elle savait les faire, on vient à parler de l'art d'écrire, et quelqu'un remarque avec éloge combien M. de Buffon avait su réunir la clarté à l'élévation du style, réunion difficile et rare. *Oh! diable*, dit M. de Buffon, la tête haute, les yeux à demi fermés, et avec un air moitié niais, moitié inspiré, *oh! diable! quand il est question de clarifier son style, c'est une autre paire de manches.*

A ce propos, à cette comparaison des rues, voilà Mlle de l'Espinasse qui se trouble; sa physionomie s'altère, elle se renverse sur son fauteuil, répétant entre ses dents, *une autre paire de manches! clarifier son style!* Elle n'en revint pas de toute la soirée.

Il fallait pourtant passer à Buffon ces formes triviales et populaires dont il semait sa conversation, surtout en commençant. On en était dédommagé lorsqu'on le laissait s'étendre sur les objets de ses travaux, dont il aimait à parler, comme pour essayer d'avance l'opinion publique. Je l'ai entendu exposer ainsi deux des plus brillans développemens de son ouvrage : l'un, la puissance de l'homme sur la nature; l'autre, le tableau de la nature inculte; et en vérité cela était beau à l'égal de son livre, si l'on en excepte quelques expressions triviales qu'il employait, non-seulement sans scrupule, mais avec une sorte de satisfaction, et qui, peu d'accord avec le reste, et n'étant pas du style de la chose, servaient pourtant à la faire entendre.

Mais parmi les sociétés dont mon zèle pour la cause de la philosophie m'ouvrit l'entrée, je dois mettre au premier rang, pour l'utilité, l'agrément et l'instruction que j'en ai retirés, celle du baron d'Holbach.

Le baron d'Holbach, que ses amis appelaient

baron, parce qu'il était Allemand d'origine, et qu'il avait possédé en Westphalie une petite terre, avait environ soixante mille livres de rente, fortune que jamais personne n'a employée plus noblement que lui, ni surtout plus utilement pour le bien des sciences et des lettres.

Sa maison rassemblait dès-lors les plus marquans des hommes de lettres français, Diderot, J.-J. Rousseau, Helvétius, Barthès, Venelle, Rouelle et ses disciples, Roux et Darcet, Duclos, Saurin, Raynal, Suard, Boullanger, Marmontel, St.-Lambert, la Condamine, le chevalier de Chastellux, etc.

Le baron lui-même était un des hommes de son temps, les plus instruits, sachant plusieurs des langues de l'Europe, et même un peu des langues anciennes, ayant une excellente et nombreuse bibliothèque, une riche collection des dessins des meilleurs maîtres, d'excellens tableaux dont il était bon juge, un cabinet d'histoire naturelle, contenant des morceaux précieux, etc. A ces avantages, il joignait une grande politesse, une égale simplicité, un commerce facile, et une bonté visible au premier abord. On comprend comment une société de ce genre devait être recherchée. Aussi, y voyait-on, outre les hommes que je viens de nommer, tous les étrangers de quelque mérite et de quelque talent qui venaient à Paris; à Paris, qui était alors, comme l'appelait Galliani, *le café de l'Europe*. Je ne finirais pas si je disais tout ce que j'y ai vu d'étrangers de distinction qui se faisaient honneur d'y être admis, Hume, Wilkes, Sterne, Galliani, Beccaria, Caraccioli, le lord Shelburne, le comte de Creutze, Veri, Frizi, Garrick, le prince héréditaire de Brunswick, Franklin, Priestley, le colonel Barré, le baron d'Alberg, depuis électeur de Mayence, etc.

Le baron d'Holbach avait régulièrement deux dîners par semaine, le dimanche et le jeudi : là se rassemblaient, sans préjudice de quelques autres jours, dix, douze et jusqu'à quinze et vingt hommes de lettres, et gens du monde ou étrangers, qui aimaient et cultivaient même les arts de l'esprit. Une grosse chère, mais bonne, d'excellent vin, d'excellent café, beaucoup de disputes, jamais de querelles; la simplicité des manières, qui sied à des hommes raisonnables et instruits, mais qui ne dégénérait point en grossièreté; une gaîté vraie, sans être folle : enfin, une société vraiment attachante, ce qu'on pouvait reconnaître à ce seul symptôme, qu'arrivés à deux heures, c'était l'usage de ce temps-là, nous y étions souvent encore presque tous à sept et huit heures du soir.

Or, c'est là qu'il fallait entendre la conversation la plus libre, la plus animée et la plus instructive qui fût jamais : quand je dis libre, j'entends en matière de philosophie, de religion, de gouvernement, car les plaisanteries libres dans un autre genre en étaient bannies.

Cicéron a dit en quelque endroit (1) qu'il n'y a point d'opinion si extravagante qui n'ait été avancée par quelque philosophe. Je dirai de même qu'il n'y a point de hardiesse politique et religieuse qui ne fût là mise en avant et discutée *pro et contrà*, presque toujours avec beaucoup de subtilité et de profondeur.

Souvent un seul y prenait la parole, et proposait sa théorie paisiblement et sans être interrompu. D'autres fois, c'était un combat singulier en forme, dont tout le reste de la société était tranquille spectateur : manière d'écouter que je n'ai trouvée ailleurs que bien rarement.

C'est là que j'ai entendu Roux et Darcet exposer leur théorie de la terre; Marmontel, les excellens principes qu'il a rassemblés dans ses *Élémens de Littérature;* Raynal, nous dire à livres, sous et deniers le commerce des Espagnols aux Philippines et à la Vera-Cruz, et celui de l'Angleterre dans ses colonies; l'ambassadeur de Naples et l'abbé Galliani, nous faire de ces longs contes à la manière italienne, espèces de drames qu'on écoutait jusqu'au bout; Diderot, traiter une question de philosophie, d'arts ou de littérature, et, par son abondance, sa faconde, son air inspiré, captiver longtemps l'attention.

---

(1) *De Divinat.*, II, 58.

C'est là, s'il m'est permis de me citer à côté de tant d'autres hommes si supérieurs à moi, c'est là que moi-même j'ai développé plus d'une fois mes principes sur l'économie publique.

C'est là aussi, puisqu'il faut le dire, que Diderot, le docteur Roux et le bon baron lui-même établissaient dogmatiquement l'athéisme absolu, celui du *Système de la nature*, avec une persuasion, une bonne foi, une probité édifiantes, même pour ceux d'entre nous qui, comme moi, ne croyaient pas à leur enseignement.

Car il ne faut pas croire que, dans cette société, toute philosophique qu'elle était, au sens défavorable qu'on donne quelquefois à ce mot, ces opinions libres outre mesure fussent celles de tous. Nous étions là bon nombre de théistes, et point honteux, qui nous défendions vigoureusement, mais en aimant toujours des athées de si bonne compagnie.

Je n'oublierai jamais une fort bonne scène, qui justifiera ce que je dis de cet esprit de tolérance.

On avait causé tout une après-dînée sur cette matière, et Diderot et Roux avaient argumenté à qui mieux mieux, et dit des choses à faire tomber cent fois le tonnerre sur la maison, s'il tombait pour cela. L'abbé Galliani, secrétaire de l'ambassade de Naples, avait écouté patiemment toute cette dissertation; enfin il prend la parole et dit : «Messieurs, messieurs les philosophes, vous allez bien vite.»

Je commence par vous dire que, si j'étais pape, je vous ferais mettre à l'inquisition, et, si j'étais roi de France, à la Bastille; mais, comme j'ai le bonheur de n'être ni l'un ni l'autre, je reviendrai dîner jeudi prochain, et vous m'entendrez comme j'ai eu la patience de vous entendre. » *Très-bien, mon cher abbé,* disons-nous tous, et nos athées, les premiers, *à jeudi.*

Jeudi arrive. Après le dîner et le café pris, l'abbé s'assied dans un fauteuil, ses jambes croisées en tailleur, c'était sa manière; et, comme il faisait chaud, il prend sa perruque d'une main, et, gesticulant de l'autre, il commence à peu près ainsi :

« Je suppose, Messieurs, celui d'entre vous qui est le plus convaincu que le monde est l'ouvrage du hasard, jouant aux trois dés, je ne dis pas dans un tripot, mais dans la meilleure maison de Paris, et son antagoniste amenant une fois, deux fois, trois fois, quatre fois, enfin constamment, rafle de six.

» Pour peu que le jeu dure, mon ami Diderot, qui perdrait ainsi son argent, dira sans hésiter, sans en douter un seul moment : Les dés sont pipés, je suis dans un coupe-gorge.

» Ah, philosophe! comment? parce que dix ou douze coups de dés sont sortis du cornet de manière à vous faire perdre six francs, vous croyez fermement que c'est en conséquence d'une manœuvre adroite, d'une combinaison artificieuse, d'une friponnerie bien tissue; et, en voyant dans cet univers un nombre si prodigieux de combinaisons mille et mille fois plus difficiles et plus compliquées et plus soutenues et plus utiles, etc.; vous ne soupconnez pas que les dés de la nature sont aussi pipés, et qu'il y a là haut un grand fripon qui se fait un jeu de vous attraper, etc. »

Je ne me rappelle pas le reste du développement donné par l'abbé; mais c'était la plus piquante chose du monde, et cela valait le meilleur des spectacles et le plus vif des amusemens.

Je défendais aussi la même cause à ma manière; et je me rappelle à ce sujet une discussion si vive avec un homme de lettres de notre société, dont je tairai le nom, que, pour terminer une dispute dans laquelle je voyais qu'il divaguait, je lui proposai de mettre chacun nos raisons par écrit. Il accepta la proposition. Le surlendemain, je lui adressai un petit papier qu'on trouvera dans mes portefeuilles, et qui commence par ces mots : *Monsieur et cher athée*, etc.

J'y pousse l'argument de l'ordre du monde, en faveur de l'existence de Dieu, d'une manière que je crois neuve. Mais mon antagoniste ne voulut pas me répondre, ainsi qu'il s'y était engagé, alléguant pour excuse qu'un pareil écrit le compromettrait; ce qui était ridicule à me dire, à moi qui m'étais bien compromis par le papier que je lui avais confié, et dont de vrais théologiens auraient regardé l'auteur comme aussi brûlable que Vanini ou Spinosa. Mais ce petit fait montre assez l'esprit de tolérance qui régnait dans notre société.

Un mérite de cette société, non moindre que celui de cette parfaite tolérance, est la discrétion qui a voilé pendant vingt années un secret connu de dix personnes, et qu'il importait beaucoup à l'un de nous de tenir caché. Le baron d'Holbach, ainsi que le public l'a su depuis, était l'auteur du *Système de la nature*, et de la *Politique naturelle*, et du *Christianisme dévoilé*, et l'éditeur des ouvrages de Boullanger et de la plupart des écrits imprimés chez Marc-Michel Rey, libraire d'Amsterdam. Le *Système de la nature*, surtout, est un catéchisme d'athéisme complet, où, chemin faisant, les gouvernemens et les rois sont fort maltraités.

Un bon nombre d'entre nous savaient, à n'en pas douter, que ces ouvrages étaient du baron, dont nous retrouvions les principes et la conversation dans ce livre. Je puis dire au moins, comme nous l'avons reconnu long-temps depuis, que nous en avions l'intime conviction, Marmontel, Saint-Lambert, Suard, le chevalier de Chastellux, Roux, Darcet, Raynal, Helvétius et moi. Nous vivions constamment ensemble; et, avant la mort du baron, aucun de nous n'avait confié à l'autre ses connaissances sur ce point, quoique chacun de nous pensât bien que les autres en savaient autant que lui.

L'idée du danger qu'eût couru notre ami par une indiscrétion imposait silence à l'amitié la plus confiante ; et j'ai cru qu'un secret si religieusement gardé est un fait qui, honorant la philosophie et les lettres, méritait d'être conservé.

Si quelqu'un trouvait étrange de m'entendre faire un mérite à notre société d'une discrétion qui cachait ce que beaucoup de personnes pourront regarder comme un véritable délit, cet homme ne saurait pas combien nous semblait innocente alors la philosophie qui demeure contenue dans l'enceinte des spéculations et ne cherche, dans ses plus grandes hardiesses, qu'un exercice paisible de l'esprit.

Tel était manifestement le caractère de la philosophie du baron et de ceux de ses amis qui allaient le plus loin, comme Diderot et les autres. Certainement aucun d'eux n'était capable d'entrer dans une conspiration, ni dans le moindre projet de troubler le gouvernement et la paix publique ; aucun d'eux n'eût suscité une persécution religieuse, ni insulté à un moine ou à un curé. Leur liberté de dire et de penser pouvait donc sembler innocente, et le crime eût été de la dénoncer.

J'arrive à ma liaison avec Helvétius et avec sa femme, liaison qui a fait plus de trente ans la douceur de ma vie.

Ma fausse préface de la comédie de Palissot, où j'avais défendu les philosophes, parmi lesquels

Helvétius tenait un rang distingué depuis la publication du livre de l'*Esprit*, avait donné à Mme Helvétius le désir de me connaître. M. Turgot était lié avec elle dès le temps qu'il était en Sorbonne, c'est-à-dire, vers 1750, lorsqu'elle était encore Mlle de Ligniville, et qu'elle demeurait chez Mme de Graffigny, sa tante, célèbre dès-lors par ses *Lettres Péruviennes*. Passionné pour la littérature, il s'était fait présenter à Mme de Graffigny, qui rassemblait chez elle beaucoup de gens de lettres ; mais il quittait souvent le cercle pour aller jouer au volant, en soutane, avec *Minette*, qui était une grande et belle fille de vingt-deux à vingt-trois ans. Et je me suis souvent étonné que de cette familiarité ne soit pas née une véritable passion. Mais quelles que fussent les causes d'une si grande réserve, il était resté de cette liaison une amitié tendre entre l'un et l'autre. Il m'introduisit chez elle, et dès ce moment elle me traita avec beaucoup d'amitié. Elle m'emmena le printemps suivant à sa terre de Lumigny, et de là, dans le mois d'août, à sa terre de Voré. A Paris, sa maison devint la mienne; il se passait rarement un jour sans que je la visse; toutes mes soirées lui étaient consacrées, et souvent le matin nous allions nous promener à cheval au bois de Boulogne. Lorsqu'elle était dans ses terres sans moi, ou que je quittais Paris pour quelque voyage, nous entretenions un commerce très-actif et très-régulier. Enfin, je puis dire qu'il y a eu peu d'exemples d'une liaison aussi étroite, aussi douce et aussi durable que celle qui m'attachait à elle, puisqu'elle s'est soutenue de 1760 à 1791, époque où elle s'est rompue par un concours de circonstances que je développerai plus bas, et qui ont rendu cette séparation nécessaire, toute douloureuse qu'elle ait été pour moi.

La maison d'Helvétius rassemblait à peu près les mêmes personnes que celle du baron d'Holbach, à des jours différens; mais la conversation y était moins bonne et moins suivie. La maîtresse de la maison, attirant auprès d'elle les gens qui lui plaisaient le plus, et ne choisissant pas les pires, brisait un peu la société. Elle n'aimait pas plus la philosophie que Mme d'Holbach; mais celle-ci, se tenant dans un coin sans rien dire, ou causant à voix basse avec quelqu'un de ses familiers, n'empêchait rien, au lieu que Mme Helvétius, belle, d'un esprit original et d'un naturel piquant, dérangeait fort les discussions philosophiques.

Helvétius, de son côté, n'entendait rien à les animer ni à les soutenir. Il prenait quelqu'un de nous dans une embrasure de croisée, le mettait sur une question qu'il avait entrepris de traiter, et tâchait d'en tirer ou quelque argument en faveur de ses opinions, ou quelque objection qu'il eût à détruire; car il faisait continuellement son livre en société.

Le plus souvent même, il sortait peu de temps après le dîner pour aller à l'Opéra ou ailleurs, laissant sa femme faire, dans le reste de la journée, les honneurs de sa maison, où se trouvait toujours bonne compagnie de gens de lettres, de gens du monde et d'étrangers, réunion rare, même alors, et qui l'est devenue bien autrement depuis.

C'est encore après ma détention à la Bastille, que j'eus l'avantage d'être accueilli par Mme la comtesse de Boufflers, qui attirait alors l'attention et l'intérêt public par les agrémens de sa personne et les charmes de son esprit. Sa liaison avec M. le prince de Conti, qui avait un grand crédit au parlement, lui donnait même une importance à laquelle les femmes ne s'élèvent guère. M. Turgot et M. l'archevêque d'Aix (Boisgelin de Cussé) me présentèrent à elle. De tels introducteurs, et les lettres qu'elle aimait, lui donnèrent, sans doute, pour moi l'indulgence que le peu d'usage que j'avais du monde me rendait nécessaire. Je me trouvai près d'elle à mon aise, parce qu'avec de la dignité elle était facile à vivre. Elle me fit entendre un petit drame de sa composition, intitulé *les Esclaves généreux*, plein de sensibilité, de noblesse et d'intérêt. Je cite cette complaisance de sa part comme une preuve de la bienveillance que j'obtins d'elle, même dès ces premiers temps ; car, j'ai depuis reconnu, qu'elle était extrêmement avare de cette lecture, et qu'à la différence de la plupart des auteurs, soit réserve, soit modestie, jamais personne n'a été moins empressé de lire son ouvrage, quoiqu'elle ne pût attendre que des éloges.

Après ces détails de mes premières et principales liaisons, je poursuivrai le compte que je rends de ma vie littéraire.

CHAPITRE VII.

Travaux d'administration, de politique, etc. M. et Mme Necker. Beccaria. Véri.

En 1762, j'écrivis un mémoire en faveur du reculement des barrières, et de l'abolition des droits intérieurs, qui a occupé tous les ministres, depuis Colbert jusqu'à M. de Calonne, et qui a été décrétée enfin par l'Assemblée nationale. Cette opération était de M. Trudaine, intendant des finances. On avait fait, sous ses yeux, de longs travaux, pour la confection du tarif unique, qui devait être substitué à cette multitude effroyable de droits intérieurs si compliqués. Il m'invita aussi à traiter la question; et comme les grandes difficultés s'élevaient de la part des provinces frontières, qui craignaient d'être enfermées dans la nouvelle enceinte, je fis, au nom des fabricans de la Lorraine et du Barrois, un mémoire qu'ils adoptèrent, et où je combattais celui des marchands de cette province, rédigé, si je ne me trompe, par Coster, que nous avons vu depuis fort employé par les notables et par M. Necker, et dont les principes n'ont jamais été bons sur l'article de la liberté du commerce.

L'affaire ne fut point jugée. M. Trudaine est

mort sans avoir cette satisfaction qu'il méritait si bien. La révolution a, depuis, triomphé des obstacles, mais c'est en renversant tout sur ses pas; et cet avantage a trop coûté.

Je publiai, en 1763, les *Réflexions sur les préjugés qui s'opposent à l'établissement de l'inoculation.* Le docteur Gatti, avait inoculé les enfans de M. Helvétius; arrivant en France, et sachant fort peu notre langue, il avait besoin de trouver quelqu'un qui rédigeât et exprimât ses idées, neuves alors, et, en même temps, fines et justes. Il s'adressa à moi, et je me chargeai, avec plaisir, de ce travail. Je recueillais les notes qu'il me dictait en italien, ou qu'il m'envoyait en brouillons; je les traduisais, je les développais, et surtout, je les arrangeais pour en faire un tout à ma manière. Ces *Réflexions* furent goûtées du public et des gens de l'art; et, peut-être, n'ont-elles pas peu contribué à établir et à perfectionner la pratique, même dans les mains de plus d'un médecin qui en avait dit beaucoup de mal.

Gatti, né dans l'état de Toscane, avait étudié sous le célèbre Cocchi; il n'obtenait pas toujours des succès heureux, et on l'accusait de quelque légèreté dans son traitement. Il fallait le défendre dans la société, et je ne m'y épargnais pas. Mais les enfans de Mme de Roucherolle, ayant pris tous deux la petite vérole, après avoir été inoculés par Gatti, qui avait assuré que l'inoculation avait eu tout son effet, il crut pouvoir expliquer son erreur ou la justifier; et je rédigeai, pour lui, vers ce temps même, une lettre adressée au docteur Roux, notre ami commun, où il fait son apologie tellement quellement. Je rappelerai, à ce sujet, un ouvrage de Gatti, que nous rédigeâmes, ensemble, en 1767, sous le titre de *Nouvelles Réflexions sur la pratique de l'inoculation*. Les gens de l'art furent encore plus contens de ce livre que du premier. On peut dire, que c'est un manuel de l'inoculateur. J'y ai mis, je crois, beaucoup d'ordre et de clarté : c'est là mon seul travail; car, le fond des idées est tout entier de Gatti.

En 1764, M. de Laverdy, alors contrôleur général, ayant fait rendre un arrêt du conseil, qui défendait d'imprimer sur les matières d'administration, sous peine d'être poursuivi extraordinairement, ceux qu'on appelait alors philosophes furent indignés; et j'étais de ce nombre. Je combattis pour la liberté de la presse, et j'intitulai mon ouvrage : *de la Liberté d'écrire et d'imprimer sur les matières de l'administration*. C'était le développement d'une partie du *Traité de la liberté de la presse*, que j'avais commencé à la Bastille, et dont j'ai parlé. Je gardais ici une extrême modération, afin de ne pas rencontrer d'obstacles; mais cette réserve ne me servit de rien, et je ne pus obtenir, pour moi même, la liberté que je demandais pour tous. Cependant, mon travail n'avait pas déplu à M. Trudaine; son fils l'avait communiqué à M. Chauvelin, intendant des finances, et celui-ci au contrôleur général : mais le ministre y fit une réponse à mi-marge, tout entière de maximes despotiques, ou de la théorie des premiers commis : *que pour parler d'administration, il faut tenir la queue de la poêle, être dans la bouteille à l'encre; et que ce n'est pas à un écrivain obscur, qui, souvent, n'a pas cent écus vaillant, à endoctriner les gens en place.* J'ai long-temps gardé ce précieux monument. On comprend bien que mon ouvrage ne fut pas alors imprimé; mais en 1774, M. Turgot étant arrivé au ministère, je le publiai avec l'épigraphe de Tacite : *Rarâ temporum felicitate, ubi sentire quæ velis, et quæ sentias, dicere licet* (1).

Nous avons vu, depuis, cette ancienne contrainte, faire place à une liberté sans limites, qui, fière de son audace impunie, a ébranlé d'abord et renversé bientôt tous les principes du gouvernement, la raison, la morale, et ce que la politique elle-même regarde comme nécessaire à conserver, la religion.

Les suites funestes de cette licence ont fait élever, contre la politique, des reproches bien graves et, au premier coup-d'œil, bien fondés; nous

---

(1) Tacit. *Hist.* I, 1. *Voyez* Mélanges, tom. III, p. 3.

donc, qui défendions alors la liberté de la presse, et qui avouons aujourd'hui qu'on en a étrangement abusé, nous sommes intéressés à faire voir que notre doctrine ne conduisait pas à cet abus, et qu'il tient à des causes et à des circonstances étrangères, qu'on devait, et qu'on pouvait détourner.

Qu'il me soit permis d'observer d'abord, qu'une grande partie, au moins, des inconvéniens que nous avons éprouvés de la liberté de la presse, vient de la conduite antérieure du gouvernement qui, ayant voulu cacher aux yeux du peuple une foule de vérités salutaires par des gênes véritablement excessives, a fait, qu'au moment où l'oppression a cessé, tout s'est dit, à la fois, sans gradation, sans prudence, sans restriction. Le peuple n'étant pas préparé par une discussion sage et lente, où les avantages et les désavantages sont balancés, a pris, comme des vérités absolues, des assertions vraies, seulement avec certaines réserves, sans compter le grand nombre de principes, faux par l'exagération qu'on leur a donnée, et que l'inhabitude de la réflexion l'a empêché d'examiner et de modérer.

Il est vrai, cependant, que les fautes antérieures du gouvernement, opprimant la liberté de la presse, ne justifient pas la licence qu'on y a substituée tout-à-coup, puisqu'on pourra toujours dire, que c'est pour avoir donné une liberté trop étendue, bien plus funeste après la sujétion, que la presse est devenue un instrument d'erreur, de malheur et de crimes. Je dois donc chercher quelque autre fondement à notre apologie.

On a reproché aux philosophes d'avoir établi en principe que *toutes vérités sont bonnes à dire*. Mais cette proposition peut avoir plus d'un sens, et n'est pas même une vérité, si on ne l'accompagne de quelques restrictions que les philosophes raisonnables n'ont jamais exclues. Celle qui me paraît la plus nécessaire, sera empruntée de la circonstance du temps : toute vérité sera bonne à dire en un temps *opportun et suffisant*, et non *en tout temps et tout-à-coup*.

Une grande vérité, quelque incontestable, quelque utile qu'elle soit, peut être de nature à ne devoir pas être dite à un tel peuple, dans un tel moment, sans aucune préparation.

Si j'ai à apprendre à un père la mort de son fils, à une épouse celle de son mari, je ne puis, sans imprudence, et sans une cruauté qui leur serait funeste, leur annoncer cet événement tout-à-coup ; et je cherche une précaution qui en adoucisse et amortisse l'effet. L'imprudence et la cruauté peuvent être les mêmes envers un peuple à qui on dira subitement certaines vérités ; et cela, d'après les diverses circonstances de son caractère, ses mœurs, sa religion, etc.

Lorsque les philosophes ont établi, que la liberté de la presse était nécessaire au progrès des lumières et du bonheur dans la société, ils n'ont pas entendu qu'il fût permis de dire tout, tout à la fois, subitement, et de toutes les manières possibles. Ils n'ont pas entendu qu'il fût permis d'afficher au coin des rues des maximes immorales, impies, destructives de l'ordre et de la paix publique, ni des calomnies ou même des vérités contre les autorités établies et ceux qui en sont les dépositaires; ni qu'on pût débiter au peuple, sur des tréteaux, les plus absurdes ou les plus atroces enseignemens; en tapisser les murs de la capitale; les énoncer dans des assemblées publiques, et jusque dans l'Assemblée nationale; et j'ajoute même, dans des journaux dont il se répand dix mille exemplaires chaque jour: telle n'est point la liberté de la presse demandée par les philosophes.

Si donc la liberté d'écrire n'a rien respecté, si elle s'est emportée à des excès horribles, si elle a conduit et excité le peuple à toutes les violences dont nous avons été les témoins, et dont les hommes, les institutions, la royauté elle-même, ont été les victimes, il n'est pas juste d'en accuser la philosophie.

Reconnaissons enfin que, si cette liberté illimitée a été prêchée quelquefois par des philosophes trop confians, elle n'a pas tardé à se tuer elle-même, puisqu'après avoir amené nos horribles bouleversemens, ceux qui s'en sont servis l'ont détruite, et qu'elle a cessé, dès le milieu de 1792, sous l'assemblée appelée *législative;* qu'elle a été encore plus violemment opprimée par la troisième assemblée, ou Convention; et que, surtout depuis la révolution du 18 brumaire, elle a été absolument anéantie, et pour tous les journaux qui ne se sont pas faits les panégyristes assidus des opérations du gouvernement, et pour tous les genres d'écrits qui auraient improuvé quelque mesure de l'autorité.

Parmi mes travaux, dont je continue l'histoire, je trouve, en 1765, une apologie de la Gazette littéraire que faisaient alors Suard et l'abbé Arnaud, et dans laquelle j'insérais parfois quelques pièces.

Cet ouvrage, écrit en général avec beaucoup de goût et de philosophie, déplaisait aux dévots, au moins par ce dernier côté. Ils se remuèrent pour en obtenir la suppression. L'archevêque Beaumont mit en œuvre quelques-uns de ses théologiens; et ils y trouvèrent bientôt des propositions répréhensibles ou prétendues telles, qu'on recueillit dans un écrit sous la forme de *Dénonciation de la Gazette littéraire à l'archevêque de Paris.*

Cette pièce, qui n'était pas imprimée, fut remise par l'archevêque à M. de Praslin, qui protégeait la Gazette et ses rédacteurs. La dénonciation leur fut communiquée. Ils me la firent voir, et je me chargeai de donner sur les oreilles au dénonciateur.

C'est ce que j'exécutai dans une brochure in-8°,

de soixante et tant de pages. Le manuscrit fut remis à Damilaville, le *factotum* de Voltaire et de d'Alembert, et de notre société du baron d'Holbach. Les Cramer l'imprimèrent à Genève, par les soins de Voltaire, qui en fut content. On avait fait un mystère à M. de Praslin du nom de l'auteur : je ne voulais pas me produire aux yeux du ministre, frère de M. de Choiseul, en qui je pouvais supposer quelque malveillance encore pour l'auteur de la *Vision de Palissot*. Mais il insista, il écrivit à Genève; Voltaire lui nomma le coupable, sachant bien que je ne pouvais guère l'être aux yeux du protecteur de la Gazette. Aussi le duc dit-il à l'abbé Arnaud : Je connais votre défenseur, il peut être tranquille.

En recevant l'ouvrage imprimé, j'eus un grand chagrin d'auteur, lorsque j'y trouvai de petits mots bien plats et des lignes entières insignifiantes, ajoutées par je ne sais qui, mais dont j'accusais intérieurement Damilaville lui-même, qui l'avait lu avant de l'envoyer, et qui peut-être avait cru devoir y mettre son grain de sel. Je me flatte qu'on distinguerait aisément ces additions, si l'ouvrage n'était pas un almanach de l'an passé, qu'on ne lit plus.

Je dirai pourtant que, sur la tolérance civile des opinions religieuses, il y a huit ou dix pages *qui sont bien, et très-bien*, termes que j'emploie sans scrupule, parce qu'ils ne sont pas de moi, mais de Buffon, que j'entends encore me dire ces mots avec son accent bourguignon, la première fois que je le vis après l'envoi de mon livre.

Vers ce même temps je connus M. et Mme Necker, chez qui j'ai trouvé constamment quelque bienveillance, et un accueil dont on se contente lorsqu'on ne peut pas s'approcher davantage du cœur.

Ma liaison avec ces deux personnes, qui ont joué en France un si grand rôle, date du mariage de Mme Necker. Elle avait été amenée à Paris par une belle génevoise, Mme de Vermenoux, qui, devenue veuve, et ayant attaché M. Necker à son char, ne voulut pas l'épouser, et se substitua adroitement Mlle Curchot. Celle-ci avait quelque beauté, et beaucoup d'esprit et de connaissances. Fille d'un ministre, homme d'esprit et de savoir, restée pauvre après l'avoir perdu, elle avait tenu à Genève une pension de jeunes filles, et s'était formée elle-même en faisant des élèves. Elle laissait voir dès-lors une grande passion pour les lettres et pour la célébrité qu'elles peuvent donner; et elle brûlait du désir de se lier avec ceux qui les cultivaient honorablement dans le pays qu'elle venait habiter. M. Necker, la voyant sans cesse chez Mme de Vermenoux, se prit de goût pour elle; et s'apercevant, comme le maréchal d'Hocquincourt, *que la belle des belles commençait à le lanterner*, il se rejeta sur Mlle Curchot, et l'épousa, suivant quelques personnes, à l'insu de

Mᵐᵉ de Vermenoux, qui n'en fut, je crois, un peu fâchée que lorsqu'elle vit M. Necker prendre un si brillant essor.

Marmontel et l'abbé Raynal étaient liés avec Mᵐᵉ de Vermenoux, et nous connaissions tous les trois M. Necker, faisant la banque dans la maison du génevois Vernes, établi rue Michel-le-Comte. Mᵐᵉ Necker s'adressa à nous trois pour jeter les fondemens de sa société littéraire. On choisit un jour pour ne pas se trouver en concurrence avec les lundis et les mercredis de Mᵐᵉ Geoffrin, les mardis d'Helvétius, les jeudis et les dimanches du baron d'Holbach.

Le vendredi fut le jour de Mᵐᵉ Necker, et notre société se forma, outre nous-mêmes, de l'abbé Arnaud, Thomas, Grimm, Mᵐᵉ de Marchais, depuis Mᵐᵉ Dangevillers, le chevalier de Chastellux, M. Wattelet, etc.

La conversation y était bonne, quoique un peu contrainte par la sévérité de Mᵐᵉ Necker, auprès de laquelle beaucoup de sujets ne pouvaient être touchés, et qui souffrait surtout de la liberté des opinions religieuses. Mais, en matière de littérature, on causait agréablement, et elle en parlait elle-même fort bien. Pour M. Necker, il y était nul, ne sortant de son silence que pour lâcher quelque trait piquant et quelque persifflage fin des philosophes et des gens de lettres, dont sa femme, à son avis, était un peu engouée. Sa femme, de son côté, le plaisantait sur ses gaucheries et sur son silence, mais toujours de manière à le faire valoir.

Je dirai à cette occasion quelque chose de cet homme qui a eu tant d'éclat, tant de fortunes diverses et de réputations différentes ; qui, étranger, né dans un état médiocre, s'est trouvé mêlé aux agitations d'une grande puissance européenne, et, après en avoir eu deux fois les rênes dans les mains, s'est laissé emporter par le char qu'il avait cru pouvoir conduire, a été victime de la révolution, dans une partie de sa fortune, et l'eût été dans sa personne, si la fuite ne l'avait dérobé à la hache des bourreaux.

On lui accorde assez généralement d'avoir bien entendu les finances, ce qui est incontestable, si l'on bornait cette science à l'ordre et à l'économie ; mais il lui a manqué long-temps des idées justes sur les véritables sources de la richesse des nations. Elevé dans le commerce et la banque, qui avaient fait sa fortune, il a donné beaucoup trop d'importance à ces moyens secondaires et subordonnés d'assurer le revenu public, en même temps qu'il a entravé tous les autres. En effet, sa doctrine sur la liberté du commerce de l'Inde, sur celle du commerce des grains, sur la manière dont le commerce est affecté par l'impôt, etc., ne peut soutenir l'examen.

Quant à ses principes sur l'organisation des gouvernemens, lorsque le mouvement de la révolution s'est déclaré, la plupart des hommes occupant les premières places de l'administration, et les plus grands seigneurs du royaume, et les plus riches propriétaires, et les princes, et le souverain, n'avaient pas à beaucoup près sur ce grand sujet le fonds de connaissances solides et approfondies qui eût été nécessaire pour les guider parmi tant d'écueils; et si quelques exceptions sont permises, je ne crois pas qu'il soit possible d'en faire pour M. Necker. Il avait méconnu les droits de la propriété pour le commerce des produits du sol et de l'industrie; il n'a pas mieux connu ceux qu'elle a dans le gouvernement, qui n'est autre chose, en dernière analyse, que le protecteur de la propriété. Il n'a pas vu que, dès qu'on cesse de regarder le gouvernement comme un fait, et qu'on veut l'organiser régulièrement, le fonder sur un droit, ce ne peut être que sur le droit de la propriété du sol; que dès-lors aux propriétaires seuls appartient le droit d'établir et d'instituer le gouvernement. Ce n'était donc plus comme nobles ou comme prêtres, ou comme membres du tiers-état, que des députés pouvaient former des états-généraux, une assemblée constituante, mais comme propriétaires, et en vertu d'une propriété territoriale, soit héréditaire, soit usufruitière, suffisante pour être en eux la garantie d'un intérêt réel à la chose publique, de l'instruction nécessaire pour s'en mêler avec succès, et du loisir pour se livrer à ces travaux. Cette manière de voir eût assuré les intérêts de la propriété, identifiés avec ceux de l'état même; et dans ces états-généraux, devenus bientôt et nécessairement par la force des choses, assemblée constituante, on n'aurait point eu des cadets de familles nobles, sans propriété et sans intérêt à la conservation des propriétés des possesseurs actuels; des curés à portion congrue sans propriété ecclésiastique; enfin, des hommes du tiers-état n'ayant aucune terre, et par-là disposés à négliger et à violer même les droits les plus sacrés de la propriété territoriale. C'est là, selon moi, la grande erreur et la faute de M. Necker, qui, ayant dit dans son livre sur le commerce des grains que les propriétaires étaient *des lions dont il fallait que le gouvernement fît la part, s'il ne voulait pas leur laisser dévorer le pauvre peuple,* n'a plus osé dire qu'il fallait mettre le gouvernement entre leurs mains, n'a plus osé les défendre avec assez de courage, quand *le pauvre peuple* est devenu lui-même un monstre qui a dévoré la propriété et les propriétaires.

Mais nous jugerons mieux les principes politiques de M. Necker, en parlant de la convocation des états-généraux.

Il est pourtant vrai de dire que, dans les ouvrages qu'il a donnés depuis, il s'est élevé beaucoup plus et s'est bien rapproché de la vérité. Son livre sur le pouvoir exécutif est plein de belles vues, et celui qui a pour titre : *De la Révolution française*, est, à mon avis, un excellent ouvrage.

Il mérite aussi des éloges comme écrivain; on trouve partout chez lui des expressions heureuses, de beaux mouvemens de style, et l'art de donner à ses pensées un certain éclat. Mais, il faut l'avouer, dans ses premiers essais, comme son *Eloge de Colbert*, et son livre sur les grains, et ses mémoires en faveur de la compagnie des Indes, on remarque trop souvent de la recherche, des tournures peu naturelles, des incorrections assez choquantes, et surtout une emphase qui fatigue l'esprit. Je ne puis m'empêcher de citer à l'appui de ce jugement, qu'on pourra trouver sévère, une grande autorité, celle de Voltaire même. Le 29 juillet 1775, dans une lettre datée de Ferney, où je venais de passer quelque temps chez lui, après m'avoir parlé de son projet d'affranchir le pays de Gex de quelques vexations financières, affaire que je m'étais chargé de solliciter et de suivre auprès de M. Turgot, il ajoute : «Je ne vous dirai point, d'après un beau livre nouveau (l'ouvrage de M. Necker sur *la législation du commerce des grains*), que les calculs de la nature sont plus grands que les nôtres; que nous la calomnions légèrement; que la distribution du bonheur est restée dans ses mains;.... qu'un pays qui recueillerait beaucoup de blé, et qui en vendrait continuellement aux étrangers, aurait une population imparfaite;... qu'un œil vigilant, capable de suivre la variété des circonstances, peut fonder sur une harmonie le plus grand bien de l'état; qu'il faut suivre la vérité par un intérêt énergique, en se conformant à sa route onduleuse, parce que l'architecture sociale se refuse à l'unité des moyens, et que la simplicité d'une conception est précieuse à la paresse, etc.

» Je vous prierai seulement de remarquer et de faire remarquer que ceux qui écrivent de cet admirable style, sont ceux qui ont toujours été favorisés du gouvernement, et que nous, qui n'avons qu'un langage simple comme nos mœurs, nous en avons toujours été maltraités. Il faut que le galimatias soit bien respectable quand il est débité par les puissans et les riches .

» Nous sommes petits et pauvres; mais nous défions tous les *millionnaires* d'être plus enivrés de joie que nous le sommes, et de faire des vœux plus ardens que nous en faisons pour les ministres qu'on vient de nous donner (M. Turgot, et M. de Malesherbes, qui venait d'être fait secrétaire d'état ayant le département de Paris), etc. »

Je dois dire, pour infirmer autant qu'il est en moi ce jugement de Voltaire, qu'en traitant M. Necker avec une si grande sévérité, il voulait faire sa cour à M. Turgot, qu'il savait n'aimer ni la personne ni les principes de M. Necker, et qu'il a chargé la critique dans l'espoir que, pour le servir, je montrerais sa lettre. Peut-être aussi la manière de

M. Necker, dans ses premiers écrits, ne devait-elle pas être goûtée de l'écrivain de son siècle qui a mis dans sa prose le plus de clarté et de simplicité, sans que la justesse des termes y nuise jamais à l'élégance. S'il eût pu voir les derniers ouvrages du même écrivain, il eût été, je crois, moins rigoureux.

Pour achever ce que j'avais à dire de M. Necker, je parlerai de son caractère moral, que beaucoup de personnes ont pris plaisir à décrier.

Des ennemis acharnés ont révoqué en doute jusqu'à sa probité. Je ne daigne pas repousser une telle imputation qui ne saurait l'atteindre, et qui paraîtra absurde à tous ceux qui l'ont connu. Le désir insatiable de renommée, dont M. et madame Necker étaient possédés, eût été seul un préservatif contre des sentimens vils : cette passion est noble, et donne nécessairement l'exclusion à toute bassesse.

On a recherché avec malignité les sources de sa fortune, pour appuyer cette accusation; mais ce reproche est injuste et dicté par la haine. Il a dû sa fortune à la banque et à quelques opérations avantageuses avec la compagnie des Indes, avant qu'il en fût directeur. Les profits de ce genre, quelque médiocre que soit l'intérêt, sont toujours considérables avec de gros capitaux; et, lorsqu'ils sont au taux de la place et à prix défendu, il n'y a que l'ignorance ou la méchanceté, et le plus souvent l'une et l'autre, qui puissent en faire un crime. C'est une injustice de ce genre que nous avons vu commettre à nos assemblées nationales, et surtout à la Convention, qui ont dépouillé tant de familles d'une fortune acquise par des moyens légitimes et garantie par la protection des lois ; et c'est ainsi qu'au moment où j'écris, M. Necker, devenu Français, après avoir dévoué sa vie au service de la nation française, après avoir été ministre des finances sans appointemens pendant plusieurs années, a perdu les deux millions qui lui étaient restés de sa fortune, et qu'il avait confiés *à la loyauté de la nation* dans les besoins urgens du trésor public (1).

M. Necker avait dans son caractère une autre sorte de noblesse, à laquelle je suis plus obligé qu'un autre de rendre témoignage. J'ai écrit deux ou trois fois contre lui, tant sur le privilége de la compagnie des Indes que sur la législation du commerce des grains. Je ne crois pas avoir passé dans ces écrits les bornes d'une critique honnête ; je me reproche seulement une phrase de l'analyse que j'ai faite de son ouvrage sur les grains, où une expression qui se trouve dans les premières pages peut signifier *qu'il a plus cherché à défendre son système qu'à trouver la vérité, et que c'est pour cela qu'il est tombé en contradiction avec lui-*

---

(1) Le roi de France a rendu ces deux millions à la fille de M. Necker.

même et qu'il n'a pu obtenir aucun résultat de son livre.

Cette dureté m'est échappée en écrivant rapidement; et partant alors pour la Suisse, je n'ai pu la corriger sur l'épreuve, où certainement, je ne l'aurais pas laissée; il ne s'en trouve aucune dans ma réplique à son mémoire pour la compagnie, où il m'avait pourtant traité lui-même assez mal.

Ce que je veux dire à son éloge, c'est qu'après ces deux querelles littéraires, j'ai été reçu chez lui de la même manière qu'auparavant, et j'ai continué de cultiver sa société jusqu'à l'époque de son ministère, où, la voix publique le taxant d'avoir fait renvoyer M. Turgot, je crus devoir à un de mes plus chers et de mes plus anciens amis de ne pas fréquenter un homme qui occupait sa place. Mais je retournai chez lui, lorsqu'il eut cessé d'être ministre. Je crus alors pouvoir renouer une liaison agréable avec un homme qui, pendant sa puissance, m'avait encore obligé, sans me voir, en me conservant le traitement que j'avais sur la caisse du commerce, et en plaçant mon frère aux domaines.

M. Turgot n'entendait pas ces raisons, et vers ce temps il me montra quelque mauvais gré de ce que je voyais M. Necker; mais je persiste à croire que ma conduite en cela ne méritait aucun reproche et que mes raisons étaient bonnes, quoique cet homme estimable n'en sentît pas bien la valeur, abusé sans doute par la prévention, dont l'esprit le plus droit et la probité la plus sévère ne garantissent pas toujours.

En 1766, je fis et publiai, sur l'invitation de M. de Malesherbes, la traduction de l'ouvrage *dei Delitti et delle Pene*, par Beccaria. M. de Malesherbes nous donnait à dîner, à M. Turgot, M. d'Alembert et quelques autres gens de lettres. Il venait de recevoir l'ouvrage d'Italie. Il observait de la longueur et quelque obscurité dans le début, et cherchait à rendre la première phrase. Essayez, me dit-il, de la traduire. Je passai dans sa bibliothèque, et j'en revins avec cette phrase comme elle est aujourd'hui. On en fut content; on me pressa de continuer. J'emportai le livre, et je le publiai en français au bout de six semaines.

Cette traduction, dont il y eut sept éditions en six mois, peut bien être regardée comme un travail utile, si l'on considère qu'elle a contribué à répandre les principes humains de l'auteur dans les pays où notre langue est plus connue que la langue italienne. L'abolition de la question préparatoire, et le projet d'adoucir les peines et les lois, ont été, avant la révolution, les effets de l'impression forte et générale qu'a faite l'ouvrage de Beccaria. Je me flatte d'avoir souvent conservé dans ma traduction la chaleur de l'original. J'y ai mis en même temps un peu plus d'ordre, en disposant d'une manière plus naturelle quelques chapitres et quelques parties de chapitres mal placés dans l'italien ; changemens approuvés par l'auteur, ainsi qu'on peut le voir dans ses lettres que j'ai rassemblées. Cette traduction, faite avec tant de soin, et si répandue en si peu de temps, ne m'a valu presque rien, attendu la grande habileté des libraires, et la grande ineptie des gens de lettres, ou du moins la mienne, en matière d'intérêt.

M. Rœderer a publié, en 1797, une belle édition de ma traduction, à laquelle sont jointes deux lettres, l'une de moi à Beccaria, l'autre de Beccaria en réponse à la mienne, et des notes que Diderot m'avait données autrefois.

L'éditeur envoya l'ouvrage, avec la lettre suivante, à la fille de Beccaria : « Je m'empresse, madame, lui écrit-il, de vous offrir une nouvelle édition du *Traité des Délits et des Peines*, de votre illustre père, traduit par M. Morellet, accompagné de notes de Diderot, et précédé d'une correspondance du traducteur et de l'auteur.

» Vous verrez dans une lettre adressée par Beccaria à son traducteur, à quels écrits il a dû l'étendue, la chaleur et la direction de son esprit. Vous y verrez aussi ce qu'il a fait pour introduire, il y a trente années, à Milan, l'amour de la liberté et de la philosophie. Il est probable, madame, que vous ignoriez ces détails, et j'éprouve un grand plaisir à vous les faire connaître. Si vous n'aviez pas le portrait de votre père, vous sauriez gré, sans doute, à l'inconnu qui vous l'offrirait; je vous offre plus que le portrait de Beccaria, je vous présente la partie la plus intéressante de son histoire.

» Puisque vous aimez la liberté et la philosophie, madame, la publication de sa correspondance avec André Morellet, son digne ami, aura encore un intérêt particulier pour vous, lorsque vous saurez qu'il est maintenant fort à la mode parmi les rhéteurs qui prennent la place de nos orateurs révolutionnaires, de décrier, de vilipender les philosophes français, auxquels votre père déclare, dans sa lettre du 20 mai 1766 (il y a justement trente-un ans aujourd'hui), qu'il doit le développement et les vues de son esprit. Il vous sera doux de lire que nous devons l'immortel *Traité des Délits et des Peines* particulièrement au livre de *l'Esprit* d'Helvétius, et de voir que votre père aura ainsi vengé ce philosophe des injures que se permettent contre lui des littérateurs qui ont rendu, il est vrai, quelques services au bon goût, mais n'ont jamais produit une idée utile à la patrie.

» Les lettres du traducteur vous feront connaître, madame, l'impression qu'a produite en France le *Traité des Délits* lorsqu'il a paru, et les hommages rendus alors à son auteur par les hommes les plus célèbres de la France, d'Alembert, Buffon, Voltaire, etc., et ce tableau touchera votre cœur autant qu'il satisfera votre raison.

» Enfin, aux justes éloges de ces grands hommes, j'ajouterai un fait qui les confirme et les suppléerait, s'ils avaient manqué à votre père. C'est que le *Traité des Délits* avait tellement changé l'esprit des anciens tribunaux criminels en France, que dix ans avant la révolution ils ne se ressemblaient plus. Tous les jeunes magistrats des cours, et je puis l'attester puisque j'en étais un moi-même, jugeaient plus selon les principes de cet ouvrage que selon les lois. C'est dans le *Traité des Délits* que les Servan, les Dupaty, avaient puisé leurs vues ; et peut-être devons-nous à leur éloquence les nouvelles lois pénales dont la France s'honore. Vous voyez, madame, que, long-temps avant l'union de la république lombarde à la nôtre, vous aviez des droits acquis en France. J'ose vous le dire, au nom de tous les amis du talent, de la philosophie et de l'humanité, vous appartenez par votre père à la grande famille que les amis de la philosophie et de la liberté ont formée à Paris, il y a cinquante années, et dont les restes vont resserrer, plus que jamais, les liens qui l'ont unie. (20 mai 1798.) »

J'ajouterai ici quelque chose de Beccaria. En lui envoyant à Milan des exemplaires de ma traduction, je lui écrivis la lettre qu'on vient de citer, pleine des témoignages de l'estime des gens de lettres avec qui je vivais, et dont le suffrage ne pouvait que le flatter. Je l'invitais, au nom de d'Alembert, de Diderot, d'Helvétius, du baron d'Holbach, de M. de Malesherbes, à venir passer quelque temps avec des philosophes dignes de l'entendre, et qui savaient l'apprécier. Je lui parlais de l'union qui devait régner entre les philosophes de tous les pays pour répandre les vérités utiles. Je le pressais de faire comme les anciens sages, qui allaient chercher à Samos l'école de Pythagore, à Athènes celle de Socrate, à Memphis la sagesse égyptienne.

Il me répondit avec bonté, et, cédant à mes instances, il vint à Paris, accompagné d'un ami fort jeune encore, le comte Véri, qui, ainsi que Beccaria, nous était déjà un peu connu par quelques morceaux insérés dans un ouvrage périodique, intitulé *il Caffè*, publié à Milan sous les auspices du comte Firmiani, alors gouverneur pour l'Empereur, et protecteur des lettres. Il fut reçu, avec tout l'empressement imaginable, dans toutes nos sociétés. Le baron d'Holbach, Helvétius, Mme Geoffrin, Mme Necker, M. de Malesherbes, etc., l'accueillirent, et nous ne savions d'abord quelle fête lui faire.

Mais nous eûmes bientôt une triste expérience de la faiblesse humaine. Beccaria s'était arraché d'auprès d'une jeune femme dont il était jaloux, et ce sentiment l'aurait fait retourner sur ses pas, de Lyon à Milan, si son ami ne l'eût pas entraîné. Enfin, il arrive sombre et concentré, et on n'en peut pas tirer quatre paroles. Son ami, au contraire, d'une jolie figure, d'un caractère facile, gai, prenant à tout, attira bientôt de préférence les soins et les attentions de la société. Ce fut ce qui acheva de tourner la tête au pauvre Beccaria qui, après avoir passé trois semaines ou un mois à Paris, s'en retourna seul, nous laissant, pour les gages, le comte Véri. Vers la fin de son séjour, sa tête et son humeur étaient si altérées, qu'il restait confiné dans sa chambre d'auberge, où, mon frère et moi, nous allions lui faire compagnie, et où nous tâchions, inutilement, de le calmer. Il partit avec une lettre pour mon beau-frère Belz, à Lyon, qui le recueillit quelques jours, et le conduisit jusqu'à Pont-Beauvoisin, craignant toujours que la tête ne lui tournât.

Revenu à Milan, il a fait peu de chose, et sa fin n'a pas répondu à son début; phénomène commun parmi les gens de lettres d'Italie, qui ont un premier feu bien vif, mais qui, à vingt-cinq et trente ans, se désabusent comme Salomon, et reconnaissent que la science est vanité, sans avoir attendu d'être aussi savans que lui.

Véri se désabusa de même. En quittant Paris, il s'en alla séjourner à Rome, où il oublia sa philosophie auprès d'une belle romaine, la marquise B*** D***, qui avait pourtant, je crois, des préférences marquées pour le bailli de Breteuil, notre ambassadeur. Mais ces objets sont trop loin de moi, pour que j'en puisse juger sûrement. Je reviens au comte Véri.

Je lui dois la justice de dire qu'il n'a pas oublié les philosophes aussi promptement que la philosophie. J'ai reçu, pendant quelque temps, des lettres de lui, écrites de Rome, et remplies de reconnaissance et d'amitié pour les gens de lettres de Paris, qui l'avaient bien accueilli, et pour moi-même, en particulier. Dans une de ces lettres, il me dépeint les Italiens comme je les avais vus dans mon voyage, et je crois pouvoir conserver ici le jugement qu'il en porte, et qui, dans l'éloignement des temps et des lieux, ne peut plus le compromettre. Je le traduirai, fidèlement, de l'original que j'ai conservé.

« Avant de sortir de mon pays, me disait-il, j'étais misanthrope. En France, je me suis réconcilié avec les hommes. De retour en Italie, je retombe dans ma misanthropie. Il faut que je vous rende raison de ces changemens.

» En comparant, en gros, le caractère français avec le nôtre, je suis fâché d'avoir à décider au désavantage de ma nation. Votre simplicité, votre franchise, votre politesse, sont des qualités qui, en général, ne se trouvent point parmi nous. Le sentiment de la vertu est très-faible en Italie. En y voyageant, avez-vous connu beaucoup de nos compatriotes d'un cœur simple, sensible et bon? Quant à moi, j'en ai rencontré fort peu, quoique occupé soigneusement de les chercher ; et ce sont le peu d'amis que j'ai laissés répandus çà et là dans ma patrie.

» Quel autre pays, que le nôtre, a produit un Machiavel et un Fra Paolo Sarpi, deux monstres en politique, dont la doctrine est aussi atroce que fausse, et qui montrent froidement les avantages du vice, parce qu'ils ignorent ceux de la vertu?

» Et *le Prince*, de Machiavel, ne renferme pas des principes particuliers à cet écrivain, mais une doctrine universelle et commune, dans son siècle, à toute l'Italie; ce que prouve clairement l'histoire de ce temps, remplie de crimes horribles, d'assassinats, et des plus saints engagemens violés. Cet infâme livre fut dédié à Laurent de Médicis, alors maître de Florence, et ne fut mis, que long-temps après, par la cour de Rome, au nombre des livres défendus. Ces maximes étaient donc adoptées et généralement reçues. L'anarchie et les malheurs des temps, avaient banni toutes les vertus, qui ne me semblent pas encore revenues parmi nous. Vous trouverez à peine un Italien qui n'admire et ne goûte les principes de Machiavel, tandis que, chez les autres nations, ou on les réfute, ou on n'en peut supporter la lecture.

» Nous avons une grande vivacité de cœur et d'esprit, et, en même temps, nous demeurons esclaves. Cette contradiction, entre la nature et le gouvernement, nous rend inquiets, intrigans, minutieux. Notre vivacité, n'ayant pas d'objet intéressant, ne fait que nous agiter tumultueusement, et finit par s'exhaler en petites passions. Nous sommes des ressorts comprimés, sans cesse agissant contre la main qui nous comprime.

» Nous n'avons point, comme Londres et Paris, ces amas immenses d'hommes qui offrent tant de ressources, d'amusemens, d'occupations. Dans ces grandes villes, la méchanceté de l'homme est distraite de manière qu'il s'oublie lui-même, et n'a, ni le temps, ni le pouvoir de nuire. Nos villes, au contraire, ayant peu de commerce, peu d'industrie, les pauvres ont peu de moyens de se distraire par le travail, tandis que les riches n'ont d'autre occupation, qu'une dissipation continuelle. De là, chez nous, l'inquiétude, la circonspection, la duplicité même et un défaut absolu d'enthousiasme pour la vertu. Aussi sommes-nous horriblement décriés à Londres et à Vienne.

» Au milieu de cette corruption presque générale, le petit nombre de gens, doués d'une bonté naturelle, se laisse gâter à force de rencontrer de méchans hommes; on perd l'amour de l'humanité; l'enthousiasme du cœur s'éteint pour faire place à cette prudence circonspecte et défiante dont on fait tant de cas parmi nous. Le grand principe de Machiavel, auquel il revient sans cesse, est, que l'homme est méchant; axiome qui le conduit à des conséquences affreuses, d'ailleurs justement déduites, puisqu'après avoir reconnu l'homme pour un être nuisible, il faut bien le traiter comme tel. Une autre cause puissante de ces effets, est, que notre presqu'île se trouve morcelée entre plusieurs petits princes, et habitée moins par une nation que par une agrégation de différens peuples. Chacun est citoyen d'un petit pays qui a sa cour; et comme qui dit cour, dit le séjour de la dissimulation et de la défiance, et le fléau de tout enthousiasme vertueux, il s'ensuit que, tandis que la France et l'Angleterre, dans leurs vastes états, n'ont qu'une seule école de tous ces vices, nous en avons autant que nous comptons de centres de gouvernement. Chacun, dans la sphère de son petit pays, est occupé de sa fortune; une défiance courtisanesque et une réserve dissimulée, deviennent l'esprit universel, et bannissent de nos mœurs toute franchise et toute simplicité. Nous ne pouvons faire un pas sans trouver le souverain et sans être sous ses yeux; nous ne pouvons mener une vie tranquille loin de l'autorité, dans le fond d'une province, ou dans le tourbillon d'une immense capitale, parce que nous n'avons ni l'une ni l'autre.

» Ce sont là, selon moi, les causes de la défiance, de la froideur et des autres défauts du caractère des Italiens, sans y faire entrer même la force et l'influence des opinions religieuses, dont ce n'est pas ici le lieu de parler. Je vous prie, au reste, de ne communiquer à personne de mes compatriotes l'éloge que je fais de notre commune patrie. Ils ne me le pardonneraient pas, etc. »

Voilà, sans doute, une digression; mais je m'y suis livré sans scrupule, parce que je la crois de quelque intérêt, et qu'elle m'a fait conserver les observations d'un homme d'esprit, sur un sujet qu'il connaissait bien.

Que de réflexions se présentent ici, et que de choses il faudrait changer maintenant au parallèle! Avouons-le nous-mêmes : ces monstres politiques qu'a produits l'Italie, Fra Paolo, Machiavel, que sont-ils, que des écoliers, des enfans, si on les compare à ces grands scélérats qui ont brillé aux différentes époques de la révolution française, à ces hommes qui ont su opprimer si habilement, si long-temps, et qui oppriment encore une nation de trente millions d'hommes si parfaitement, si complétement, qu'elle en est à ne pouvoir plus exprimer aucune plainte sous le régime de fer qui a détruit, chez elle, toute liberté (1)?

Que peut-on comparer, en politique italienne, aux grands plans des hommes de la Gironde, de Marat, de Robespierre, et aux moyens admirables mis en œuvre pour leur exécution; à la loi des suspects, à celle des otages; à l'établissement des tribunaux révolutionnaires; aux missions des proconsuls dans les provinces; aux commissions militaires, et aux fusillades, et aux noyades; et à l'établissement de la doctrine du régicide; et à l'abolition de la religion, dont la morale gênait les opérations de nos nouveaux législateurs; et aux

---

(1) Écrit vers 1796 ou 98, autant qu'on en peut juger par quelques dates éparses dans le manuscrit des *Mémoires*.

lois contre les émigrés, et sur les biens des émigrés et ceux de leurs parens; et à l'invention des assignats et des mandats, admirable instrument de spoliation des propriétaires et d'invasion des propriétés; et à l'usage de la maxime, *salus populi suprema lex*, pour justifier les réquisitions d'hommes, de denrées, de chevaux; et aux familles, aux enfans dépouillés quelquefois par l'assassin tout couvert du sang de leur père; et à l'audace avec laquelle ces belles théories ont été portées et proclamées, les armes à la main, chez tant de peuples envahis?

Ce sont là de grandes choses, et la théorie de Machiavel n'est qu'un jeu; ce sont là des hommes sublimes dans le mal, et César Borgia n'est qu'un prince timide.

Mais je n'ai parlé que des chefs, des maîtres de la nation : veut-on comparer la nation elle-même, le peuple, les nouveaux citoyens de la nouvelle république, au moins les vrais et bons républicains de ce temps, les patriotes par excellence; on trouvera qu'ils l'emportent encore de beaucoup en vices, en corruption sur ce peuple italien, dont Véri nous a tracé le portrait.

Je ne quitterai pas mes Italiens sans me rappeler que, dans l'édition donnée par Rœderer, outre les lettres dont j'ai parlé, on trouve une pièce assez intéressante intitulée, *Théorie des peines criminelles*, traduite de l'anglais de Jérémie Bentham, ami du génevois M. Dumont et de milord Lansdown; il est homme d'esprit, métaphysicien profond et subtil ; mais par-là même quelquefois creux et obscur. Il m'avait envoyé manuscrite cette espèce de table graduée des délits et des peines criminelles ; je l'avais donnée à Rœderer vers 1790, il l'a jointe à ma traduction.

Quant aux lettres qui l'accompagnent, elles sont curieuses, en ce qu'elles montrent très-clairement les intentions louables des philosophes de ce temps-là, calomniés depuis avec tant de violence par des déclamateurs qui ont confondu, soit par ignorance, soit par méchanceté, tous les philosophes, et toutes les sortes de philosophie, et tous les individus, et tous les temps.

On y voit, à la vérité, une grande agitation dans les esprits ; mais on y trouve aussi de la bonne foi, un grand désir d'étendre les lumières, une grande horreur de toute oppression, une grande passion pour tous les genres de liberté compatibles avec l'ordre public ; il ne s'y rencontre aucun des principes destructeurs des sociétés qui ont été depuis répandus et mis en pratique par des ennemis de tout ordre social ; et les noms des philosophes cités dans ces lettres, sont, au moins pour la plupart, faits pour passer avec quelque estime à la postérité.

C'est dans la même année, 1766, que je traduisis, pour la *Gazette littéraire* et pour le *Journal étranger*, deux dialogues de Lucien, le *Jupiter tragique* et le *Peregrinus*. J'ai tâché d'y conserver quelque chose des formes piquantes et fines de l'original; et des hommes instruits ont bien voulu y reconnaître ce mérite. David Hume m'écrivait en 1767 :

« Je vous suis extrêmement obligé, mon cher abbé, de la traduction de Lucien que vous m'avez envoyée au commencement de l'hiver dernier. Je suis honteux d'avoir différé si long-temps à vous en remercier, mais je puis excuser mon silence. J'ai comparé votre traduction avec Lucien, et j'ai trouvé que vous avez fait une copie élégante et pleine de vie d'un original élégant et animé. Mais j'ai cru voir aussi quelque négligence à rendre exactement le sens de l'auteur grec, et je me proposais de déployer à vos yeux toute mon érudition grecque par une critique de votre traduction.

» Je me disposais même à cette entreprise, lorsque j'ai été appelé au service de l'état, comme vous l'aurez su peut-être (il venait d'obtenir une place importante dans les bureaux des affaires étrangères) : j'ai laissé là et mon Lucien et votre traduction, et j'ai perdu malheureusement cette occasion de vous montrer toute l'étendue de mon savoir, etc. »

Dans le reste de sa lettre, il avoue qu'il ne croit pas qu'un seul homme puisse exécuter le plan que je lui avais communiqué de mon dictionnaire de commerce; et véritablement je suis forcé de convenir aujourd'hui qu'il avait raison. Il m'annonce l'envoi du grand ouvrage de sir James Stewart, son ami, en me prévenant que ce gros livre contient de bons matériaux qui pourraient m'être utiles; mais qu'il est fort prolixe, et qu'il ne peut pas donner beaucoup d'éloges ni à la forme, ni au style. Enfin, il me dit qu'il m'enverra les meilleurs livres qui paraîtront en Angleterre sur l'économie politique; et plusieurs fois il a eu la complaisance de tenir sa promesse. Je conserve ces détails ici pour m'honorer de la bienveillance d'un homme aussi justement célèbre que David Hume, et toujours pour faire valoir la philosophie que j'ai cultivée, et les philosophes avec lesquels j'ai vécu. Presque tous, comme on le voit jusques en moi-même, s'ils n'ont pas été prophètes dans leur pays, ont attiré pourtant l'attention, et quelquefois l'estime des étrangers qui ont laissé un nom dans l'histoire des instituteurs du genre humain.

CHAPITRE VIII.

Travaux sur la compagnie des Indes. Lettres inédites de Turgot et de Buffon. Prospectus d'un dictionnaire du commerce. Réfutation de Galliani. Autres lettres de Turgot. Statue de Voltaire.

En 1769, M. d'Invaux, contrôleur général, voyant d'une part le désordre monté au comble dans les affaires de la compagnie des Indes, et convaincu d'ailleurs de l'inutilité et des inconvéniens d'un tel privilége, me chargea de traiter cette grande question. M. Boutin, conseiller d'état et commissaire du roi, me fit communiquer tous les états de situation de la compagnie. Je prouvai, d'abord, qu'elle était désormais hors d'état de continuer son commerce par ses propres forces, le roi ne pouvant plus lui fournir les secours qu'il lui avait constamment donnés pendant quarante ans, pour la soutenir contre les vices de sa constitution et de son administration; et je soutins ensuite la proposition générale, qu'une compagnie privilégiée n'était ni bonne, ni nécessaire, pour faire utilement le commerce de l'Inde.

M. Necker répondit à mon mémoire. Sa réponse laissait mes preuves entières, ce que je crois avoir démontré dans la réplique que je lui fis, et qui eut beaucoup de succès. M. Turgot et M. l'archevêque d'Aix estimaient cette réplique, comme un ouvrage bien raisonné, disaient-ils, et un modèle du genre polémique. J'ose conserver leurs éloges, parce qu'ils me les ont souvent répétés.

A la fin de 1769, un arrêt du conseil me donna gain de cause, et l'intervention même du Parlement, qui écouta les commissaires de la compagnie, sur les principaux faits que j'avais allégués, concourut à former la décision du conseil. Ce travail ne m'avait valu aucune récompense du gouvernement, le ministre étant sorti de place avant d'accomplir ses promesses. Mais, cinq ans après, à l'arrivée de M. Turgot au ministère, une gratification perpétuelle de deux mille livres sur la caisse du commerce, me fut décernée par un arrêt du conseil, *pour différens ouvrages et mémoires publiés sur les matières de l'administration.* Ce sont les termes de l'arrêt. Je les rapporte pour faire observer que M. Turgot paya ainsi la dette de M. d'Invaux ou plutôt du gouvernement, et qu'on ne peut lui reprocher d'avoir prodigué les grâces du roi à ses amis; car il ne m'en a jamais fait accorder aucune autre.

J'ajouterai ici, sans scrupule, les félicitations que je reçus, pour l'un et l'autre ouvrage, de deux hommes dont le suffrage est de quelque poids. M. Turgot m'écrivait de Limoges, le 25 juillet 1769 :

« J'ai lu, mon cher abbé, votre ouvrage pendant » mon voyage (il parle du premier Mémoire), au

» moyen de quoi j'ai été détourné de la tentation
» de faire des vers, soit métriques, soit rimés ; et
» j'ai beaucoup mieux employé mon temps. Ce Mé-
» moire doit atterrer le parti des directeurs ; la dé-
» monstration y est portée au plus haut degré d'é-
» vidence. J'imagine cependant qu'ils vous répon-
» dront, et qu'ils tâcheront de s'accrocher à quel-
» que branche où ils croiront trouver prise ; mais
» je les défie d'entamer le tronc de vos démonstra-
» tions. J'en suis en général fort content, quoique
» j'y trouve quelques petits articles à critiquer,
» quelques défauts de développemens, quelques
» phrases obscures ; mais tout cela est une suite de
» la célérité forcée qu'il a fallu donner à la compo-
» sition et à l'impression ; et comme je suis fort loin
» d'être sans péché, je ne vous jette point de
» pierres, etc.

Il combat ensuite une assertion que j'avais faite, que, le commerce rendu libre, le prix des marchandises indiennes, aux Indes même, n'augmenterait pas pour les acheteurs ; c'est une discussion trop abstraite pour que je l'insère ici, et je ne crois pas encore avoir eu tort en ce point. Mais je suis flatté de son approbation pour le fond et le plan de l'ouvrage, par la raison même qu'il est sévère, comme on voit, sur quelques détails d'exécution.

J'eus lieu d'être content aussi de son jugement sur le second Mémoire en défense du premier : « J'ai reçu, mon cher abbé, m'écrit-il de Limoges, » le 3 octobre 1769, votre réponse à M. Necker. Je

» vous en fais mon compliment de tout mon cœur;
» elle m'a fait le plus grand plaisir; elle est aussi
» modérée qu'elle peut l'être, en démontrant, aussi
» clairement que vous le faites, les torts de votre
» adversaire. Je suis persuadé qu'elle fera revenir le
» public, et que M. Necker n'aura joui que d'un
» triomphe passager. C'est lui qui, à présent, aura
» du mérite à ne point se brouiller avec vous, etc. »

Je retrouve aussi dans mes papiers une lettre de M. de Buffon, à qui j'avais envoyé successivement mes deux Mémoires, et qui m'écrit de Montbar, le 9 novembre 1769, au sujet du dernier : « Je » viens de lire votre réponse à M. Necker; et j'en » suis, Monsieur, si plein et si content, que je ne » peux me refuser au plaisir de vous le *témoigner*. » Indépendamment de ce que vous avez très-cer-» tainement raison pour le fond, vous avez encore » tout avantage pour la forme : votre ton, quoique » ferme, est très-honnête. Cet ouvrage ne peut » que vous faire honneur, et je ne doute pas que » vos opposans ne reviennent à votre avis; ils y se-» ront forcés par la voix publique.... etc. » Je n'ai pas besoin de faire remarquer ici que cette lettre est antérieure à la grande liaison qui s'est établie depuis entre M. de Buffon et M. et madame Necker, et à l'espèce de culte rendu par madame Necker à l'auteur de l'*Histoire naturelle*.

C'est aussi vers la fin de cette année-là que je publiai le *Prospectus d'un Nouveau Dictionnaire de Commerce*, entreprise que j'ai enfin abandonnée après vingt ans d'un travail assidu, parce qu'il m'était impossible de la poursuivre au milieu des orages de notre révolution.

Les libraires Etienne m'avaient d'abord proposé de donner une nouvelle édition du Dictionnaire de Commerce de Savary; mais bientôt, m'étant convaincu par un examen réfléchi de cet ouvrage que le fond et la forme n'en valaient rien, je conçus le projet d'un dictionnaire nouveau, sur un plan beaucoup plus vaste, et par-là même plus difficile à exécuter, surtout avec l'exactitude, la correction et l'ensemble que je me suis toujours proposé de mettre dans cet immense travail.

Je ne me dissimule pas que l'abandon de cette entreprise, malgré tant d'obstacles imprévus, est le tort de ma vie littéraire.

On a dû me blâmer de n'avoir pas fait un ouvrage utile, promis au public, encouragé long-temps par le gouvernement, dont les souscriptions ont été ouvertes, etc.; et je ne me plains pas de ce jugement, moins injuste que la plupart de ceux auxquels sont soumis les pauvres gens de lettres qui se livrent à de longues et difficiles entreprises.

Je me propose seulement de réduire ici à leur juste valeur et mes torts et ces reproches, en rassemblant quelques observations, ou plutôt quelques faits, qui diminueront, je l'espère, aux yeux de mes lecteurs la gravité du délit.

Je dirai d'abord que, si un homme de lettres, jeune, ardent, se croyant tout possible, après avoir annoncé et entrepris un grand travail avec des vues d'utilité et de bien public, se trouvait ensuite dans l'impuissance de l'exécuter, parce que le plan serait trop vaste et trop difficile à remplir, on pourrait bien le blâmer d'avoir trop présumé de ses forces en projetant, mais non pas de n'avoir pas mis à fin de trop vastes projets.

Il y a deux reproches dont la gravité est fort différente, celui d'imprudence et celui d'infidélité ; je puis passer condamnation sur le premier, mais je n'ai pas mérité l'autre.

Une circonstance, inconnue au public, suffirait seule pour affaiblir beaucoup le tort que je puis avoir à me reprocher. Ici j'ai besoin de quelques détails personnels, et je demande qu'on me les pardonne.

J'ai parlé de mes liaisons avec M. Trudaine de Montigny, et de la bienveillance que me montrait son père. Celui-ci avait toute puissance sur l'administration du commerce. Les places de députés du commerce, d'inspecteurs des manufactures, dépendaient de lui ; mais parmi les places qu'il pouvait donner, il en était une que j'ambitionnais surtout, parce qu'elle m'aurait fourni de grands moyens pour exécuter l'ouvrage dont je commençais dès-lors à rassembler les matériaux.

Cette place était celle de secrétaire du bureau du commerce ; elle était possédée par un nommé Legrand, qui ne la remplissait pas. Elle mettait son titulaire au centre de la correspondance de toutes les villes de commerce du royaume, et de tous les consulats des pays étrangers. Il était clair que c'était de là seulement qu'on pouvait tirer tous les renseignemens nécessaires sur le commerce, tant étranger que national. C'était aussi à ce bureau que se discutaient toutes les questions générales et locales de la théorie administrative; en un mot, c'était là le poste où il fallait placer l'homme de lettres à qui on voulait faire entreprendre un travail si vaste et si utile.

MM. Trudaine père et fils avaient senti cette convenance. Ils m'avaient promis l'un et l'autre, et surtout M. Trudaine de Montigny, de la manière la plus formelle, que la place me serait donnée sitôt qu'elle serait vacante, et qu'ils hâteraient ce moment par quelque arrangement avec le titulaire. Dans l'espérance de faciliter sa retraite, je renonçais aux deux mille francs qu'on m'avait donnés pour un commis, et à l'augmentation qu'on me promettait d'y faire; content des appointemens de la place, et pouvant trouver dans des bureaux tout montés les mémoires et autres genres de secours dont j'avais besoin, ainsi que des hommes capables de faire avec moi de nouvelles recherches.

J'étais dans cette attente, lorsque M. d'Invaux fut nommé contrôleur général. Je crus avoir dès lors la certitude d'exécuter mon grand ouvrage avec les secours que je devais espérer du nouveau ministre qui, depuis quelque temps, me montrait de la bienveillance et de l'estime.

M. d'Invaux, gendre de M. de Fourqueux, et beau-frère de M. Trudaine de Montigny, était arrivé là par M. de Choiseul, qui faisait cas de son mérite.

Mes liaisons avec M. Trudaine et M. de Fourqueux m'avaient rapproché naturellement de lui, sitôt qu'il eut épousé la seconde fille de Mme de Fourqueux; il nous donnait à dîner les jeudis avec Abeille et Dupont de Nemours, pour causer d'économie publique. Je ne m'embarrassais guère de démêler lequel de nous trois avait la préférence auprès de lui; mais il m'était bien permis de croire, quand je le vis ministre des finances, qu'il tiendrait la promesse que m'avait faite M. Trudaine : je savais que la place allait être vacante.

Je me pressai dès-lors de publier mon *Prospectus*, qui devenait un titre de plus pour l'obtenir; et, persuadé qu'elle était à moi, je ne craignis plus de prendre un engagement que je ne regardais pas alors comme téméraire, certain d'avoir bientôt les moyens de le remplir.

Ce prospectus, volume in-8° de 500 pages en petit caractère, était le fruit d'un très-grand travail : je dois en donner une légère analyse.

J'y trace le plan d'un nouveau dictionnaire de commerce, formé de trois parties ou vocabulaires.

Le premier vocabulaire, sous le nom de géographie commerçante, devait renfermer tous les noms des états politiques, des provinces de ces états, et de leurs principales villes.

Là devait se trouver le tableau de l'étendue et de la situation de l'état politique, de sa population, de sa culture, de ses mines, de ses pêches, de ses manufactures en tous genres ;

Ses instrumens de commerce, tels que les poids, mesures, monnaies, change, banque, roulage, navigation intérieure et extérieure, assurances ;

L'administration de son commerce par ses compagnies, communautés, réglemens, inspections, jurisprudence commerçante ;

Ses moyens de commerce ou ses capitaux et le taux de leur intérêt, son crédit public et sa dette ;

Les produits de son commerce dans les diverses entreprises ou spéculations, etc.

La seconde partie de l'ouvrage aurait été le vocabulaire de toutes les substances qui sont la matière du commerce, produits du sol, des mines, des pêches, et de l'industrie qui façonne ces différens objets, avec des définitions précises de chacun.

La troisième, enfin, devrait être le vocabulaire de tous les termes abstraits et généraux de la théorie de l'économie publique, et la discussion de toutes les questions que ces termes amènent.

Ainsi, les mots *argent, banque, circulation, grains, hypothèques, intérêt, luxe, manufactures, population, salaires, travail, valeur*, etc., sont autant de textes sous lesquels devaient se trouver traitées toutes les questions agitées dans les ouvrages d'économie publique.

« Mon *Prospectus* fut assez bien accueilli; on fut content du plan, qu'on trouva, et que je crois encore bien conçu, et de quelques discussions importantes que j'y avais fait entrer sur la valeur, les monnaies, le change et la banque, pour donner une idée de la manière dont je traiterais les questions théoriques, partie de mon ouvrage à laquelle j'attachais le plus d'importance et de prix.

Quelques mois s'étaient à peine écoulés, que la place de secrétaire du bureau vint à vaquer par la banqueroute du sieur Legrand, titulaire. Je rappelle à M. Trudaine ses promesses; à M. Fourqueux et à M. d'Invaux, l'intérêt qu'ils m'avaient montré; à tous, le besoin que j'avais de la place pour mon travail. M. Trudaine de Montigny me répond du succès. Je me souviens même qu'il me demanda de conserver un commis qu'il me nomma, et qu'il me chargea d'aller voir : je crus la chose faite. Il y avait, me disait-on, quelque mesure à prendre pour finir; il fallait l'agrément de je ne sais plus qui, M. d'Aguesseau, je pense. J'attends, et après quelques jours M. d'Invaux donne la place à Abeille. On ne pouvait qu'approuver cette nomination, Abeille était propre à la chose; mais c'était m'ôter le moyen de faire vite et bien l'ouvrage que j'avais entrepris : cette raison pouvait me valoir la préférence.

On conçoit les effets que produisit sur moi ce *désappointement*. Dès-lors je commençai à voir avec effroi l'immensité du travail que j'avais promis, en même temps que je vis se fermer le dépôt où j'aurais trouvé abondamment les secours que j'avais espérés.

Cependant je ne me décourageai pas, et je continuai de rassembler mes matériaux avec une grande activité; mais l'insuffisance des efforts que peut faire en ce genre un seul homme abandonné à lui-même, se montra bientôt à moi par un fait qui n'était pas équivoque.

Pour obtenir des villes de commerce du royaume et des pays étrangers les instructions dont j'avais besoin, j'avais dressé des cahiers de questions à mi-marge, relatives à tous les faits intéressans qui devaient entrer dans le tableau du commerce de chaque pays. Ces questions étaient divisées et subdivisées avec assez de détail, de méthode et de précision, pour que le plus souvent il fût possible de répondre par *oui* ou par *non*, ou en énonçant des sommes et des quantités, ou en faisant une énumération sommaire dont le plan était tout tracé. On se fera une idée de ce travail, si je dis que les questions ainsi posées étaient au nombre de trois et quatre cents pour chacun des grands pays de l'Europe.

J'en avais envoyé par les bureaux des affaires étrangères, à nos consuls et à nos ministres en Russie, en Suède, en Danemarck, à Hambourg, en Hollande, en Angleterre, en Toscane, à Naples, à Turin, à Milan, à Cadix, etc., et dans l'intérieur du royaume, à toutes les chambres de commerce au nom du contrôleur général, en joignant à tous ces cahiers de questions un exemplaire de mon prospectus, où mon plan était développé.

C'était là, ce semble, des moyens assez bien choisis, à défaut de ceux dont on m'avait privé. Eh bien, on va voir combien ils étaient insuffisans, quand on saura que 25 ou 30 cahiers de questions dans la forme que je viens de dire, envoyés, répandus en France et dans l'Europe, ne m'ont pas obtenu une seule réponse, je ne dis pas à un seul de mes cahiers, mais à une seule de mes questions.

Je n'en travaillais pas moins avec une grande persévérance, et je ne travaillais pas seul, car je n'avais pas l'extravagance de croire que je pusse suffire à une telle entreprise. Vers le temps de l'arrivée de M. d'Invaux au ministère, M. Trudaine m'avait fait accorder sur la caisse du commerce une indemnité annuelle de quatre mille livres. Je me donnai dès-lors deux collaborateurs, un copiste fort intelligent, et un homme de lettres travaillant avec une extrême assiduité, celui-ci à faire les extraits des ouvrages que j'avais rassemblés, et l'autre à mettre au net ce que j'avais écrit. Dans les momens les plus pressés, je prenais un second copiste, de sorte qu'il est vrai de dire que j'employais religieusement en frais de bureaux plus des deux tiers des secours qui m'étaient accordés. Et qu'on ne croie pas que ces hommes qui m'aidient né fussent pas de bons coopérateurs : le premier que j'aie eu chez moi, et qui, après douze ans de travaux, est mort à la peine dans ma maison, était M. Caillard, homme de beaucoup d'instruction et d'un excellent esprit, sachant l'anglais et l'italien, frère aîné de celui qui a été secrétaire d'ambassade en Russie, en Suède, en Hollande, et depuis ministre à Ratisbonne, en Hollande et à Berlin, aujourd'hui garde des archives des relations extérieures, et possesseur d'un des plus riches cabinets de livres qu'un particulier puisse rassembler. Je nommerai aussi M. Boutibonne, depuis avocat au conseil; M. Desmeuniers, devenu membre et président de la première assemblée nationale, et puis du Directoire, et puis sénateur; M. Peuchet, qui s'est fait connaître par divers ouvrages et par des articles dans l'*Encyclopédie* de Panckoucke.

Enfin, un de mes collaborateurs que je puis citer avec quelque vanité, est M. Bertrand, depuis directeur de la compagnie d'Afrique, et un des chefs de division au département de l'intérieur, homme d'un esprit très-orné, d'un caractère très-noble, de principes en même temps libres et sages, riche en connaissances variées, et surtout en économie politique, ainsi qu'il l'a bien prouvé lorsque le ministre de l'intérieur Chaptal l'a appelé auprès de lui au conseil de commerce, dont il est secrétaire aujourd'hui (1).

---

(1) Écrit en 1803.

Malgré l'emploi de ces moyens et ma propre activité, un ouvrage aussi vaste ne pouvait avancer que lentement; mais un autre obstacle en retardait les progrès, et a depuis continué de m'en distraire, sans qu'on puisse m'en faire un crime.

Le ministre des finances, qui me payait, devait naturellement disposer de mon temps quand il en avait besoin. M. Trudaine de Montigny avait le même droit en sa qualité d'intendant des finances et du commerce, et surtout comme mon bienfaiteur et mon ami. Les questions d'administration qui s'élevaient à tous momens rentraient dans les objets de mes études.

Il est arrivé de là que M. d'Invaux m'a invité à faire mes deux premiers mémoires contre la compagnie des Indes; M. de Choiseul et M. Trudaine, la *Réfutation de l'abbé Galliani sur le commerce des grains;* M. Trudaine, ma *Théorie du paradoxe contre Linguet;* M. de Sartine et M. Lenoir, différens mémoires sur l'approvisionnement de Paris; que M. Turgot, pendant son ministère, m'a demandé différens travaux; et que ma liaison avec lui m'attirant beaucoup de sollicitations et de mémoires, m'a pris un temps destiné à mon ouvrage; que mes relations avec plusieurs membres de l'assemblée des notables m'ont encore imposé bien des occupations diverses, jusqu'à la révolution qui a tué mon entreprise, ainsi que tant d'autres plus regrettables; qu'enfin, une grande partie de ma vie, que je voulais consacrer à ce travail, m'a été dérobée par les administrateurs eux-mêmes, ou du moins a été employée pour eux, et que si ce n'est pas d'eux seuls qu'on peut se plaindre, ce n'est pas non plus moi seul qui suis coupable.

C'est de 1770 que date une de mes premières distractions involontaires, la *Réfutation des Dialogues de l'abbé Galliani sur le commerce des blés*, faite à l'invitation de M. Trudaine de Montigny, pour seconder les vues raisonnables du ministère, et en particulier de M. le duc de Choiseul, en faveur de la liberté du commerce.

L'abbé Galliani, secrétaire de l'ambassade de Naples, avec qui nous passions notre vie, et dont l'esprit était si piquant, rappelé par sa cour à la demande de M. de Choiseul, pour quelques légèretés contre le ministre, avait laissé à Diderot le manuscrit de ses *Dialogues*, que le philosophe fit imprimer après y avoir passé la pierre-ponce. C'était bien moins le développement des principes de l'abbé, qui n'en avait guère, qu'une malice contre M. de Choiseul, protecteur de la liberté du commerce des grains, contre les économistes, et même, par divers côtés, contre les philosophes; mais cette malice était agréable, délicate, ingénieuse, et ce n'était pas une petite entreprise de la repousser, parce qu'on peut difficilement employer la plaisanterie en arme défensive, et que, lorsqu'on y répond par des argumens sérieux, il arrive que celui qui est parvenu à vous faire rire conserve aisément les rieurs et les approbateurs de son côté.

On reconnaîtra la difficulté de faire une bonne réponse à cet ouvrage, dans la manière dont en avait jugé M. Turgot, si déclaré en faveur de la liberté, et à qui ses principes de tout genre devaient donner tant d'éloignement pour les *Dialogues*. Je trouve ce jugement consigné dans deux de ses lettres, l'une adressée de Limoges à moi-même, le 19 janvier 1770; l'autre à Mlle de l'Espinasse, du 26 du même mois.

« Vous êtes bien sévère, m'écrivait-il; ce n'est pas là un livre qu'on puisse appeler mauvais, quoiqu'il soutienne une bien mauvaise cause; mais on ne peut la soutenir avec plus d'esprit, plus de grâces, plus d'adresse, de bonne plaisanterie, de finesse même, et de discussion dans les détails. Un tel livre, écrit avec cette élégance, cette légèreté de ton, cette propriété et cette originalité d'expression, et par un étranger, est un phénomène peut-être unique. L'ouvrage est très-amusant; et malheureusement il sera très-difficile d'y répondre de façon à dissiper la séduction de ce qu'il y a de spécieux dans les raisonnemens, et de piquant dans la forme. Je voudrais avoir du temps, mais je n'en ai point; vous n'en avez pas non plus. Dupont est absorbé dans son journal; l'abbé Beaudeau répondra trop en économiste, etc. »

Dans la lettre à Mlle l'Espinasse, après avoir loué encore la légèreté, l'originalité, l'agrément du style et de la forme, le mélange de la gaîté la plus folle et des raisonnemens les plus suivis, il ajoute :

« Vous croiriez que je trouve son ouvrage bon, et je ne le trouve que plein d'esprit, de génie même, de finesse, de profondeur, de bonne plaisanterie, etc.; mais je suis fort loin de le trouver bon, et je pense que tout cela est de l'esprit infiniment mal employé, et d'autant plus mal, qu'il aura plus de succès et qu'il donnera un appui à tous les sots et les fripons attachés à l'ancien système, dont cependant l'abbé s'éloigne beaucoup dans son résultat. Il a l'art de tous ceux qui veulent embrouiller les choses claires, des Nollet disputant contre Francklin sur l'électricité, des Montaran disputant contre M. de Gournay sur la liberté du commerce, des Caveyrac attaquant la tolérance. Cet art consiste à ne jamais commencer par le commencement, à présenter le sujet dans toute sa complication, ou par quelque fait qui n'est qu'une exception, ou par quelque circonstance isolée, étrangère, accessoire, qui ne tient pas à la question et ne doit entrer pour rien dans la solution. L'abbé Galliani, commençant par Genève pour traiter la question de la liberté du commerce des grains, ressemble à celui qui, faisant un livre sur les moyens qu'emploient les hommes à se procurer la subsistance, ferait son premier chapitre *des culs-de-jatte;* ou bien à un géomètre qui, traitant des propriétés des triangles, commencerait par les triangles blancs comme les plus simples, pour traiter ensuite des triangles bleus, puis des triangles rouges, etc.

» Je dirai encore généralement que, quiconque

n'oublie pas qu'il y a des états politiques séparés les uns des autres et constitués diversement, ne traitera jamais bien aucune question d'économie politique. Je n'aime pas non plus à le voir toujours si prudent, si ennemi de l'enthousiasme, si fort d'accord avec tous les *ne quid nimis*, et avec tous ces gens qui jouissent du présent et qui sont fort aises qu'on laisse aller le monde comme il va, parce qu'il va fort bien pour eux, et qui, comme disait M. de Gournay, ayant leur lit bien fait, ne veulent pas qu'on le remue. Oh! tous ces gens-là ne doivent pas aimer l'enthousiasme, et ils doivent appeler enthousiasme tout ce qui attaque l'infaillibilité des gens en place, dogme admirable de l'abbé, politique de Pangloss, qu'il étend à tous les lieux et à tous les temps.

» Je crois possible de lui faire une très-bonne réponse ; mais cela demande bien de l'art. Les économistes sont trop confians pour combattre contre un si adroit ferrailleur. Pour l'abbé Morellet, il ne faut pas qu'il y pense ; il se ferait un tort réel de se détourner encore de son dictionnaire, etc. »

J'ai rapporté ces lettres, non-seulement parce qu'elles regardent l'ouvrage que j'ai réfuté, mais pour conserver un exemple honorable de l'esprit de justice qui animait M. Turgot, louant, comme on vient de voir, avec une sorte d'enthousiasme ce qu'il trouve d'agrément et de talent dans un livre où ses principes les plus chers sont combattus, et souvent offerts à la risée publique.

Les conseils, j'ai presque dit l'ordre de M. Turgot, ne purent l'emporter, d'une part, sur mon goût pour le polémique, et de l'autre, sur le désir que me montrait M. Trudaine de Montigny, et qu'avait M. de Choiseul, qu'on défendît leur opération contre les plaisanteries de l'abbé. Le succès même des *Dialogues* était un aiguillon pour moi, et j'ambitionnais la gloire de vaincre toutes les difficultés en faisant une bonne réponse.

J'écrivis donc, au commencement de 1770, la *Réfutation des Dialogues sur le commerce des blés*, in-8° de près de quatre cents pages. Elle ne parut guère qu'en 1774. L'abbé Terray la fit saisir en arrivant au ministère. Je crois pouvoir dire que je n'y laisse pas debout un seul des sophismes dont l'Italien se sert pour attaquer la liberté de ce commerce. J'y remonte surtout au vrai, au premier principe, qui seul suffit pour décider la question, les droits de la propriété. J'établis une doctrine que j'ai développée depuis avec plus d'étendue dans un traité de la *Propriété* que j'ai eu long-temps le désir de publier. Voici, en peu de mots, ma doctrine :

Le droit de la propriété, dont la conservation a été le motif premier, ou du moins principal, de la réunion des hommes en un corps social, étant antérieur à la société elle-même, la société ne peut y donner atteinte sous aucun prétexte, même sous celui du bien public, au moins dans l'état habituel de la société; dans l'état de guerre, le sacrifice de la propriété ne peut être exigé d'aucun individu ni d'aucune classe de citoyens plutôt que de toute autre, et doit être alors réparti sur tous, en raison des facultés de chacun, etc.

Ce principe seul, bien saisi, suffit pour terminer la question, puisqu'il est évident que toute entrave mise au commerce des grains est une atteinte à la propriété des possesseurs de terre, ou, ce qui est la même chose, des cultivateurs qui en exercent les droits; atteinte qui, non-seulement les frappe seuls et sans proportion avec les autres citoyens, mais se fait aux dépens de ceux-là en faveur de ceux-ci, et blesse par conséquent toute justice distributive, toute égalité aux yeux de la loi.

Quoique je pense avoir fait un assez bon ouvrage dans la *Réfutation* de l'abbé Galliani, je ne me dissimule pas qu'il doit être aujourd'hui parfaitement oublié; mais il me suffit qu'il n'ait pas été inutile autrefois; et peut-être un jour en tirera-t-on quelque profit, si l'on veut revenir aux vrais principes de la liberté si cruellement violés dans tout le cours d'une révolution faite, disait-on, pour arriver à la liberté.

L'année suivante, je publiai la traduction de l'ouvrage de Beccaria, *Richerche intorno alla natura dello stile*, Recherches sur le style. Cet ouvrage, plein de vues fines et d'analyses profondes, est souvent obscur, et parce que l'auteur n'y a pas développé assez nettement des idées très-abstraites, et parce qu'il a négligé d'appuyer sa théorie d'assez d'exemples. Je dis dans la préface que je n'ai pas toujours pu dissiper cette obscurité; mais les défauts de l'ouvrage laissent encore beaucoup de place aux pensées utiles et justes, et l'abbé Delille, bon juge en matière de style, m'a dit plusieurs fois qu'il avait lu et relu ma traduction avec plaisir et avec profit.

Vers 1772, je trouve, dans l'histoire littéraire de mon siècle, l'érection d'une statue à Voltaire par les gens de lettres ses contemporains, monument de leur union et de la justice rendue à un grand homme pendant sa vie.

Ce projet naquit dans la société des philosophes et des encyclopédistes, dans celles de Mme Necker, de Mme Geoffrin, du baron d'Holbach, d'Helvétius, de Mme Dangivillers. Il ne fut pas plus tôt connu qu'il fut attaqué par les ennemis des lettres et de la philosophie. Des gens du monde trouvèrent d'abord plaisant qu'on érigeât une statue à un particulier encore vivant, à qui ils n'en auraient pas élevé une après sa mort. Ils étaient cependant embarrassés de dire ce qu'il y avait de plaisant, c'est-à-dire de ridicule, à donner à l'auteur de la *Henriade*, de *Zaïre*, de *Mérope*, de l'*Essai sur les mœurs des nations*, et de tant d'ouvrages qui ont éclairé les hommes, un témoignage éclatant de la reconnaissance publique pour de si grands plaisirs et de si grands bienfaits.

Je me rappelle qu'une des puissantes raisons données dans le temps par les ennemis de cet homme célèbre, était que Corneille et Racine n'avaient pas de statue. (On a réparé depuis cette ingratitude et cet oubli.)

Nous répondions que si ces grands hommes n'avaient pas obtenu cette justice de leurs contemporains, c'étaient les Devisé et les Subligny qui s'y étaient opposés sans doute, comme leurs successeurs s'opposaient aujourd'hui à ce qu'on la rendît à Voltaire; que c'était précisément parce que Racine et Corneille n'avaient pas encore de monument érigé à leur gloire, qu'il fallait en ériger un à Voltaire vivant.

Cependant l'ignorance, la médiocrité, la jalousie, et la superstition surtout, avaient si bien travaillé, que nous vîmes alors Voltaire lui-même craignant que cet hommage si pur, si volontaire, ne lui attirât quelque persécution, et que son repos ne fût troublé jusque dans la retraite qu'il avait choisie; et d'Alembert, Mme Necker, M. d'Argental, tous ses amis, furent obligés de le rassurer. Mais ce qui acheva de déterminer l'exécution du projet, fut la part qu'y prirent le roi de Danemarck, l'impératrice de Russie, le grand Frédéric et plusieurs princes d'Allemagne.

Nous l'emportâmes enfin, la souscription fut bientôt fournie et l'exécution confiée à Pigale. La statue est demeurée long-temps sans être placée dans un lieu public. Elle passa d'abord à M. d'Ornoy, président au Parlement, et neveu de Voltaire. Portée alors dans sa terre d'Ornoy en Picardie, elle a été donnée par lui-même, en 1806, à l'Institut, et placée dans la bibliothèque.

Les gens de goût en ont généralement blâmé l'exécution. Pigale, pour montrer son savoir en anatomie, a fait un vieillard nu et décharné, un squelette, défaut à peine racheté par la vérité et la vie que l'on admire dans la physionomie et l'attitude du vieillard.

C'est à Diderot qu'il faut s'en prendre de cette bévue, car c'en est une. C'est lui qui avait inspiré à Pigale de faire une statue antique comme le Sénèque se coupant les veines. En vain plusieurs d'entre nous se récrièrent, lorsque Pigale apporta le modèle. Je me souviens d'avoir bien combattu et Diderot et Pigale; mais nous ne pûmes détourner de cette mauvaise route, ni le philosophe, ni l'artiste échauffé par le philosophe.

CHAPITRE IX.

Premier voyage en Angleterre. Francklin, Garrick, le lord Shelburne. Lettre et vers inédits de La Harpe. Raynal. Lettre de Turgot sur l'*Histoire des deux Indes*.

J'avais connu chez M. Trudaine, le lord Shelburne, depuis marquis de Lansdown, qui était venu en France avec le colonel Barré, membre de la Chambre des communes; et il avait pris quelque amitié pour moi. Il m'avait engagé à venir le voir en Angleterre. M. Trudaine approuvait beaucoup ce projet, dans la pensée que je rapporterais de ce voyage quelques instructions utiles en matière de commerce; je puis dire que son espérance, autant qu'il était en moi, ne fut pas trompée. Il me faisait donner de la caisse du commerce cinquante louis pour les frais du voyage, et le lord Shelburne m'avait fait promettre que j'irais m'établir dans sa maison. A la fin d'avril 1772, je passai le détroit.

En arrivant à Londres, je trouvai milord absent; mais il avait laissé des ordres pour me recevoir.

Il avait fait plus, et ayant prévenu de mon arrivée son frère Fitz-Morice, alors membre de la Chambre des communes, celui-ci, en attendant le retour de milord, me mena à Whycomb, terre située à sept à huit lieues de Londres, et titre de la première pairie du lord Shelburne, qui est aujourd'hui sur la tête de son fils ; il emmenait aussi le colonel Barré, le docteur Haukesworth, rédacteur du premier Voyage de Banks autour du Monde, et Garrick et Francklin, deux hommes qu'il suffit de nommer.

Nous passâmes cinq ou six jours à Whycomb, et, comme on voit, en assez bonne compagnie.

J'entendais, fort difficilement, l'anglais parlé ; mais tous parlaient un peu de français, et me montraient une grande indulgence. Ils m'entendaient très-bien eux-mêmes, parce que j'avais alors une prononciation nette et distincte, une voix forte, et une déclamation naturelle et vraie qui servait à déterminer le sens des mots et celui des phrases, ce que Garrick sentait parfaitement, et ce qui l'aidait à m'entendre, comme il me l'a dit plus d'une fois.

Ce temps, comme on peut le croire, se passa fort agréablement, pour moi, dans la société de ces hommes que je me suis toujours félicité depuis d'avoir connus, et dont je dirai ici quelque chose, en commençant, comme de raison, par le plus célèbre.

Francklin qui, déjà, montrait à l'Angleterre le politique et l'homme d'état, qu'elle eut bientôt à craindre, était, alors, beaucoup plus connu en Europe, par sa grande découverte de l'identité du feu électrique avec celui du tonnerre, et par sa belle théorie de l'électricité; mais l'économie publique et les matières du gouvernement m'occupaient plus, moi-même, que la physique, et la conversation se reportait, naturellement, sur ces objets. Nous discutâmes beaucoup la question générale de la liberté du commerce, et les deux grandes questions qui dépendent de celle-là, la liberté du commerce de l'Inde et la liberté du commerce des grains. J'eus la satisfaction de le voir goûter entièrement tous les principes que j'avais établis dans mes Mémoires contre la Compagnie, et dans la *Réfutation des Dialogues ;* et il me sembla même que je dissipais quelques doutes restés dans son esprit.

Ses idées sur la population en général, et sur celle de l'Amérique en particulier, sur les rapports des colonies avec les métropoles, sur les progrès de l'Amérique, alors anglaise, et sur ceux qu'on devait prévoir, eurent leur tour dans nos entretiens. Nous parlâmes aussi musique, car il l'aimait, et physique et morale, mais en peu de mots et à des intervalles assez longs; car, jamais personne ne pratiqua mieux la maxime de La Fontaine :

Le sage est ménager du temps et des paroles.

Je lui vis faire, là, l'expérience de calmer les flots avec de l'huile, qu'on avait regardée comme une fable dans Aristote et Pline. Il est vrai que ce n'était pas les flots de la mer, mais ceux d'une petite rivière qui coulait dans le parc de Whycomb. Elle était agitée par un vent assez frais. Il remonta à deux cents pas de l'endroit où nous étions; et, faisant quelques simagrées magiques, il secoua, par trois fois, sur la rivière, un roseau qu'il avait dans la main. Un moment après, les petits flots s'affaiblirent par degrés, et la surface de l'eau devint unie comme une glace.

Dans l'explication qu'il nous donna de ce phénomène, il nous dit : que l'huile contenue dans son roseau, se divisant prodigieusement aussitôt qu'elle était jetée, et rendant plus lisse la surface de l'eau, empêchait le vent d'avoir prise sur elle et principalement sur la partie de la rivière qui en recevait la première impulsion, et que l'agitation des parties inférieures venant à se calmer d'elle-même et n'étant pas renouvelée dans la partie d'au-dessus, ni communiquée plus bas, le calme se propageait partout.

A mon retour à Londres, je cultivai beaucoup cet homme intéressant. J'allais souvent déjeûner avec lui. Il venait alors d'imaginer et de faire exécuter diverses espèces de cheminées, dont on peut voir les plans dans ses œuvres, mêlant, comme il a toujours fait, les recherches physiques à ses grandes vues politiques. Je pensai qu'il serait utile d'en avoir des modèles en France, et j'obtins de lui qu'il me céderait celle-là même qui était dans son salon. Je la lui payai douze guinées, et je l'adressai à M. Trudaine, qui la fit placer à Montigny. Mais ce n'est que plusieurs années après, qu'on a commencé, en France, à s'occuper de l'art très-important de se chauffer avec économie.

Depuis, et de retour en France, j'ai beaucoup raisonné cheminées avec Francklin. Nous avons essayé diverses formes nouvelles. J'ai amélioré ses cheminées à tiroir, et j'en ai fait exécuter au moins une douzaine, dont la plupart ont réussi. Mais celle dont je suis demeuré le plus content est celle que j'ai fait exécuter en tôle, avec trois plaques de fonte dans le pourtour, et une trappe se levant à crémaillère, évasée par devant. C'est Pérès, le serrurier de la Monnaie, qui me les a faites. Je lui en ai commandé une pour M. de Vaisnes, toute semblable à la mienne; et qui n'a pas eu moins de succès. Il en a fait aussi deux pour Mesdames, à Bellevue.

J'aurai occasion de reparler de Francklin.

Garrick était déjà venu en France avec sa femme, et je l'avais connu chez Mme Helvétius et chez le baron d'Holbach. Il avait pris quelque goût pour moi, non pas comme Sbrigani, pour la manière dont je mangeais mon pain, mais sur celle dont je disputais, qu'il trouvait remarquable, me disait-il, par la véhémence et le naturel de mes mouvemens. Chez le baron d'Holbach, lorsqu'il me voyait aux prises avec Diderot ou Marmontel, il s'asseyait les bras croisés, et nous regardait comme un dessinateur observant une figure qu'il veut saisir.

Je dois avouer ici que ce qui était un objet d'intérêt et de curiosité pour Garrick, n'en était pas moins un défaut, qui a eu pour moi quelques inconvéniens dans le monde. Je ne prétends pas m'en excuser; mais comme on m'en a fait souvent des reproches, il doit m'être permis de les modifier pour les réduire à ce qu'ils ont de juste.

On m'a dit souvent, ou l'on a dit de moi, que j'étais ergoteur, disputeur, sophiste, violent dans la dispute; mais personne n'a dit, ni pu dire, que je fusse raisonneur de mauvaise foi.

Shaftsbury, parlant des disputes et de l'esprit de parti, cite le trait suivant, comme fournissant une leçon de modération.

Il prit envie, dit-il, à un paysan d'entendre des docteurs disputer en latin dans une université. On lui demanda quel plaisir il pouvait prendre à ce spectacle, ignorant jusqu'à la langue des disputans, et ne pouvant savoir qui des deux avait raison. Oh! répondit-il, ce n'est pas non plus par ce qu'ils disent que j'en juge, je ne suis pas si bête; mais je vois bien celui des deux qui met l'autre en colère, et c'est celui-là qui a l'avantage.

De son apologue, Shaftsbury conclut que la nature elle-même avait enseigné à cet homme grossier que, dans une dispute, celui qui a raison est celui qui se possède le mieux, tandis que le défenseur d'une mauvaise cause se laisse naturellement aller à la violence et à l'humeur.

Comme je dispute souvent avec chaleur et véhémence, et que même alors je crois pourtant avoir raison, j'ai soupçonné que cet apologue pouvait manquer de justesse, et je pense qu'il n'est pas impossible de le réfuter.

Il faut bien convenir qu'en disputant on ne peut pas se préparer de son caractère; et si un homme ardent et impétueux défend la meilleure cause du monde, en conclura-t-on qu'elle est mauvaise, parce qu'il ne réprime pas son impétuosité? Cet homme peut avoir l'esprit le plus droit, raisonner avec la plus grande justesse, et s'emporter en même temps contre un esprit faux, artificieux et doux, qualités qui se trouvent assez souvent réunies. Il est bien naturel alors que la justesse de l'esprit, et la conscience de la vérité, et le sentiment vif de la mauvaise foi de son adversaire, l'irritent et lui inspirent des expressions, des mouvemens, des gestes, qui montreront sa violence, sans qu'on puisse en rien conclure contre l'opinion qu'il défend.

On reconnaîtra, par une suite de cette observation, que beaucoup d'esprits faux, de partisans d'opinions mauvaises, déraisonnables, savent conserver dans une longue dispute tout leur sang-froid; il s'en font même une étude; car, comme c'est toujours pour eux un avantage, la faiblesse de leur cause le leur rend plus nécessaire, et ils en font un moyen de gagner à leur opinion beaucoup d'auditeurs, et ceux-là surtout qui auraient adopté pour règle la maxime du paysan.

Garrick, bien plus indulgent pour moi, me donna pendant mon séjour toutes sortes de marques d'amitié. Il me fit lire Richard III et Othello, qu'il me promit de jouer à son retour à Londres. C'était une pomme de discorde entre nous ; car je ne voulais pas tout admirer. Il m'observait du coin de l'œil, lorsque je lisais Shakspeare, et il saisissait les plus légers signes d'improbation sur mon visage. Alors il venait sur moi comme un furieux, m'appelant *french dog*, et me poussant de questions et d'apologies pour me faire approuver des traits que notre goût ne souffre point.

Il joua en effet après notre retour à Londres, et j'eus la satisfaction de voir deux fois cet acteur étonnant par la force et la vérité de son expression, et à qui l'on ne pouvait rien comparer que notre grand acteur Le Kain.

Il m'avait fait placer à l'orchestre, à son théâtre de Drury Lane, et m'avait défendu de lire pendant qu'il jouerait, prétendant que je l'entendrais sans ce secours, tout étranger qu'était encore l'anglais parlé à mes oreilles françaises, tant il avait de confiance dans la vérité de son jeu. Je contrevenais de temps en temps à la défense, en ouvrant le livre que j'avais porté avec moi presque malgré lui. Il me faisait alors des yeux terribles. Je me déterminai à ne plus regarder que lui, et véritablement, quoiqu'un grand nombre de mots fussent perdus pour moi, si je n'entendais pas tout, il ne s'en fallait guère. Garrick eût pu servir de truchement universel à ce roi d'Asie, qui demandait aux Romains un pantomime, à l'aide duquel il se ferait entendre de tous les peuples soumis à son vaste empire.

Lorsqu'environ six mois après cette époque, je revins encore à Londres pour retourner à Paris, il me mena passer quelques jours à sa campagne près d'Hamptoncourt, sur les bords de la Tamise, avec son aimable femme. Elle était allemande, et avait été danseuse; elle avait beaucoup de grâce, de bonté, et le spectacle de leur union était charmant : elle lui a survécu, et a joui d'une fortune assez considérable; je ne sais si elle vit encore.

Je dirai peu de chose du colonel Barré, estimable comme homme public, et fort aimable en société. Il a constamment été l'homme de confiance de milord Shelburne au parlement, pendant ses deux ministères. Plus tard ils se sont brouillés, j'ignore à quelle occasion.

Mais l'homme dont je ne puis assez parler, assez me louer, et pour qui ma reconnaissance doit durer autant que ma vie, est le lord Shelburne, à qui je dus cette noble hospitalité, dont je crois qu'il serait difficile de trouver un autre exemple. J'ai déjà dit l'attention qu'il eut de me faire recevoir à mon arrivée par son frère et ses amis, et de me donner si bonne compagnie en attendant qu'il revînt.

A son retour, il me mena chez tous ses amis, me fit voir tous les spectacles, tous les objets de curiosité que Londres renferme, le Panthéon, l'Opéra, le théâtre de Garrick, celui de Foot, alors très-suivi, la maison de la reine, qu'on voyait difficilement, la chambre des pairs et celle des communes, le Muséum, l'*exhibition* de Cookes, etc.

Outre les personnes que j'ai déjà nommées, il me fit connaître M. Hamilton, celui qui avait rapporté de Naples les vases étrusques; Banks et Solander, revenus de leur premier voyage et prêts à partir pour le second; le duc de Richemont, milord Sandwich, milord Mansfield. Nous allâmes ensemble, dans la berge de milord Sandwich, dîner sur le vaisseau de Banks, où le premier lord de l'amirauté fut reçu avec tous les honneurs par les voyageurs prêts à quitter l'Angleterre. Nous avions vu, quelques jours auparavant, Banks et Solander au milieu des raretés qu'ils avaient apportées de leur premier tour du monde. Enfin, il ne me laissa pas le temps de désirer pour me faire voir tous les objets intéressans qui pouvaient mériter l'attention d'un étranger.

Nous déjeûnions tous les jours avec quelques-uns de ses amis, Barré, Priestley, le docteur Price, Francklin, les deux Townsend, l'alderman et le ministre, etc. Le dîner rassemblait encore une compagnie plus nombreuse, et les femmes retirées, la conversation était bonne, variée, instructive.

J'avais d'ailleurs, ce que je ne dois pas oublier, une parfaite et entière liberté. J'allais, je venais, je passais la matinée comme il me plaisait, ou chez moi, ou courant la ville, et le plus souvent chez les libraires, me retirant et me couchant quand je voulais, servi à merveille, et, comme il n'arrive qu'en Angleterre, sans savoir par qui et sans voir personne.

Après six semaines de séjour à Londres, milord Shelburne me prit avec lui pour me faire voyager dans les comtés de l'ouest et me mener dans sa terre de Wiltshire. Nous fîmes d'abord une longue tournée, avant d'arriver à Bowood-Park, sa maison. Nous vîmes Bleinheim, Windsor, Twiknham, la maison de Pope; Egley, au lord Littleton, etc.

Revenus à Whycomb, nous y eûmes la visite de Tucker, doyen de Glocester, homme instruit, dont nous avons plusieurs ouvrages sur les matières du commerce et du gouvernement. Il était en relation avec M. Turgot, qui a traduit de lui un ouvrage intitulé : *Questions sur la liberté du commerce du Levant*. Nous eûmes bientôt fait connaissance, et je lui promis d'aller le voir à Glocester.

En effet, je me séparai de milord pour lui laisser faire quelques courses; il devait aller, autant qu'il m'en souvient, chez le lord Chatham; il me donna rendez-vous à Bowood.

Je pris ma route de Whycomb à Oxford, par une voiture publique, et j'allai à Birmingham, où Bolton, un des entrepreneurs les plus actifs et les plus connus de ces belles fabriques, me reçut fort bien. Je m'arrêtai deux jours en repassant à Oxford, où je fus accueilli par un professeur d'astronomie pour qui j'avais eu des lettres; et de là, je vins à Glocester.

Tucker me garda trois jours, et me fit lier connaissance avec Warburton, son évêque, l'auteur de la *Légation divine de Moïse* et de beaucoup d'autres savans ouvrages; ensuite, il me conduisit une partie du chemin. Je vis Worcester et Bristol, etc.; et me rabattant ensuite sur ma gauche, je me rendis à Bowood, où je trouvai milord Shelburne établi avec sa famille, le colonel Barré, le colonel Clarke, le docteur Priestley qui servait d'instituteur à ses enfans, et le ministre Townsend, dont le bénéfice, ou paroisse, était à quelques lieues de Bowood.

Une grande et belle maison, un beau jardin, une riche bibliothèque, des voitures et des chevaux, quelques voisins de temps en temps et des courses chez eux, Bath à quinze milles de là, où nous allions nous divertir, c'était là de quoi passer le temps agréablement, et, si l'on y joint la conversation du maître et de ses hôtes, très-utilement. C'est là surtout que j'ai trouvé un excellent usage, celui d'être établi toute la journée dans une bibliothèque qui servait de salon, et qui fournissait continuellement ou des sujets à la conversation ou des secours pour vérifier les points débattus.

Pendant ce séjour et ce voyage, j'avais vu les manufactures du Wiltshire et du Glocestershire, etc. J'avais recueilli, grâce à milord Shelburne, des échantillons de toutes les espèces de draps et d'étoffes de laine, de soie et de coton qui s'y fabriquent; différens mémoires sur ces objets d'industrie et de commerce; quelques modèles, non pas des machines, dont les Anglais sont jaloux à l'excès, modèles qu'on n'eût pu me donner et que je n'eusse pu emporter avec sûreté; mais des dessins et autres objets non moins utiles, comme un dessin et une explication de la manière de mettre le foin en meule, de le couvrir avec un toit mobile, qui descend à mesure que la meule se consume; un couteau à couper le foin; les diverses mesures de continence et de longueur, et les poids étalonnés; de nombreux échantillons, etc., toutes choses que j'ai rapportées pour le gouvernement.

Milord Shelburne, après être resté six semaines à Bowood, me proposa de m'emmener en Irlande avec lui. Je me défendis de ce voyage, qui m'aurait pris trop de temps. Il me dit alors qu'il m'emmènerait jusqu'en Yorkshire, en me faisant voir, chemin faisant, plusieurs de ses amis, de belles maisons de campagne, de beaux pays, et que d'York je pourrais facilement me rendre à Londres. C'était, comme on voit, me combler de bons procédés.

Nous passâmes d'abord huit jours dans la maison d'un M. Parker, sur les bords de la mer, vis-à-vis de Mounteyge-comb, de l'autre côté de la rade de Plymouth. Nous y faisions une excellente chère, surtout en poisson. Je vis le port et l'arsenal de Plymouth, ce qui n'est aisé pour un Français dans aucun temps. Je vis aussi Mounteyge-comb, maison et jardin dans une situation unique et vraiment romanesque.

Entre autres plaisirs que j'y goûtai, je ne puis oublier une promenade sur la Thamer, rivière dont l'embouchure est dans le bassin de Plymouth, et qui n'est navigable qu'à quelques milles avant d'arriver à l'Océan. Elle est fort encaissée, mais ses bords présentent des aspects sans nombre, tous plus agréables les uns que les autres; tantôt des côteaux cultivés jusqu'à leur sommet, ou couronnés de bois; tantôt des bords escarpés en rocs de granit et d'ardoise, du haut desquels pendent des arbres, dont les branches touchent la surface de l'eau; des sinuosités douces, qui vous éloignent et vous rapprochent alternativement de quelque objet frappant; des cabanes de pêcheurs; de vertes prairies couvertes de bestiaux, etc.

Après nous être rendus à Plymouth de la maison de M. Parker, qui en est à une demi-lieue, nous nous embarquâmes en quatre bateaux, deux pour la compagnie, un pour quelques domestiques et le dîner, un pour de la musique, formée de huit instrumens à vent. Nous remontâmes la rivière jusqu'où elle cesse d'être navigable, c'est-à-dire, à huit ou dix milles de Plymouth. Là, nous vîmes la pêche du saumon, errans ou assis dans une prairie charmante, jouissant de toutes les sensations douces que peuvent donner l'agrément du site, la beauté du ciel, la fraîcheur des eaux. Nous redescendîmes ensuite, et nous nous arrêtâmes, vers les trois heures, à un endroit de la côte dominant la rivière, sur un tapis de la plus belle verdure, ombragé de grands arbres et séparé par la rivière seule d'un côteau admirablement cultivé, et semé çà et là de jolies petites maisons. C'est là que nous dînâmes assis sur l'herbe, avec des viandes froides, un pâté, force gâteaux et quelques fruits. Je ne dois pas oublier une circonstance imprévue, qui ajouta beaucoup à notre plaisir.

Pendant que nous dînions, nous aperçûmes trois jeunes filles qui, se promenant dans la prairie voisine avec leur père et leur mère, s'étaient approchées de nous pour entendre notre musique, et nous regardaient au travers d'une haie qui nous séparait d'elles. Je me lève aussitôt, et je leur présente un panier de cerises. Je les prie en même temps de vouloir bien chanter *some scotish song*, dont, moi Français, j'étais *very fond*. Elles se regardent un moment ; et dès que nous fûmes retournés à nos places, comme si notre plus grand éloignement les eût rassurées, elles se mettent à chanter toutes les trois à l'unisson, avec des voix d'une extrême douceur, *The lass of Peaties mill*. Sans doute le temps, le lieu, la singularité de la rencontre ajoutèrent quelques charmes à ce petit concert; mais tous mes Anglais furent émus, et me dirent que je leur avais procuré le plaisir le plus vif qu'ils eussent goûté dans toute cette belle journée.

Au sortir de Plymouth, nous prîmes notre route d'abord par la côte du Sud, et nous vîmes Dartmouth, Tor-Bay, Sidmouth, Weymouth, l'île de Portland, Dorchester; et remontant au Nord, nous traversâmes Dorsetshire, Wiltshire, Glocestershire, Derbyshire, Yorkshire, etc., voyant les maisons de campagne, les manufactures, et tous les objets qui peuvent attirer la curiosité. Je quittai milord à Leeds, à sept ou huit lieues d'Yorck, comblé de ses politesses et de ses bienfaits. Là, il prit sa route vers la côte, où il voulait s'embarquer; et d'Yorck, où je passai deux jours, je revins à Londres, d'où, après un séjour d'environ une semaine, je revins à Paris, vers la fin d'octobre, après six mois de séjour en Angleterre.

On croira bien que, pendant tout le cours de ce voyage, j'ai dû recueillir les remarques et les réflexions que me suggérait la vue des objets mêmes. Tous les soirs, je rassemblais mes études et mes pensées du jour dans de courtes notes, dont il n'aurait tenu qu'à moi, en les développant, de faire un Voyage semblable à tant d'autres dont nous sommes inondés. A mon retour, j'ai repris en effet et commenté toutes ces notes, contenues dans huit cahiers assez volumineux ; et j'ai distribué ensuite parmi mes papiers, les faits et les raisonnemens aux différens articles des sujets que j'ai traités, ce qui regardait l'état du commerce au tableau de celui d'Angleterre qui faisait partie de mon grand travail, et les souvenirs et les réflexions sur le gouvernement, parmi les matériaux politiques.

Je n'avais point négligé, pendant ce voyage, mes amis de Paris, et j'écrivais assez régulièrement à quelques-uns d'entre eux pour me tenir au courant. Je donnerai une idée de ce genre de correspondance, en transcrivant ici une lettre de La Harpe, que j'ai conservée, écrite au nom de la société déjeûnant chez M. Suard un dimanche, jour où elle se réunissait ordinairement chez moi.

Paris, le 15 mai 1772.

« Voilà ce que c'est, monsieur, d'adresser une épître aux dames. Il n'y en a pas une qui ne vous répondît pour son compte ; mais aucune ne veut répondre pour les autres, et vous aurez une lettre de secrétaire, une lettre de bureau. Rassurez-vous pourtant, notre bureau n'est pas tout-à-fait aussi effrayant que celui d'un ministre. Ce n'est, après tout, qu'une jolie table de bois de rose; où l'on prend de bon chocolat et de bon café. Il est vrai qu'on aurait pu choisir un meilleur secrétaire. Mais que voulez-vous? M. Saurin et l'abbé Arnaud sont tout occupés de leur académie; M. Suard est aussi paresseux que s'il en était tout de bon; l'abbé Delille passe sa vie avec Virgile, Saint-Ange avec Ovide, et moi avec les dames. Il faut bien prendre le bénéfice avec les charges. J'espère que vous me rendrez celle-ci fort légère, et que vous ne comptez pas sur une réponse aussi jolie que votre lettre, ni telle que ces dames pouvaient la faire. Je vous dirai tout uniment que nous nous portons aussi bien que vous, que nous sommes fort aises que vous vous amusiez à Londres, que nous tâchons d'en faire autant à Paris. Voilà du style le plus bourgeois. Cependant, si l'on voulait vous faire un peu plus de compliment, on pourrait vous dire en rimes moins riches que celles de l'abbé Delille :

> Nous regrettons le sage aimable,
> Plus galant que tous les bergers,
> Qui, servant les Grâces à table,
> Leur chantait des couplets légers,
> Et qui, soigneux de leur parure,
> Ornait leur belle chevelure
> De la fleur de ses orangers.

» Voilà, monsieur, ce qui nous manque à Paris, et ce que vous ne retrouverez pas vous-même sous le ciel enfumé de l'Angleterre. Vous avez beau en faire l'éloge : on admire les avantages d'un grand état; mais on sent les douceurs d'une petite société; et pour peu que je voulusse élever ma voix poétique, je vous chanterais (car les poëtes chantent, et voilà pourquoi il n'y a pas de poëtes en prose) :

> La Tamise et ce fier génie
> Qu'on voit, sur une ancre appuyé,
> Dominer la mer asservie,
> Et lever un bras déployé,
> Qui menace la tyrannie;
> Ces chantiers où l'activité,
> Mère d'une heureuse opulence,
> Épanche l'urne d'abondance
> Sous l'abri de la liberté;
> Cette vaste et sombre abbaye
> Qui consacre dans ses enclos
> L'immortalité du génie,
> Des actrices et des héros;
> Et ces immenses arsenaux,
> Ces chefs-d'œuvre de l'industrie,
> Le parlement, la comédie,
> Et le palais des matelots;
> Tant de merveilles réunies
> Ne valent pas l'air du matin
> Que l'on respire aux Tuileries,
> Et ces arbrisseaux de jasmin
> Ornant vos fenêtres fleuries,
> Les piquans attraits de Saurin,
> Et les yeux charmans d'Amélie,
> Et cette Daphné si jolie
> Que mon Apollon chante en vain,
> Qu'il chanterait jusqu'à demain,
> Qu'il aimerait toute la vie,
> Sans avoir un meilleur destin.

» Votre bon esprit va nous dire qu'il se mêle peu de vers et d'amour; mais bien de prose et d'amitié ; mais la bonne prose ressemble quelquefois aux vers, et la bonne amitié à l'amour. Hélas! il ne tiendrait qu'à moi de vous faire une élégie sur nos désastres académiques; mais je ne veux pas vous affliger en tenant la plume pour les dames. D'autres vous ont sans doute instruit déjà, et nous attendons de vous une belle lettre de consolation; car le courage même a besoin d'être consolé, et l'on aime à l'être par un bon ami qui s'afflige. Les dévots mettent leurs peines aux pieds du crucifix ; il faut espérer que quelque jour nous déposerons les nôtres sur la table à café, où nous trinquerons à votre santé, tandis que vous toasterez à la nôtre.

» Cependant nous avons grande impatience de revoir notre Amphitryon. Nous retrouverions à peu près les autres personnes de la pièce.

L'abbé Delille en sa gaîté
Représente assez bien Sosie;
Mercure avec la poésie,
A, dit-on, toujours habité :
C'est sa meilleure compagnie.
Et rejetant tout favori,
Il est ici plus d'une Alcmène
Que l'on ne rendrait plus humaine
Qu'en ressemblant à son mari.
Il faut, pour compléter la scène,
Et rendre le déjeûner bon,
Que promptement on nous ramène
Le véritable Amphitryon.

« Le secrétaire vous embrasse au nom des muses, de la liberté et de l'amitié, etc. »

C'est pendant mon séjour en Angleterre, que parut l'*Histoire des Deux Indes*, par l'abbé Raynal; j'en parlerai un instant pour rapporter ce que m'en écrivit à Londres M. Turgot.

L'abbé Raynal avait été jésuite à Pézenas. Il quitta la compagnie et Pézenas pour venir à Paris, où il entreprit de prêcher, métier qui ne s'accordait guère ni avec ses goûts, ni avec ses opinions. *Jé né préchais pas mal*, nous disait-il, *mais j'avais un assent dé tous les diables.*

L'abbé Raynal était l'un des plus assidus à nos réunions chez le baron d'Holbach, chez Helvétius et chez Mme Geoffrin : bon homme, aisé à vivre, ne montrant rien de l'amour-propre dont les hommes de lettres sont trop souvent férus, et ne blessant celui de personne; faisant continuellement ses livres dans la société; poussant tout ce qui l'approchait de questions pour recueillir quelques faits grands ou petits; il ne parlait guère que de politique, de commerce, ou pour faire des contes, auxquels il ne donnait pas une tournure bien piquante, et qu'il lui arrivait de répéter; mais lorsqu'il avait pris ainsi la parole, il la gardait long-temps. Il était précieux à notre société, parce qu'il savait très-bien les nouvelles, à cause de ses liaisons avec M. de Puisieux et M. de Saint-Séverin : il travaillait alors à son Histoire philosophique. Lorsqu'elle parut, M. Turgot m'écrivit à Londres :

« Je suis curieux de savoir ce que les Anglais auront pensé de l'*Histoire des Deux Indes*. J'avoue qu'en admirant le talent de l'auteur et son ouvrage, j'ai été un peu choqué de l'incohérence de ses idées, et de voir tous les paradoxes les plus opposés mis en avant et défendus avec la même chaleur, la même éloquence, le même fanatisme. Il est tantôt rigoriste comme Richardson, tantôt immoral comme Helvétius, tantôt enthousiaste des vertus douces et tendres, tantôt de la débauche, tantôt du courage féroce; traitant l'esclavage d'abominable, et voulant des esclaves ; déraisonnant en physique, déraisonnant en métaphysique et souvent en politique ; il ne résulte rien de son livre, sinon que l'auteur est un homme de beaucoup d'esprit, très-instruit, mais qui n'a aucune idée arrêtée et qui se laisse emporter par l'enthousiasme d'un jeune rhéteur. Il semble avoir pris à tâche de soutenir successivement tous les paradoxes qui se sont présentés à lui dans ses lectures et dans ses rêves. Il est plus instruit, plus sensible, et a une éloquence plus naturelle qu'Helvétius ; mais il est, en vérité, aussi incohérent dans ses idées, et aussi étranger au vrai système de l'homme. »

CHAPITRE X.

Bruit du rappel des Jésuites. Chanson. Mort de Louis XV. Ministère de Turgot.

1773. J'AI peu de choses à dire de mes occupations littéraires de 1773; la principale était toujours le Dictionnaire du commerce. Seulement, pendant un séjour de quelques semaines à Montigny, je traduisis pour M° Trudaine de Montigny, *A father's Legacy*, le Legs d'un père à ses filles, par le docteur Grégory, fort joli petit ouvrage d'une morale douce et vraie, dont je crois avoir bien conservé le caractère, et que je ne crains pas d'indiquer comme très-bon à faire lire aux jeunes personnes.

Je le publiai à mon retour à Paris, en 1774, et depuis on en a fait de nouvelles éditions.

Mais de cette année 1773, je crois pouvoir conserver une anecdote qui sera de quelque intérêt, et pour ceux qui n'aimaient pas les jésuites, et pour ceux qui ont tenté récemment, comme en 1804 et 1805, de les faire rétablir en France.

A cette époque, un parti dans le clergé s'était formé pour ménager leur retour. Les circonstances leur étaient favorables. On s'apercevait du grand vide qu'ils avaient laissé dans l'instruction publique. Le parlement qui les avait fait bannir était dissous, et le parlement Maupeou l'avait remplacé. L'archevêque de Paris, Beaumont, et plusieurs prélats, encouragés par de hautes protections, travaillaient imprudemment au triomphe de cette compagnie, plus puissante qu'eux. L'archevêque de Toulouse lui-même me disait quelquefois : « Eh bien! vous autres philosophes, vous avez tant fait des pieds et des mains qu'on a chassé les jésuites; trouvez donc maintenant le moyen de suppléer à leurs colléges, à une éducation qui ne coûtait rien à l'État. » Je défendais de mon mieux les philosophes, et je combattais assez bien les apologistes des jésuites; mais comme il m'arrivait souvent d'exprimer ces sentimens dans nos sociétés, chez le baron d'Holbach et chez Helvétius, il me vint l'idée de faire une chanson qui, en éventant le projet de rétablir les jésuites, pourrait renverser ce projet malheureux. Voici ma chanson; car il faut tout avouer.

CHANSON

SUR LE RETOUR DES JÉSUITES,

ANNONCÉ EN 1773.

Sur l'air *des Pendus.*

Or, écoutez, petits et grands,
Le plus beau des événemens;
Il a pour moi de si grands charmes
Que j'en suis touché jusqu'aux larmes;
Des jésuites en ce jour
On nous annonce le retour.

Dieu, qui va toujours à ses fins,
Et qui sait tromper les plus fins,
Suscite madame L***,
Pour faire ce bien à l'Église;
C'est pour cela qu'auparavant
Elle s'était mise au couvent.

Ce bon monseigneur de Paris,
Qui les a toujours tant chéris,
Et d'intrigues et de prières
A servi les révérends pères;
Il ne pouvait faire sans eux
Ses beaux mandemens sur les œufs.

Nous ne devons pas oublier
Que monseigneur le chancelier
A travaillé de grand courage
Pour avancer ce bel ouvrage,

Et joindre ce nouveau bienfait
A maint autre qu'il nous a fait.

Est-il vrai que huit ou dix rois,
Tant d'aujourd'hui que d'autrefois,
Par leurs mains..., mais c'est calomnie,
Dont on noircit la compagnie :
Car jamais, depuis les Valois,
On n'en a pu trouver que trois.

On prétend qu'aux jeunes garçons
Ils donnent d'étranges leçons;
Mais ils ont le respect dans l'âme
Pour toute fille et toute femme ;
De leurs restes je suis content,
De tout moine on n'en dit pas tant.

Tous ceux qui les ont fait bannir,
Ma foi, n'ont qu'à se bien tenir ;
Car aux auteurs de leur disgrâce
Ils ne feront aucune grâce,
Et leur zèle ardent, mais sans fiel,
Vengera la cause du ciel.

Ce brillant monsieur de Choiseul,
Qui les voyait d'un mauvais œil,
Pour avoir bravé leur puissance,
En fait aujourd'hui pénitence,
En vivant comme un loup-garou
Dans son château de Chantelou.

Le roi d'Espagne, en les chassant,
S'est mis en un pas bien glissant :
Si le général ne lui donne
Un sauf-conduit pour sa personne,

Quoique son poste soit fort beau,
Dieu me garde d'être en sa peau!

Pour son ministre d'Aranda,
Qui si mal les accommoda,
De ce jour à six mois de terme
S'il jouit d'une santé ferme,
Au monde je veux publier
La vertu de son cuisinier.

On sait que l'ancien parlement
Contre eux eut toujours une dent;
Le roi connaissant sa malice,
Enfin leur en a fait justice;
Et le nouveau les soutiendra,
Tant que lui-même il durera.

Goesman sera leur rapporteur,
Marin, leur administrateur,
Et l'on verra les fonds de l'ordre
Bientôt mis dans le plus bel ordre;
Malheur à toute nation,
Qui n'a pas leur direction!

L'Anglais ne nous traitait pas bien,
Le Nord ne nous comptait pour rien;
Témoin cette pauvre Pologne
Que de tous les côtés l'on rogne,
Et dont chacun a pris son lot,
Sans nous en dire un traître mot.

Le retour des pères enfin
Nous assure un meilleur destin;
Nous reverrons bientôt la France
Recouvrer toute sa puissance,

Et notre peuple heureux et gai,
Comme on l'était au Paraguay.

Sitôt qu'ils seront revenus,
On verra tous les revenus
Croître de deux ou trois vingtièmes
Pour le roi, sinon pour nous-mêmes;
Et les prières de leurs saints
Nous feront amender les grains.

Que l'espoir de tant de bonheurs
Réjouisse aujourd'hui nos cœurs;
Allons présenter aux bons pères
Nos hommages les plus sincères;
Que leur retour nous sera doux!
(Bas, lentement et tristement.)
Seigneur, ayez pitié de nous.....

Ma chanson faite, il fallait trouver un moyen de la répandre sans me trahir. M. de Choiseul, exilé à Chanteloup, y avait toute la France; je pensai que si les couplets arrivaient jusqu'à lui, il s'en amuserait un moment, et qu'ils seraient transcrits et connus. Je les portai donc moi-même chez Mme de Grammont, qui partait le lendemain pour Chanteloup; mais je n'entendis plus parler de ce chef-d'œuvre, soit que M. de Choiseul ait négligé de le communiquer à sa société, soit qu'on ne l'ait pas trouvé assez piquant pour être répandu. Je crois pourtant que cette innocente chanson a le mérite d'une certaine naïveté niaise assez bien imitée, et je la conserve ici comme anecdote.

L'année 1774 fut marquée par la mort de Louis xv, dans la nuit du 10 mai. Un long règne finit quelquefois par l'ennui et l'injustice du peuple. L'exil des anciens parlemens, l'institution du parlement Maupeou, la banqueroute partielle faite par l'abbé Terray, la continuation des impôts et l'accroissement de la dette publique, les dépenses des frères du roi, l'élévation de quelques favorites, surtout de la dernière, avaient irrité les esprits, et les disposaient à attendre beaucoup de bien d'un nouveau règne, et à juger sévèrement l'ancien.

Je me souviens que le 11 mai, sept ou huit de nos amis avaient fait la partie d'aller dîner à Sèvres, pour être sur le chemin des courriers. Je n'étais pas de cette réunion; mais, vers les six heures, je m'acheminai pour aller à Auteuil chez Mme Helvétius, et je trouvai deux carrossées des nôtres, revenant fort vite à la ville, et s'arrêtant pour me dire : *C'est fini*. Mais je me souviens surtout que Mlle de Lespinasse, qui était avec eux, me dit à la portière : *Mon cher abbé, nous allons avoir pis*.

En rapportant sa prédiction, je ne prétends pas en faire honneur à sa sagacité. Elle était fort disposée à voir les choses en noir, et je ne fais aucun cas de la prévoyance de la crainte ni de celle de l'humeur, parce que l'une et l'autre, en épuisant toutes les combinaisons fâcheuses, arrivent toujours à rencontrer celles qui se réalisent.

Si l'on considère l'ensemble de tout le règne de

Louis xvi, les sinistres présages dont je parle n'ont été que trop justifiés ; mais ces craintes ne pouvaient faire rien prévoir de ce que nous avons vu depuis. Et quant aux années précédentes du dernier règne, elles ont été véritablement meilleures pour la nation que les plus brillantes du règne de Louis xv; le gouvernement du nouveau monarque a été plus doux, plus sage; les sciences, les arts, la sociabilité, y faisaient déjà d'heureux progrès; tout tendait au bien, et on ne peut trop déplorer le bouleversement qui, pour corriger quelques abus dont la réforme se serait faite insensiblement et de soi-même, a plongé un grand peuple dans un abîme de maux.

Le nouveau roi appela auprès de lui M. de Maurepas, et lui donna toute sa confiance. On prétend que c'est après avoir balancé entre lui et M. de Machaut : celui-ci était, à la vérité, octogénaire, mais encore plein de force, et il a survécu à son rival pour périr dans les prisons, âgé de plus de quatre-vingt-dix ans, couvert d'ulcères et manquant de tout : cruauté inconnue aux nations sauvages, et dont les exemples ne sont que trop nombreux dans l'histoire de nos désastres.

M. de Maurepas avait constamment montré de la bienveillance et de l'estime à M. Turgot, qui le voyait assez souvent. Un abbé de Véry, plein d'admiration pour la vertu et les talens de M. Turgot, était ami intime et familier de Mme de Maurepas; il avait même quelque crédit sur l'esprit du vieillard, qui, malgré le dédain qu'il affectait pour la philosophie, et la crainte qu'il avait du philosophe, se tenant bien sûr de l'arrêter quand il voudrait, le fit appeler au ministère. Il fut d'abord deux mois secrétaire-d'état de la marine, et ensuite ministre des finances, quand l'abbé Terray fut renvoyé.

L'arrivée de M. Turgot au ministère, qui devait, ce me semble, relever mon courage et me donner des moyens pour l'exécution de mon grand travail, me fournit encore des objets et des causes de distraction. Je suivais les opérations du ministre; je m'intéressais à sa gloire; je lui écrivais souvent sur les points dont il était occupé; j'étais auprès de lui l'interprète de beaucoup de personnes qui s'adressaient à moi pour lui faire passer ou des demandes ou des projets; je recevais de tous côtés des paquets et des lettres; mon cabinet, auparavant solitaire, était fréquenté le matin par un grand nombre de cliens et de visiteurs. Tout cela me prenait un temps que je regardais comme précieux pour le succès de mes recherches, et mon grand travail n'avançait pas.

CHAPITRE XI.

Linguet. Réfutation de M. Necker. Voyage à Ferney.

1775. Je me laissai encore détourner de ce but de mes études, au commencement de 1775, par deux écrits polémiques contre Linguet. Je ne l'ignore pas, quelques personnes m'ont blâmé de mon goût pour la guerre littéraire ; d'autres, plus injustes, m'ont regardé comme un faiseur de libelles ; mais je ne suis point du tout disposé à passer condamnation sur ces reproches, et je crois, au contraire, pouvoir compter parmi mes bonnes œuvres la justice que j'ai faite, en plusieurs rencontres, de quelques ennemis de la raison.

Certainement on a dû mettre au nombre des ennemis de la raison, et le sieur Pompignan, et le sieur Moreau, et le sieur Palissot, s'affichant comme ennemis des hommes de lettres et des philosophes les plus distingués, tels que Buffon, d'Alembert, Diderot, Dumarsais, et de tous les coopérateurs de l'Encyclopédie, qu'ils étaient parvenus à faire persécuter ; et on ne plaindra pas non plus le sieur Linguet, attaquant l'administration dans ce qu'elle faisait de plus raisonnable et de plus nécessaire pour établir la liberté du commerce des grains : on n'est pas méchant pour être âpre aux méchans. Quoique révolté, avec tous les gens sensés, de l'enthousiasme de Linguet pour le despotisme asiatique, de ses principes bizarres sur les gouvernemens, de ses notions absurdes de liberté, et de sa haine pour les gens de lettres, je l'avais laissé, lui et ses admirateurs, jouir de leur propre sottise; mais une circonstance importante se présenta, où je crus qu'il fallait essayer de mettre ce personnage à sa place dans l'opinion publique.

M. Turgot, ministre, et M. Trudaine étaient fort occupés d'établir la liberté du commerce des grains; Linguet, qui voyait dans cette opération un des principes des économistes qu'il poursuivait avec acharnement dans tous ses écrits, se mit en mouvement, et publia un livre sur *le pain et le blé*. Il y prouve, à sa manière, *que le blé est un poison; que le commerce libre du blé est un monopole; qu'il faut vivre de pommes de terre et de poissons*, etc. M. Turgot et M. Trudaine furent indignés avec raison de cette extravagance, qui pouvait avoir de fâcheux effets sur quelques esprits; mais ils ne voulaient ni l'un ni l'autre supprimer le livre ni faire punir l'auteur, mesure injuste et contraire à leurs maximes. Je leur dis que je leur ferais justice du sieur Linguet; je tins parole.

J'envoyai acheter tous ses ouvrages, dont la plupart ne m'étaient connus que par les journaux; je m'enfermai chez moi ; je les lus, tout en marquant d'un coup de crayon toutes les extravagances que j'y trouvai, et que je faisais transcrire en même temps sur des papiers séparés.

Ce travail fini, je cherchai un cadre où tout vînt se placer naturellement, et je trouvai *la Théorie du Paradoxe*. Je ne fus embarrassé que du choix des absurdités auxquelles je donnerais la préférence ; et je puis dire que j'en ai rejeté trois et quatre fois autant que j'en ai rassemblé. Je ne lui disais, au reste, aucune injure personnelle ; je ne l'attaquais que comme écrivain et sous le voile d'une ironie louangeuse.

Dès que mon manuscrit fut en état, c'est-à-dire au bout d'environ quinze jours, je le lus chez madame Trudaine, à MM. de Malesherbes, Turgot et Trudaine de Montigny. Cette lecture réussit, excepté auprès de M. de Malesherbes, qui, avec tant de lumières et de vertus, n'était pas ennemi des opinions singulières, et qui surtout n'approuvait pas que j'attaquasse si vertement *ce pauvre Linguet*, poursuivi alors vivement par ses confrères les avocats, tout disposés à le rayer du tableau. Le bon M. de Malesherbes craignait que ma critique n'influât sur leur décision. Il eut pourtant lieu de se rassurer : car je m'engageai à différer la publication de ma brochure jusqu'à ce que l'affaire de Linguet avec les avocats fût terminée bien ou mal pour lui ; et j'attendis le dénoûment.

Mais, pour me tenir prêt, je fis toujours imprimer l'ouvrage, et j'avais mon livre *tanquam gladium in vaginâ*. Enfin arriva le jour fatal pour Linguet : il fut rayé du tableau. Le lendemain, dès l'audience de sept heures, on mit en vente au Palais, et chez différens libraires, *la Théorie du Paradoxe*. Les amateurs, et surtout les gens de palais, s'en pourvurent avec un tel empressement, que, huit jours après, je fus obligé d'en faire une nouvelle édition à deux mille exemplaires : ce qui ne fut pas long ; cinq ou six feuilles avaient été gardées toutes composées. Et bien me prit de m'être pressé pour la publication ; car M. Trudaine de Montigny, étant allé à Versailles le jour même qui suivit le jugement de Linguet, m'envoya en grande hâte de Versailles un exprès, qui m'arriva vers deux heures, pour me dire que le garde des sceaux voulait qu'on différât la publication de ma critique. J'avais, je l'avoue, pressenti quelque défense de ce genre ; et comme j'avais travaillé à la rendre inutile, ma réponse au courrier de M. Trudaine fut que l'ouvrage était publié.

Linguet fit une mauvaise réponse, intitulée la *Théorie du Libelle*. J'y répliquai par une nouvelle brochure, sous le titre de *Réponse sérieuse à M. Linguet*, où je lui applique le mot du Berni, parlant du Sarrasin qui

Andava combattendo, ed era morto.

Et je puis dire en effet, que ma Théorie du paradoxe l'a vraiment blessé à mort, et a contribué, auprès de tous les gens raisonnables, à faire mettre à sa place un esprit faux, un mauvais écrivain, qui n'aurait jamais été connu sans l'usage qu'il a fait d'un puissant moyen de célébrité, *l'impudence*, moyen dont il a mieux connu que personne toute l'énergie.

On trouvera dans mes papiers une autre petite pièce, *Observation sur un article du journal du sieur Linguet.* Elle est demeurée manuscrite.

Dans cette même année, et peu de temps après mon combat avec Linguet, je me trouvai une seconde fois aux prises avec un rival bien plus honorable pour moi.

Le livre publié par M. Necker, *de la Législation et du commerce des grains*, avait fait une grande sensation. Une doctrine populaire contre les monopoleurs et les riches et les propriétaires, une opinion en apparence mitoyenne et modérée, des déclamations contre l'esprit de système, c'était là tout l'ouvrage; du reste, aucune vue ou objection nouvelle, ni aucun résultat pratique qui pût guider l'administration.

Comme la publication de ce livre concourut avec un mouvement du peuple, et de quelques provinces voisines de la capitale, et servant à ses approvisionnemens; des amis de la liberté se laissant aller un peu à l'esprit de parti, dirent et se persuadèrent que M. Necker avait eu le projet d'exciter cette fermentation pour déplacer M. Turgot; qu'il avait tramé ce plan avec le prince de Conti, quelques gens du parlement, et autres ennemis du ministre. J'ai toujours regardé comme calomnieuses ces imputations faites à M. Necker; je les crois injustes même pour le parlement et le prince : l'insurrection était une suite des circonstances du moment. Si le livre avait pu contribuer à exciter le mouvement qui fit piller les boulangers, l'effet en eût été bien rapide; car les premiers exemplaires n'en furent mis en vente que le jour même de la sédition.

Ensuite, si l'insurrection eût été l'effet du livre, M. Turgot ne pouvait s'en prendre qu'à lui-même; et voici, à ce sujet, deux anecdotes sur lesquelles on peut compter. D'abord, M. Necker avait offert à M. Turgot de lire son ouvrage manuscrit, et de juger si on pouvait en permettre l'impression. M. Turgot répondit un peu sèchement à l'auteur, parlant à sa personne, qu'il pouvait imprimer ce qu'il voulait, qu'on ne *craignait* rien, que le public jugerait, refusant d'ailleurs la communication de l'ouvrage; le tout, avec cette tournure dédaigneuse qu'il avait trop souvent en combattant les idées contraires aux siennes. Et ce que je rapporte là, je ne le tiens point d'un autre, car je l'ai vu de mes yeux et entendu de mes oreilles; j'étais alors chez M. Turgot : M. Necker y vint avec son cahier; j'entendis les réponses que l'on fit à ses offres, et je le vis s'en allant avec l'air d'un homme blessé sans être abattu.

Le second fait, que je voulais citer, c'est que les feuilles de l'ouvrage furent soumises, à mesure qu'elles s'imprimaient, à la censure de Cadet de Seneville, avocat au parlement, censeur royal, attaché à M. Trudaine de tout temps, et dévoué à M. Turgot. Seneville, un peu méticuleux de caractère et d'opinion, crut devoir les avertir que le livre de M. Necker pouvait nuire à l'établissement de la liberté du commerce des grains (car il ne pensait pas qu'il pût exciter une sédition), et qu'il n'y donnerait son *approbation* que de leur consentement.

M. Turgot, qui ne voulait pas *faire reculer le principe*, comme on a dit depuis si souvent, et bien plus mal à propos, dans nos assemblées nationales, et qui, d'ailleurs, était très-attaché à un autre principe, la liberté de la presse, dit au censeur qu'il pouvait approuver.

D'après ces deux faits, on voit qu'il n'y a pas de prétexte pour reprocher à M. Necker une publication que ceux qui s'en plaignirent avaient pu si facilement empêcher.

Le mal, une fois permis, il fallut y apporter quelque remède; j'essayai de combattre le terrible adversaire de nos opinions, et de prouver que son livre *n'avait point de résultat;* j'intitulai ma *réfutation: Analyse de l'ouvrage de la Législation et du Commerce des blés.*

C'était, en effet, une chose remarquable qu'un gros livre, où l'on prétendait avoir traité à fond cette importante question, ne fournit pas à un homme d'état une seule maxime administrative. C'est là le défaut du livre de M. Necker, et on le reconnaîtra sans peine si je dis qu'après tous ses raisonnemens il enseigne, enfin, comme l'abbé Galliani, qu'il faut mettre quarante sous par sac de farine à l'exportation, et que c'est à ce petit moyen qu'il attache la sûreté de la subsistance d'un grand peuple, sur laquelle il a travaillé, dans le cours de son livre, à alarmer le gouvernement.

Un nouveau voyage, dans les premiers jours de juin, vint encore interrompre mes travaux. Voici l'occasion qui me fit partir pour l'Alsace.

Un avocat de mes amis connaissait un abbé Dufour, bien voulu de M. de Sartines et de M. d'Aiguillon; cet abbé ayant obtenu d'un moine bénédictin, sans les formes canoniques, la résignation d'un bénéfice de son ordre, situé en Alsace, et réuni à un collége de jésuites, l'avait demandé en cour de Rome, et, avec la protection des ministres, en était devenu paisible possesseur. Le moine en avait deux autres de même genre; il m'en résigna un, dont jouissait le collége de Colmar, appelé le prieuré de Saint-Valentin de Ruffac. Je l'obtins de même en cour de Rome; mais il fallait s'en mettre en possession, et j'avais, pour antagoniste, le collége de Colmar et le cardinal de Rohan d'alors, le prince Constantin. Je fis un

Mémoire; j'eus des lettres d'attache et des lettres de recommandation de M. Turgot pour les gens du conseil souverain de Colmar.

Je me rendis à Strasbourg, et de là à Colmar, où je ne trouvai point d'obstacle à remplir les formes; je pris possession du prieuré. Mais, quelques semaines après, il y eut une opposition que je n'ai jamais pu faire lever, même quand le dernier cardinal de Rohan eut succédé à son oncle, et qu'il me fut permis d'espérer moins de rigueur. J'en ai donc été pour mes frais de bulle et de voyage.

De Colmar, je traversai la Suisse par Bâle, Berne, Neufchâtel, Lausanne, etc. Je vis à Berne le célèbre Haller, qui n'était plus bon à voir que le matin. Ferney, où j'arrivai enfin, m'intéressait plus que tout le reste. Je passai huit à dix jours chez cet homme extraordinaire qui, à la différence de la plupart des hommes célèbres, a toujours paru à ceux qui l'ont vu de près plus extraordinaire encore et plus grand que sa renommée. J'étais recommandé à lui par le souvenir qu'il avait de quelques-uns de mes petits ouvrages, et par une lettre de d'Alembert. Il connaissait d'ailleurs mes liaisons avec M. Turgot et avec M. Trudaine, et il était bien aise de m'intéresser à son projet d'affranchir son pays de Gex du joug de la ferme générale.

Il me reçut fort bien, et j'eus tout le loisir de le

voir, comme on dit, en robe de chambre; mais son déshabillé valait mieux que la toilette de tout autre. Je n'ai rien à dire d'un homme si connu.

J'écrivis de chez lui à MM. Trudaine et Turgot en faveur du pays de Gex, et, à mon retour, je suivis cette affaire auprès d'eux, recevant, de temps en temps, des lettres de Ferney, où Voltaire m'appelait son défenseur, son patron. Déjà même, avant cette époque, il avait plusieurs fois répondu très-obligeamment à l'envoi que je lui faisais de mes ouvrages. J'ai donné ces lettres aux éditeurs de la collection de ses œuvres, entreprises par Beaumarchais. On en a retranché quelques-unes un peu fortes, sur certains sujets, dans un temps où l'on connaissait encore quelques limites, qui n'arrêteraient pas des éditeurs aujourd'hui.

Je ne puis me refuser à la petite vanité de rappeler une de celles qui ont été recueillies, en date du 19 novembre 1760, où il écrit à Thiriot. « Embrassez pour moi l'abbé *Mords-les. Je ne connais personne qui soit plus capable de rendre service à la raison.* »

Voilà certes un éloge dont je puis être vain; et je le conserve pour que mes amis et ma famille en fassent honneur à ma mémoire quand je ne serai plus.

Je crois bien que j'avais surtout gagné son cœur

par quelque malice dont la nature m'a pourvu, et qu'il aimait dans les autres parce qu'il y excellait; mais il fallait aussi, peut-être, qu'il eût vu chez moi cet esprit critique accompagné d'un fonds de raison, dont il faisait encore plus d'estime.

CHAPITRE XII.

Traduction (inédite) de *la Richesse des nations*. Marmontel. Épître de Marmontel à sa femme. Piccini, Arnaud, Suard. Mort de madame Geoffrin.

J'étais parvenu à placer dans les domaines mon frère qui, avec des intérêts dans des affaires de finance, avait onze à douze mille livres de rente. Ma gratification sur la caisse du commerce venait de prendre quelque consistance; et, y compris les deux mille francs pour récompense de mes mémoires sur la compagnie des Indes, j'avais six mille francs, et cent pistoles de pension sur l'abbaye de Tholey que je tenais du roi de Pologne, payant en cela la dette des la Galaizière; enfin, je retirais de temps en temps quelque chose de mes petits travaux littéraires. Avec ces moyens, nous fîmes venir de Lyon une de nos sœurs, veuve d'un sieur Leyrin de Montigny; elle et sa fille vinrent vivre auprès de nous.

Mes femmes établies chez moi avec mon frère, j'allai passer l'automne de 1776 à Brienne en Champagne, chez M. de Brienne.

Là, je m'occupai très-assidûment à traduire l'excellent ouvrage de Smith, sur la *Richesse des na-*

tions, qu'on peut regarder en ce genre comme un livre vraiment classique.

J'avais connu Smith dans un voyage qu'il avait fait en France, vers 1762; il parlait fort mal notre langue; mais sa *Théorie des sentimens moraux*, publiée en 1758, m'avait donné une grande idée de sa sagacité et de sa profondeur. Et véritablement je le regarde encore aujourd'hui comme un des hommes qui a fait les observations et les analyses les plus complètes dans toutes les questions qu'il a traitées. M. Turgot, qui aimait ainsi que moi la métaphysique, estimait beaucoup son talent. Nous le vîmes plusieurs fois; il fut présenté chez Helvétius : nous parlâmes théorie commerciale, banque, crédit public, et de plusieurs points du grand ouvrage qu'il méditait. Il me fit présent d'un fort joli portefeuille anglais de poche, qui était à son usage, et dont je me suis servi vingt ans.

Lorsque son ouvrage parut, il m'en adressa un exemplaire par milord Shelburne; je l'emportai avec moi à Brienne, et je me mis à le traduire. Mais un ex-bénédictin, appelé l'abbé Blavet, mauvais traducteur de la *Théorie des sentimens moraux*, s'était emparé du nouveau traité de Smith, et envoyait toutes les semaines, au journal du Commerce, ce qu'il en avait broché; tout était bon pour le journal qui remplissait son volume, et le pauvre Smith était trahi plutôt que traduit, suivant le proverbe italien, *tradottore traditore*.

La version de Blavet, éparse dans les journaux, fut bientôt recueillie par un libraire, et devint un obstacle à la publication de la mienne. Je la proposai d'abord pour cent louis, et puis pour rien; mais la concurrence la fit refuser. Long-temps après j'ai demandé à l'archevêque de Sens, pendant son ministère, cent louis pour risquer de l'imprimer à mes frais; il me les a refusés comme les libraires. Je puis dire pourtant que c'eût été cent louis assez bien employés. Ma traduction est faite soigneusement; et tout ce qui est un peu abstrait dans la théorie de Smith, inintelligible dans Blavet et dans une traduction plus moderne de Roucher, l'un et l'autre ignorant la matière, peut se lire dans la mienne avec plus d'utilité (1).

Tandis que j'étais en Champaagne, M. Marmontel, mon ami depuis vingt ans, et qui avait fait connaissance avec mes deux provinciales, avait trouvé ma nièce très-aimable, comme elle était, et capable de faire le bonheur d'un honnête homme. Elle était, en effet, d'une très-jolie figure, fort bien faite, d'un bon caractère, d'un esprit piquant, d'une âme vive et sensible.

Ma nièce, de son côté, trouvait M. Marmontel fort à son gré. Tout cela s'étant expliqué sous les

---

(1) Depuis, une traduction bien supérieure à celles de Blavet et de Roucher a été publiée par M. le marquis Garnier, ami de l'abbé Morellet; et l'abbé Morellet n'a plus parlé de la sienne.

yeux de ma sœur et de mon frère, on me manda où en étaient les choses. Je revins à Paris; et les affaires d'intérêt ayant été bientôt réglées, comme notre fortune, un peu précaire, nous le permettait à mon frère et à moi, le mariage fut conclu et célébré (1777). Mon frère donnait 20 mille francs, et j'assurais par le contrat, à ma sœur et à sa fille, tout mon bien après moi. Nous nous réunissions tous cinq en un seul ménage, payant par tête un cinquième de la dépense commune. Et nous avons ainsi vécu sous le même toit sept années, jusqu'à ce que le nombre des enfans venant à s'accroître, mon logement des Feuillans, rue Saint-Honoré, devint insuffisant : Marmontel nous quitta, mais pour aller demeurer près de nous.

C'est ici le lieu de dire quelque chose de M. Marmontel; j'entends de son caractère et de ses qualités sociales, car il est trop connu comme homme de lettres pour avoir besoin en cela de mes éloges (1). Je ne puis parler que du bon mari, du bon pére, du bon parent, du bon ami, vertus qu'il a possédées à un très-haut degré.

Jamais il n'y eut de femme plus heureuse, plus constamment heureuse que la sienne; en quoi je ne dois pas dissimuler que le caractère et l'esprit de ma nièce sont entrés pour beaucoup : car il

---

(1) *Voyez* l'Éloge de Marmontel, prononcé en 1805 à l'Institut, tome I des *Mélanges*, page 57.

n'était pas impossible qu'une femme de M. Marmontel fût malheureuse par quelques légers défauts du caractère de son mari, et surtout par sa très-grande irritabilité. Mais, outre qu'une extrême justice et une raison supérieure le ramenaient bien vite et bien sûrement, sa femme, ayant elle-même de l'esprit, du tact, et sachant céder et résister à propos, n'a jamais souffert véritablement de ces mouvemens passagers, qu'elle lui pardonnait d'autant plus aisément qu'elle-même en avait de pareils, que son mari supportait à son tour avec bonté. Mais de toutes les impatiences de l'un et de l'autre, on n'aurait pas fait une journée par an ; et dans cette journée on eût trouvé qu'ils s'aimaient encore beaucoup.

Jamais on n'a rempli plus religieusement que M. Marmontel et sa femme les devoirs de père et de mère. Ma nièce a eu cinq garçons, et en a nourri quatre : il lui en reste trois (1). Marmontel a eu chez lui un instituteur tiré de l'école de Sainte-Barbe, établissement admirable que l'assemblée législative a détruit de fond en comble comme tant d'autres, et qui ne sera jamais remplacé. Aux soins de M. Charpentier, c'est le nom de cet excellent instituteur, Marmontel a joint les siens pendant plusieurs années, ne passant pas un

---

(1) Il ne reste plus qu'un fils de Marmontel. Les deux aînés sont morts avant trente ans.

seul jour sans demander compte à ses enfans de leur travail ; suivant leurs progrès, pour ainsi dire, d'heure en heure ; revoyant leurs compositions ; entretenant toujours parmi eux l'émulation et le zèle ; veillant surtout à la partie morale de leur éducation, et cultivant en eux toutes les vertus dont le jeune âge est susceptible, l'amour filial, le respect envers leurs parens, la soumission envers leurs maîtres, la véracité, la douceur, le sentiment de la justice et de l'humanité.

Je crois devoir à la mémoire de Marmontel de conserver ici un monument de famille, qui exprime d'une manière touchante et vraie, son estime et sa tendre affection pour sa femme, et qui est une preuve non équivoque du mérite de sa compagne. Si ces Mémoires deviennent publics, la modestie de ma nièce pourra en être blessée ; mais elle me pardonnera de compter, parmi mes plus doux souvenirs, des sentimens dont elle était digne, et qui honorent son mari. Cette pièce est une préface à l'édition de ses œuvres, faite par Née de la Rochelle.

ÉPITRE DÉDICATOIRE

DES ŒUVRES DE M. MARMONTEL,

A Mme MARMONTEL, SA FEMME.

NE vous alarmez pas, ma chère amie, de l'hommage que je vous rends : il n'aura point le faste de la publicité. La modestie est en vous un sentiment si naturel, si délicat, si pur, que rien qui ressemble à de l'ostentation ne peut vous plaire. Je suis d'ailleurs si accoutumé à vous regarder comme un autre moi-même, que je me sens obligé d'être aussi discret en parlant de vous, que réservé en parlant de moi. Enfin, nous savons être heureux dans le silence et l'obscurité, sans avoir besoin d'exciter l'envie ; et dans le cercle où nous vivons, vos qualités aimables disent à votre insu ce que j'aurais à révéler.

Ce témoignage de ma tendresse et de mon estime pour vous, ma chère amie, ne sera donc pas publié, mais seulement déposé dans vos mains et dans celles de nos amis, à la tête du recueil de mes œuvres, afin que mes enfans puissent m'entendre encore parler de vous, quand je ne serai plus, et apprendre de moi ce qu'ils vous doivent de reconnaissance, de vénération et d'amour.

Je veux qu'ils sachent que, dès leur naissance,

vous avez rempli envers eux, avec une piété rare, les saints devoirs de la maternité; qu'au milieu des dissipations qui environnaient votre jeunesse, vous avez fait tous vos plaisirs du soin de les nourrir et de les élever; que vos amusemens, vos fêtes, vos délices étaient leurs jeux et leurs caresses; que vous avez suivi avec des yeux de mère les premiers développemens de leur âme et de leur esprit; que pour vous le goût de l'étude ne fut que le désir d'être en état de les instruire, et de partager avec moi l'ouvrage intéressant de leur éducation.

Je veux qu'ils sachent que leur père vous a dû la sérénité répandue sur ses vieux ans; qu'en daignant vous unir à moi sur le déclin de mon âge et à la fleur du vôtre, vous vous êtes fait une gloire de me rendre meilleur en me rendant heureux; que, pour adoucir et calmer un caractère que j'avais de la peine à modérer moi-même, vous avez su donner à la raison tout le charme du sentiment, tout l'empire de l'amitié.

Je veux qu'ils sachent que, dans leur excellente mère, j'ai trouvé une excellente femme et un modèle si accompli de toutes les vertus que j'aime, qu'il m'eût été impossible de demander au Ciel de faire mieux pour mon bonheur. Une âme élevée et sensible, un esprit sage et naturel; la sévérité des principes, l'indulgence de la bonté; l'oubli de tous ses avantages, l'attention la plus délicate à faire valoir ceux des autres, cette fierté douce et timide qui ne demande qu'à n'être pas blessée, et n'a jamais rien d'offensant; cette candeur, cette simplicité dans les mœurs et dans le langage, qui éloigne toute défiance et qui concilie à la fois la bienveillance et le respect; nul sentiment d'orgueil, nul mouvement d'envie; le désir d'être aimable pour être intéressante; et pour unique ambition, celle d'avoir des amis vertueux; un plaisir naïf à trouver les dons de plaire dans ses pareilles, et, à l'égard de celles qui abusaient de ces dons, un art charmant pour adoucir ce qu'elle aurait voulu inutilement excuser; enfin, le plus tendre respect pour le malheur, la libéralité la plus noble dans une humble fortune, et le cœur qu'on souhaiterait à toutes les reines du monde pour répandre autour d'elles la joie et la félicité : telle est la femme que le Ciel m'a donnée, telle est la mère qu'il a donnée à mes enfans.

Il est donc bien intéressant pour eux, ma chère amie, d'avoir devant les yeux ce portrait faiblement tracé, mais cependant assez fidèle pour faire passer dans leur âme et pour y ramener sans cesse les sentimens respectueux et tendres dont je suis pénétré pour vous. Ces sentimens seront l'héritage le plus précieux d'un bon père; il emploiera le reste de sa vie à le faire fructifier dans l'âme de vos enfans; et ils achèveront de le recueillir sur ses lèvres à son dernier soupir.

MARMONTEL.

Je ne puis m'empêcher d'ajouter qu'en établissant ma nièce si heureusement, je fis cependant à M. Marmontel un véritable sacrifice. J'avais une société de femmes et d'hommes de lettres qui m'était précieuse, et que je cultivais depuis plus de douze ans. Mme Suard, Mme Saurin, Mme Pourat, Mme Broutin, Saurin, Suard, l'abbé Arnaud, d'Alembert, le chevalier de Chastellux, Marmontel, La Harpe, Delille, se rassemblaient chez moi le dimanche (1), où je leur donnais à déjeûner avec quelque soin; on causait agréablement, on lisait de la prose ou des vers, on faisait de la musique; et plusieurs artistes, Grétry, Hullmandell, Capperon, Traversa, Caillot, Duport, etc., se faisaient un plaisir de se réunir à nous. Mon appartement donnait au midi sur les Tuileries, et cette belle vue, le calme, la tranquillité au milieu d'une grande bibliothèque, prêtaient un nouveau charme à nos entretiens et à nos concerts.

Or, peu de temps auparavant s'était élevée la fameuse querelle entre les piccinistes et les gluckistes. Marmontel, le chevalier de Chastellux, d'Alembert et moi, nous avions pris chaudement le parti de Piccini; mais Marmontel y mettait un peu plus que de la chaleur; il s'était, pour ainsi dire, asso-

---

(1) Sur ces réunions du premier dimanche de chaque mois, voyez les *Essais de Mémoires*, écrits par Mme Suard, en 1820, page 97.

cié à Piccini, lui avait donné un poëme, et son premier choix était tombé sur le *Roland*, de Quinault ; il voulait l'adapter à la musique nouvelle, y ajouter des airs dont l'ouvrage manque, en abréger le récitatif, et augmenter par-là le mouvement et l'intérêt dramatique : c'est ce qu'il a fait, à mon gré, le plus heureusement du monde. Piccini savait fort peu de français. A son arrivée, Marmontel et moi, nous l'avions, en quelque sorte, reçu des mains du marquis de Caraccioli, ambassadeur de Naples, qui l'avait fait venir. Je lui rendais, ainsi que mon frère, les services dont il avait besoin dans un pays nouveau, avec son ignorance de tous les détails de la vie. Marmontel prenait la peine d'aller chez lui le matin pour l'arracher de son lit, où il serait resté jusqu'à midi, fidèle au goût des Italiens pour ce qu'ils appellent *il sacrosanto far niente*. Là, il lui donnait et lui expliquait ses paroles, lui faisait essayer des chants, et observait les fautes de l'étranger contre la prosodie, tant dans le récitatif que dans les airs. Souvent il se faisait bien inculquer par le musicien le rhythme que celui-ci croyait convenable à exprimer tel et tel sentiment ; et, remportant dans sa tête ce modèle, qu'il avait aussi quelquefois tracé lui-même au musicien, il lui donnait le lendemain des paroles disposées à recevoir le chant, et qui l'appelaient, pour ainsi dire, toutes seules.

De temps en temps j'entrai pour quelque chose

dans le travail. Nous prenions des opéra de Piccini; nous y cherchions des situations de Métastase analogues à celle du poëme français; et, moi chantant, nous faisions les paroles françaises sans altérer le rhythme; ou bien encore, nous nous contentions de parodier l'air italien. J'ai parodié ainsi le grand duo d'Atys, pris d'un opéra italien de Piccini, et d'autres airs célèbres.

Il était naturel qu'à tant de peines et de soins pris par M. Marmontel pour donner un opéra à Piccini, se joignît un vif intérêt à son succès. Mais les partisans de Gluck avaient des vues contraires, et ils décriaient d'avance le travail de l'Italien. L'abbé Arnaud, le grand introducteur, le grand prôneur de l'Allemand, s'avisa d'imprimer dans son *Journal de Paris* que Piccini faisait un Orlandino, et que Gluck ferait l'Orlando. L'épigramme blessa profondément Marmontel, qui en était lui-même atteint. Il trouva que c'était manquer aux égards qu'on devait à un étranger qui venait de si loin nous donner du plaisir, et à l'homme de lettres qui travaillait avec lui; que l'abbé Arnaud, et M. Suard, ami et complice de l'abbé, accoutumés à le voir presque tous les jours chez Mme Geoffrin et chez Mme Necker, et le dernier encore, chez le baron d'Holbach, chez Helvétius, chez moi, n'auraient pas dû mettre ainsi de côté l'intérêt de Marmontel au succès de Piccini, qui devenait aussi le sien. Et il sentit tout cela beaucoup plus vivement que je ne le dis, et sans doute aussi un peu plus vivement qu'il n'eût fallu pour son repos.

Il venait d'apprendre l'épigramme dont il était blessé, un jour où nous nous rassemblions chez Mᵐᵉ Necker. Nous arrivons, et nous trouvons Suard. Marmontel n'en fait pas à deux fois, et s'adressant à Mᵐᵉ Necker : Que dites-vous, madame, de la sotte et mauvaise plaisanterie qu'on a eu la lâcheté de répandre contre Piccini; contre un homme dont on décrie l'ouvrage sans le connaître, à qui on cherche à nuire lorsqu'il fait tout pour nous plaire; contre un étranger, père de famille, qui a besoin de son travail pour nourrir ses enfans? Il n'y a que des marauds qui puissent...... Mᵐᵉ Necker, qui connaissait les coupables, et moi-même, nous cherchâmes en vain à le calmer; il ne s'en échauffa que mieux, et répéta d'autant le mot de maraud, que personne ne témoigna prendre pour lui. M. Suard, seulement, voulut dire quelques paroles; il attisa la flamme. Enfin, le dîner fit diversion; mais la guerre était dès-lors déclarée, et ce fut une guerre à outrance.

On conçoit que Marmontel ne se trouva plus à nos parties du matin, qui ne cessèrent pas pour cela, parce que je n'ai jamais cru que l'amitié imposât l'obligation de haïr ceux que vos amis n'aiment point, et que je me croirais plutôt obligé d'aimer tous ceux qu'ils aiment. Ce commerce demeura possible tant que je n'étais pas réuni avec Marmontel; mais, lorsqu'en 1776 il épousa ma nièce, et que nous demeurâmes sous le même toit, je cessai de rassembler des gens dont il fuyait la société, et ce nombre n'était pas petit : car toutes les femmes que j'ai nommées avaient épousé la querelle de l'abbé Arnaud; et tout ce qu'elles purent faire fut de me pardonner de demeurer neutre.

Je répète, et on doit le sentir facilement, qu'en cédant sur ce point à l'aversion de Marmontel, je fis un sacrifice qui me coûta beaucoup, quoique j'en sentisse la convenance et la nécessité.

C'est cette querelle qui lui inspira un petit poëme sur la musique, plein d'esprit et de talent, comme tout ce qu'il a fait. L'épigramme y est aussi mordante qu'ingénieuse, et il y traite fort mal Gluck, l'abbé Arnaud et Suard. L'abbé Arnaud, qu'il a fait plus noir qu'il n'était, ne valait pourtant pas grand'chose, et je l'abandonne. Mais il a été souverainement injuste envers M. Suard, si délicat en procédés, si doux de caractère; un des hommes en qui j'ai connu le plus d'esprit, de goût et de raison, et dont j'ai toujours apprécié les vertus, les talens et l'amitié.

Ma nièce, qui savait mes dispositions sur ce point difficile, et mon attachement pour l'adversaire de Marmontel, lui demanda, en se mariant, de ne point publier son ouvrage (1); il le lui pro-

---

(1) Le poëme de *Polymnie*, dont on avait fait, en 1818, une édition subreptice, fautive et incomplète, n'a été réellement pu-

mit, et il a tenu parole, sorte de sacrifice qui avait aussi son prix, et dont je dois faire honneur à sa mémoire.

Cette année même je perdis Mme Geoffrin, dont je ne puis prononcer le nom sans attendrissement, et sans y joindre l'expression si naturelle et si vraie de ma reconnaissance.

J'entrai, par sa mort, en jouissance d'une rente viagère de 1275 liv., sur le duc d'Orléans, qu'elle avait placée sur sa tête et sur la mienne, en même temps qu'elle en établissait une semblable pour Thomas et pour d'Alembert, nous distinguant tous trois parmi les gens de lettres qui formaient sa société, tous trois, à différens degrés, et moi, sans doute, au troisième rang. Mais son amitié ne laissait voir aucun intervalle entre nous; et je ne puis oublier, en parlant de cette rente, la grâce qu'elle mit à son présent, et les circonstances qui donnèrent plus de prix encore à cette noble générosité.

M. d'Invaux avait quitté le contrôle général sans me récompenser des mémoires que j'avais écrits sur la compagnie des Indes, et dans lesquels j'avais soutenu, sur la liberté de commerce et les priviléges exclusifs, une doctrine que Mme Geof-

---

bliée qu'en 1820, plus de vingt ans après la mort de Marmontel. Les raisons qui avaient fait supprimer cet ouvrage ne subsistaient plus.

frin ne pouvait goûter, elle qui jouissait, avec un très-petit nombre d'actionnaires, du privilége de la manufacture des glaces, dont les profits étaient considérables et formaient presque toute sa fortune.

C'est dans ces circonstances que je la vois arriver un matin chez moi, s'asseoir au coin de mon feu, s'enveloppant de sa robe grise, et après quelques questions, qui me faisaient apercevoir en elle de l'hésitation et de l'embarras, me dire enfin : « Je ne veux pas voir votre sort entre les mains de ces gens en place, qui n'ont encore rien fait pour vous de solide, et qui, d'un moment à l'autre, peuvent vous retirer ce qu'ils vous donnent. Dites-moi votre nom de baptême, et passez demain chez Dosne, notaire, rue du Roule ; vous y signerez un contrat de rente viagère de 1200 et quelques livres que je place sur votre tête et sur la mienne. Avec cela, vous serez, au moins, sûr de vivre à l'abri du besoin. » Je la remerciai, comme on peut croire, en lui disant cent fois moins que je ne sentais. Elle s'attendrit, et me quitta brusquement, comme elle faisait toujours quand on lui parlait de reconnaissance.

Il est curieux d'observer que ce danger qu'elle craignait pour moi, de me voir, un jour, réduit au plus étroit nécessaire, s'est depuis réalisé à la lettre, après que la fortune m'a eu favorisé jusqu'à me donner près de trente mille livres de rente en bénéfices et en pensions, opulence passagère, emportée par nos troubles civils; et qu'alors il ne m'est resté, en effet, que le présent de ma bienfaitrice, cette rente de douze cents livres, bientôt réduite au tiers, comme toutes les autres, par les belles opérations de finance qui ont déclaré *propriété de la nation* le capital qui, sur la fortune du duc d'Orléans, était hypothéqué à ses créanciers, et, par conséquent, n'appartenait pas à la nation selon les plus simples règles de justice et de propriété.

Mme Geoffrin fut frappée du coup qui l'a conduite au tombeau après sept à huit mois de souffrance et de langueur, à la suite de l'imprudence qu'elle fit de vouloir suivre un jubilé, publié vers cette époque. Elle se laissa pénétrer de froid dans l'église de Notre-Dame; et, revenue chez elle et restée seule dans sa chambre, elle tomba évanouie sur son parquet: on ne sut pas combien de temps elle était restée ainsi presque inanimée; mais, en la réchauffant, on la trouva atteinte d'une paralysie partielle; un érésypèle se déclara ensuite, et sa maladie prit un caractère très-grave. Tel fut l'effet d'une imprudence, funeste à elle-même, douloureuse pour tous ses amis; et il semble que la pauvre et excellente femme ait confirmé, par son propre exemple, l'adage qu'elle avait souvent à la bouche, *qu'on ne mourait jamais que de bêtise*.

Pendant les premiers temps qui avaient suivi ce triste accident, ses amis lui rendirent les soins qu'elle méritait d'eux; mais bientôt Mme de la Ferté Imbault, sa fille, jugea convenable, dans l'état où elle voyait sa mère, d'écarter d'elle ce qu'elle appelait les philosophes, qui pouvaient la détourner et la détourneraient sans doute, disait-elle, des sentimens pieux convenables à sa situation et à son danger.

D'après cette belle vue, elle ferma la porte de Mme Geoffrin à ses principaux amis, à d'Alembert, à Thomas et à moi; de sorte que nous avons eu la douleur de ne pas adoucir les peines de la bonne femme par les soins et les distractions qu'elle eût pu trouver dans la société des amis fidèles qui, depuis si long-temps, lui avaient consacré une partie de leur vie, et qu'elle aimait toujours à revoir.

D'Alembert écrivit, à cette occasion, à Mme de la Ferté Imbault, une lettre extrêmement piquante, quoique mesurée, et dont je suis fâché de ne lui avoir pas demandé une copie; car, il me semble qu'elle n'a pas été publiée. Il ne serait pas sans intérêt de voir une telle question traitée par un tel écrivain.

Le souvenir des bienfaits de celle que nous avions perdue, et plus encore celui des charmes que j'avais goûtés dans sa société, me portèrent à lui rendre un hommage public dans un petit écrit intitulé: *Portrait de madame Geoffrin*; tandis qu'en même temps d'Alembert et Thomas, sans s'être concertés entre eux ni avec moi, mais pressés par le même sentiment, remplissaient le même devoir. Notre reconnaissance, fondée sur les mêmes raisons, éclata, en même temps, sous des formes différentes. On peut trouver quelque plaisir à comparer ces trois ouvrages (1).

---

(1) Réimprimés ensemble en 1812, in-8°, chez Nicolle.

CHAPITRE XIII.

Château de Brienne. Couplets. Suite des travaux sur le commerce. Mort de Turgot.

Je passai encore une partie de l'été et de l'automne 1778, au château de Brienne.

Quand j'aurai présenté un tableau de cette famille des Loménie, et de leur établissement en Champagne dans la terre de ce nom, qui était devenue la leur par laps de temps, depuis les Loménie, secrétaires d'état sous Henri III et Henri IV; si l'on compare à ces images de fortune et de grandeur la déplorable destinée de cette famille, immolée tout entière par les fureurs civiles, on pourra trouver dans ce rapprochement un de ces contrastes que nos malheurs ont rendus très-communs, mais qui n'en sont que plus faits pour affliger et pour instruire.

J'ai déjà dit quelque chose du caractère de l'abbé de Brienne. Fils d'un père et d'une mère qui n'avaient pas 15,000 livres de rente de patrimoine, sans avoir de place à la cour, il n'était encore qu'un petit abbé de vingt et un ans, étudiant la théologie en Sorbonne; il n'avait qu'un mince prieuré en Languedoc, qui lui rendait 1500 livres et quelques barils de cuisses d'oie, et déjà il avait conçu dans sa tête des projets de fortune, ou plutôt une assurance parfaite d'un brillant avenir. Son frère aîné fut tué au combat d'Exiles, à la tête de son régiment. L'abbé, qui n'était pas alors engagé dans les ordres, eût pu lui succéder dans la carrière des armes ; il céda cet avantage à son frère cadet, et poursuivit ses études, sûr que, dans l'état ecclésiastique, il remplirait toutes les espérances de son ambition. Il fallait que sa confiance fût grande ; car il était encore en Sorbonne, qu'il traçait le plan du château de Brienne, qui a coûté deux millions, et des routes magnifiques qui devaient y conduire.

Son roman commença bientôt à se réaliser par le mariage de son frère avec la fille du riche financier Clémont, qui avait laissé trois millions de bien. Dès ce moment, on arrondit la petite terre de Brienne par l'achat de beaucoup de terres et de bois dans les environs. Elle fut portée à la valeur de près de 100,000 livres de rente par les acquisitions faites des deniers de la jeune femme, et on jeta les fondemens du nouveau château : déjà on avait tracé les routes et commencé les plantations. J'y étais allé, vers 1753, avec l'abbé de Brienne, alors simple grand-vicaire de l'archevêque de Rouen à Pontoise, et l'abbé de Vermont, devenu ensuite instituteur de Marie-Antoinette, archiduchesse d'Autriche, et depuis reine de France. Nous logions dans l'ancien château, dont il ne restait debout qu'un vieux pavillon ouvert à tous les vents; et je me souviens encore que, dans la première nuit, un de mes souliers fut presque mangé par les rats.

Sur ces ruines, et lorsqu'on eut coupé tout le sommet d'une montagne pour faire une esplanade à quarante ou cinquante pieds plus bas, s'éleva un édifice immense de vingt-cinq ou vingt-sept croisées de face; corps de logis, pavillons y attenans, deux autres pavillons isolés et immenses, communiquant avec le corps par des souterrains, d'autres souterrains encore au-dessous des premiers avec leurs issues sur les flancs de la montagne, pour les offices, cuisines, bûchers et caves; un chemin du bourg au château en pente douce, élevé sur des arches et traversant un vallon profond; basses-cours, écuries, potagers, etc., salle de spectacle, équipage de chasse, etc.; enfin, toutes les magnificences d'un grand établissement : tel était Brienne, habité par le comte de Brienne et son frère.

Beaucoup de gens de Paris et de la cour, et toute la Champagne, abordaient à ce château; on y chassait, on y jouait la comédie. Un cabinet d'histoire naturelle, une bibliothèque riche et nombreuse, un cabinet de physique et un physicien démonstrateur de quelque mérite (Deparcieux) venant de Paris, et passant là six semaines ou deux mois pour faire des cours aux dames; tout ce qui peut intéresser, occuper, distraire, se trouvait là réuni.

La magnificence se déployait surtout aux fêtes du comte et de la comtesse : il se trouvait alors au château quarante maîtres, sans compter la foule des campagnes voisines; et des concerts, des musiciens venus de Paris, des danses, des tables dressées dans les jardins, des vers et des chansons par l'abbé Yanmall, grand-vicaire de l'archevêque, et par moi; la comédie, accompagnée de petits ballets, où dansaient la jeune et jolie madame d'Houdetot, et madame de Damas, et d'autres jeunes personnes, donnaient à Brienne l'éclat et la magnificence de la maison d'un prince.

Je rappelle les chansons, non pour la place vraiment modeste qu'elles méritaient dans ces fêtes, mais parce que j'en ai retrouvé une qui donnera peut-être quelque idée du mouvement de cette grande maison et de l'état qu'y tenaient les maîtres. C'est ce qui m'excusera de conserver ici des ouvrages de société, dont la circonstance fait tout le prix.

CHANSON

FAITE A BRIENNE, A LA PRISE DE POSSESSION
DU NOUVEAU CHATEAU,

LE JOUR DE SAINT-LOUIS,

FÊTE DU COMTE DE BRIENNE, 1778.

Sur l'air : *Dans le fond d'une écurie.*

Dans le plus beau jour du monde
A Brienne consacré,
Quand son nom est célébré
Par vos santés, à la ronde;
Je chanterai de nouveau,
Si votre voix me seconde,
Je chanterai de nouveau
Et Brienne et son château.

Voyez ce lieu délectable,
Où les bons mets, les bons vins,
A vos désirs incertains
Offrent un choix agréable.
Comus donna ce projet,
Pour placer les dieux à table,
Comus donna ce projet
Du plus beau temple qu'il ait.

Au salon si je vous mène,
Vous admirerez encor,
Non pas la pourpre ni l'or
Qu'étale une pompe vaine,

Mais une noble grandeur
D'où l'œil s'arrache avec peine,
Mais une noble grandeur,
Symbole d'un noble cœur.

D'une plus grande richesse
Brienne embellit ces lieux :
Objets doux et gracieux,
Belle et brillante jeunesse,
Pour le cœur et pour les yeux
Source d'une double ivresse,
Pour le cœur et pour les yeux
Intérêt délicieux.

Là, d'un temple de Thalie
Il a tracé les contours;
Le ton du monde et des cours
A l'art de Baron s'allie;
Le vice et les préjugés
Enfans de notre folie,
Le vice et les préjugés
En riant sont corrigés.

Des lieux où la trompe sonne,
Je vois sortir à grands flots
Chiens et chasseurs et chevaux,
Que même ardeur aiguillonne;
Diane apprête ses traits
Comme la fière Bellone,
Diane apprête ses traits
Pour les monstres des forêts.

La déesse, bienveillante
Pour ses utiles vassaux,
Respecte dans leurs travaux
La culture diligente;

Elle garde les bienfaits
Que chaque saison enfante,
Elle garde les bienfaits
De Bacchus et de Cérès.

C'est vainement que l'histoire
Vante ces donjons fameux,
D'où les maîtres orgueilleux
Dominaient leur territoire;
Sur ces lieux qu'on admira,
On nous en a fait accroire;
Sur ces lieux qu'on admira,
Brienne l'emportera.

Trop souvent le brigandage
De ces seigneurs châtelains
A leurs champêtres voisins
Portait la mort et l'outrage;
Le maître des mêmes lieux
En fait un plus digne usage;
Le maître des mêmes lieux
N'y veut voir que des heureux.

Ces preux, je veux bien le croire,
Parlaient peu, mais buvaient bien;
Au lieu d'un doux entretien,
Ils s'endormaient après boire.
Bacchus, tes plus beaux présens,
Ceux à qui tu dois ta gloire,
Bacchus, tes plus beaux présens
Ne font qu'éveiller nos sens.

Les femmes irréprochables
De ces nobles chevaliers,
N'en déplaise aux romanciers,
Étaient plus sages qu'aimables.

Et dans celles-ci je vois
Vertus et dons agréables,
Et dans celles-ci je vois
Tous les charmes à la fois.

Chez eux la grosse opulence
Effrayait la volupté,
Jamais leur simplicité
Ne fut que de l'ignorance;
Ici l'on sait réunir
Et le choix et l'abondance,
Ici l'on sait réunir
Les biens et l'art d'en jouir.

C'est la demeure nouvelle
D'une aimable déité,
La noble hospitalité,
Dont la faveur nous appelle;
Qui, pour verser ses bienfaits,
A pris l'air d'une mortelle,
Qui, pour verser ses bienfaits
De Brienne a pris les traits.

Puisque ce séjour abonde
En biens, en plaisirs si grands,
Revenons-y tous les ans
De tout autre lieu du monde;
J'y chanterai de nouveau,
Si votre voix me seconde,
J'y chanterai de nouveau
Et Brienne et son château.

On trouvera plus tard, en contraste avec cette splendeur, la fin tragique de toute cette famille, et on pourra se figurer l'impression que j'en conserve encore.

Cependant, au milieu de ces dissipations et de ces fêtes, qui devaient être suivies de tant d'infortunes, je ne perdais pas de vue l'objet principal de mes études et de mes travaux, et je m'occupais avec une grande assiduité. Je me retirais toujours le soir de bonne heure, suivant l'habitude de toute ma vie; je me levais matin, et je travaillais une moitié de la journée sans sortir de ma chambre, m'abstenant des déjeûners en société, des promenades, des parties de chasse, et autres distractions chaque jour renouvelées.

Je passai de même les mois d'août et de septembre de 1779 à Brienne, au milieu de la société nombreuse qui s'y rassemblait, des bonnes conversations, des plaisirs et des fêtes. J'y faisais toujours quelques chansons; mais je m'occupais encore plus de mes recherches et de mes études favorites.

Je suivis avec une égale assiduité mon travail sur le commerce, pendant tout le cours des années 1779, 80 et 81, et je continuai de rassembler l'énorme quantité de matériaux qu'on trouvera chez moi sur toutes les questions de l'économie publique. Je me propose de donner, à la fin de ces mémoires, une notice de tout ce que je laisse de papiers, d'articles rédigés ou prêts à l'être, d'ouvrages même presque finis, sur la théorie générale du commerce, et d'autres points de gouvernement ou d'administration (1).

Livré à ce travail suivi, mais non contraint; entouré de ma famille; ayant un joli logement, des amis gens de lettres, gens du monde, artistes; souvent de bonne musique chez moi, et toujours une bonne conversation; allant aussi dîner plusieurs fois la semaine chez mes amis; passant régulièrement deux ou trois jours à Auteuil, où j'avais la société de Francklin et toute celle de Mme Helvétius; et durant l'été et l'automne, allant dans la vallée de Montmorency, à Montigny, chez M. Trudaine, à Brienne, etc., ces cinq ou six années, et plusieurs des suivantes, se sont écoulées délicieusement pour moi.

Pendant ce temps, j'ai donné parfois des articles au *Mercure* et au *Journal de Paris*. A peine ai-je conservé le souvenir de ces petites pièces : je me rappelle cependant les *Chenets* (2), plaisanterie contre l'usage des *chenets*, qui a déterminé plusieurs personnes à les bannir de leurs foyers; et un *Essai d'une nouvelle Cométologie* (3) où j'établis que les folies humaines, revenant périodiquement comme les comètes, il est possible de calculer et de déterminer l'époque de leur retour. Dupaty, à

---

(1) On trouvera cette notice à la fin du second volume, avec le catalogue de tous les ouvrages imprimés.
(2) *Mélanges*, tome III, page 68.
(3) *Mélanges*, tome IV, page 238.

qui j'avais donné ce manuscrit, l'avait fait imprimer ; il y trouvait quelque chose de ce que les Anglais appellent *humour*.

Je me rappelle aussi que, vers ce temps-là, j'envoyai au *Mercure* deux petits papiers écrits avec soin ; dans l'un, je relevais un réglement de la police de Paris, bien contraire aux principes d'une bonne administration et à ceux de la liberté civile, par lequel il était défendu aux gens de la campagne de vendre eux-mêmes dans Paris les fruits de leurs jardins à poste fixe et autrement qu'en marchant, et cela, pour maintenir le privilége exclusif des marchandes fruitières de Paris ; dans l'autre, j'attaquais, sous le voile d'une ironie assez piquante et bien suivie, un usage sot et cruel établi dans le parc de Monceaux, appartenant au duc d'Orléans, où se trouvait un pont à bascule, qui faisait tomber dans l'eau ceux qui voulaient le passer. Des femmes de ma connaissance y avaient été prises ; et l'une d'elles, mademoiselle P***, ramenée chez elle toute trempée, ses vêtemens perdus, frappée d'une grande frayeur, enrhumée, malade, en était demeurée quinze jours sur sa chaise longue, et avait même couru quelque danger.

Mais ces deux écrits ne purent être imprimés, les rédacteurs du *Mercure* craignant de se faire des affaires avec la police pour le premier, et avec le duc d'Orléans pour l'autre. Il est assez étrange que ce grand partisan de l'égalité, ce coryphée de la révolution, ce zélé patriote, exerçât alors sur ses concitoyens une petite tyrannie, digne de ce qu'on raconte des anciens seigneurs châtelains, dans les temps où chacun d'eux était despote chez lui, et tyran de ses vassaux.

L'année 1781 a été marquée pour moi par une perte douloureuse qui vint troubler mon repos et mon bonheur, celle de M. Turgot, dont on peut dire comme Tacite le dit d'Agricola : *Potest videri etiam beatus, incolumi dignitate, florente famâ, salvis affinitatibus et amicitiis, futura effugisse.... Non vidit eâdem strage tot consularium cædes, tot nobilissimarum fœminarum exilia et fugas, etc.*

Je me suis souvent demandé quelles eussent été, dans nos désastres, les idées et la conduite de cet homme incapable de faiblesse et de dissimulation, et dont les intentions étaient toujours droites, et les vues profondes et justes. Eût-il exercé quelque influence sur l'état des affaires et sur les conseils du roi? Eût-il été dans les mouvemens populaires le *si fortè virum quem conspexére, silent?* N'eût-il pas été emprisonné, égorgé comme M. de Malesherbes, son ami? Aurait-il quitté la France? Dieu, en le retirant sitôt de la vie, a voulu peut-être récompenser ses vertus.

CHAPITRE XIV.

Paix de 1738, conclue par le lord Shelburne. Lettre du ministre anglais. Voyage aux Pays-Bas et en Hollande. Second voyage en Angleterre. Réception à l'Académie française. Lettres inédites de Chamfort, de Thomas, de madame Necker.

En 1783, le lord Shelburne, revenu au ministère principal en Angleterre, s'occupa de terminer la guerre d'Amérique à laquelle il s'était toujours opposé, que l'Angleterre même jugeait dès-lors inutile et funeste, et dont toutes les puissances étaient lasses. Les négociations commencèrent avec la France dès la fin de 1782; il fit partir pour Paris deux hommes de confiance, dont l'un, négociant de Londres, très-intelligent et très-instruit, M. Vaughan, était chargé particulièrement de préparer la voie au traité de commerce qui devait suivre le traité de paix. J'eus avec lui plusieurs conversations.

Il était en relation, par sa mission même, avec M. de Vergennes et M. de Rayneval, premier commis des affaires étrangères, que je voyais quelquefois l'un et l'autre, et qui n'ignoraient pas ma liaison avec le lord Shelburne.

M. de Vergennes ayant envoyé à Londres, pour traiter, M. de Rayneval et le jeune comte de Vergennes son fils, milord Shelburne les reçut parfaitement, et mit dans la négociation tant de droiture et de facilité, qu'il inspira à M. de Vergennes, et en général au ministère français, beaucoup d'estime et de confiance, et acquit sur eux quelque droit: on va voir, par l'usage qu'il en fit, que ces détails ne me sont pas étrangers.

En effet, en signant la paix au commencement de 1783, il fit savoir au ministre, par M. de Rayneval et par le jeune comte de Vergennes, que, si sa manière de procéder dans le cours de cette négociation avait été agréable à sa majesté T. C. et à son ministère, il suppliait le roi de lui en témoigner sa satisfaction, en m'accordant un abbaye; que les principes qu'il avait suivis, ils les tenait en partie de moi; que j'avais *libéralisé* ses idées, c'était son expression; et qu'il regardait comme un bienfait personnel ce que M. de Vergennes ferait pour moi en sollicitant cette grâce de sa majesté.

Il m'écrivit en même temps une lettre, où il m'instruisait de la démarche qu'il avait faite, et me prescrivait d'aller voir M. de Rayneval, qui devait seconder la demande de milord auprès de M. de Vergennes, et s'il était nécessaire, auprès du ministre de la feuille, l'évêque d'Autun. On trouvera dans mes papiers l'original de cette lettre; mais je me dois à moi-même de la traduire.

LETTRE

DE MILORD SHELBURNE A L'ABBÉ MORELLET.

Du 23 mars 1783.

« Mon cher abbé,

» Je vous remercie de votre obligeante lettre à l'occasion de la paix. Vos observations sur le traité sont très-justes. Vous avez dû y reconnaître le grand principe qui y règne d'un bout à l'autre ; je veux dire, celui de la liberté générale du commerce. Je n'hésite pas à déclarer que, selon moi, toute paix est plus ou moins bonne en raison de ce qu'on y respecte plus ou moins cette liberté. Je vous fais aussi cette observation pour un motif dont il faut que vous soyiez instruit. J'ai prié M. le vicomte de Vergennes et M. de Rayneval de dire à M. le comte de Vergennes que, si dans le cours de notre négociation, il avait trouvé mes opinions dignes de son approbation et de son estime, c'était à vous que je les devais ; que vos conversations et vos connaissances avaient essentiellement contribué à étendre et à *libéraliser* mes idées sur ce sujet ; que j'aurais désiré de vous en montrer ma reconnaissance ; que malheureusement vous étiez trop bon catholique pour que je pusse vous faire accepter les places que notre Église pourrait vous offrir ; mais que je me regarderais moi-même comme infiniment et personnellement obligé à M. le comte de Vergennes si, en ma considération, il voulait acquitter cette dette envers vous, en vous procurant une abbaye; et que, s'il connaissait quelque personne digne de sa protection à qui je pusse être utile ici, je me regarderais comme très-heureux de pouvoir le payer de retour. Depuis ce temps, les choses ont pris ici une autre tournure, et je ne pourrais sans doute plus réaliser l'offre que j'ai faite.

» Mais j'ai une trop haute opinion de M. de Vergennes, et son caractère m'est trop bien connu par les relations que j'ai eues avec lui, pour croire que cette différence de circonstances puisse en apporter aucune dans la force de ma recommandation auprès de lui.

» Voyez M. de Rayneval : je suis sûr qu'il vous accueillera avec considération et avec amitié; et je me trouverai bien heureux de pouvoir vous prouver par-là l'estime et la sincérité avec lesquelles je suis moi-même, etc. »

Je ne puis m'empêcher d'arrêter un moment l'attention de ceux qui liront ces mémoires sur la noblesse d'un tel procédé. Certainement milord Shelburne n'avait pas appris grand'chose de moi. Le seul point sur lequel ma conversation ait pu lui être de quelque utilité, est le principe de la liberté du commerce, appliqué à diverses questions importantes de l'économie publique; et c'est par allusion à cette doctrine, établie dans plusieurs de mes ouvrages, qu'il a daigné dire que j'avais *libéralisé* ses idées, lorsque seul, et avec son excellent esprit, il les aurait fort bien *libéralisées* lui-même.

Mais qu'un homme de cet ordre, qu'un homme en place, qu'un homme très-instruit et très-éclairé, pour obliger un homme obscur, parle de celui-ci avec cet avantage, et de lui-même avec cette modestie; qu'il affiche cette sorte d'obligation envers un simple et pauvre auteur; c'est un exemple rare. J'ai eu sans doute bien des relations du même genre avec des hommes en place et des ministres; mais aucun n'a jamais pensé, et encore moins dit, que je lui pusse rien apprendre; et il en est plusieurs, en effet, à qui je n'ai jamais rien appris. C'est là, il faut en convenir, un procédé dont la physionomie est étrangère.

Je ne dois pas oublier non plus de dire que cet empressement à profiter du crédit passager que pouvait avoir un ministre anglais, signant un traité, pour faire obtenir un bénéfice à un abbé français, peu susceptible par sa naissance et par ses occupations de cette espèce de grâces, était du lord Shelburne tout seul, et que je ne lui avais nullement suggéré ce dessein, dont je n'avais eu moi-même aucune idée. Aussi ai-je souvent reconnu que le désir d'obliger, et l'extrême bonté de milord pour moi, se montrent bien plus dans cette seule demande, imaginée par lui, que dans tous ses autres témoignages d'attachement et d'estime; car il n'y a que la bonté véritable, la véritable amitié, qui s'avisent ainsi de tout.

M. de Vergennes rendit la demande de milord Shelburne au roi, qui n'hésita pas à donner au ministre anglais cette marque de son estime et de sa satisfaction ; ce qu'il exprima, comme M. de Vergennes me l'a redit, en des termes très-obligeans pour moi ; et M. d'Autun, instruit des intentions royales, tant par M. de Vergennes que par le roi lui-même, fit signer au roi le brevet d'une pension qui me fut accordée sur les économats : cette pension de quatre mille livres, sans retenue, valait mieux qu'une abbaye de huit ou dix, ruineuse en bulles et en réparations.

Toute bien conduite que fût cette affaire, elle ne laissa pas de se prolonger depuis le mois de février ou mars, époque du retour de Rayneval, jusqu'au mois de juin, selon le train ordinaire de ces choses-là : car il avait fallu attendre la vacance de quelque abbaye, et l'extinction de quelques pensions sur le fonds des économats. Ainsi, le lord Shelburne étant sorti du ministère à la fin de mars, je ne reçus la grâce qu'il avait sollicitée, que lorsqu'il n'était plus en posture de se plaindre d'un refus. Mais M. de Vergennes était fort éloigné de se donner avec lui un semblable tort, puisqu'il n'a cessé, depuis la retraite de milord Shelburne, de parler de l'estime qu'il avait pour lui, et de répéter qu'il n'avait jamais vu un homme public plus franc et plus droit en affaires ; et Francklin m'a rendu le même témoignage de cet homme, que la détraction qui s'attache aux gens en place a fait si ridiculement appeler en Angleterre Malagrida, du nom de ce fameux jésuite portugais.

Ma pension obtenue, je n'eus rien de plus pressé que d'aller remercier mon bienfaiteur; il était aux eaux de Spa, lui, sa femme et deux parentes, mesdemoiselles Vernon. Il m'avait instruit de son départ; je me rendis à Spa, porteur de lettres de M. de Vergennes; et j'y passai auprès de milord environ cinq semaines des mois d'août et septembre, logé chez lui et ne le quittant jamais. De là, nous gagnâmes les Pays-Bas, voyant Bruxelles, Malines, Anvers, et ensuite la Hollande, nous arrêtant quelques jours dans chaque ville considérable. Revenu à Bruxelles avec lui, je le quittai pour reprendre la route de Paris, tandis qu'il alla s'embarquer à Calais pour l'Angleterre.

Pendant mon séjour auprès de lui, il avait bien voulu exiger de moi que je revinsse le voir; comme je savais qu'il comptait faire voyager son fils aîné en France l'année suivante, je le priai de vouloir bien me l'envoyer; et je m'engageai de le lui ramener en Angleterre, après avoir fait ensemble notre tour de France.

En cette même année, à mon retour de Spa, je fis venir de Lyon ma nièce, mademoiselle Belz, depuis mariée à M. Chéron, membre de l'assemblée législative. Fille de la plus jeune de mes sœurs, qui avait épousé un négociant suisse, bourgeois de Zurich, établi à Lyon, elle montrait dès-lors pour le clavecin un talent prodigieux; elle exécutait les plus difficiles sonates de Clémenti avec une netteté et une vigueur que je n'ai jamais vues qu'en elle, et qu'elle a non-seulement conservées, mais perfectionnées depuis par les leçons et les conseils d'Hullmandel, de Piccini, de Viotti, qui étaient sans cesse chez moi. Viotti surtout se plaisait à exécuter avec elle sa musique, pleine de verve et de grâce.

L'arrivée de ma nièce Belz remplit le vide que laissait dans mon ménage ma séparation d'avec Marmontel et sa femme, dont la famille augmentée demandait plus d'espace, et qui alla demeurer, comme je l'ai dit, à deux portes de la mienne, toujours dans la maison des Feuillans.

Quant à ma nouvelle nièce, je trouvai en elle tout ce que je pouvais y désirer, une âme sensible, un esprit naturel, droit, piquant, toujours animé et toujours agréable. Elle fut bientôt appréciée ce qu'elle valait, par une société spirituelle, M. de Saint-Lambert, Mme d'Houdetot, les jeunes dames V*** et F***, Mme de la B***, M. de l'Etang et sa nièce, depuis Mme P***, la société de Mme Helvétius, de Mme Broutin, de M. de Savalette; tous l'accueillirent et l'aimèrent, et contribuèrent dès-lors à lui procurer les plaisirs et les dissipations que son âge lui faisait rechercher. Ces amitiés, formées par elle dans le plus jeune âge, ne se sont jamais démenties, et je ne m'étonne pas qu'elle ait trouvé des amis fidèles (1).

On a vu qu'à notre retour de Hollande, j'avais proposé à milord Shelburne, en le quittant, de m'envoyer son fils aîné, depuis lord Whycomb, alors sir Fitz-Morice : son père n'étant pas encore marquis de Lansdown, titre qui, comme celui de duc, donne le titre de lord au fils aîné. Sir Fitz-Morice se rendit en effet à Paris au mois de juillet 1784 ; il logea chez moi ; il vit Paris ; je le menai chez tous ceux de mes amis qu'il voulut bien voir : car il se montrait quelquefois sauvage, et se refusait à faire des connaissances nouvelles. Ensuite, au mois d'août, nous partîmes pour aller à Brest par la Touraine. De là, nous gagnâmes Bordeaux, voyant tous les ports de l'Océan ; de Bordeaux, nous allâmes voir Marseille, Toulon, la Provence, et nous revînmes par Lyon et par la Bourgogne à Paris.

Nous étions à peine reposés, que nous courûmes nous embarquer à Calais ; et nous arrivâmes à Londres vers le commencement d'octobre, ayant fait

---

(1) Madame Chéron avait condamné à l'oubli tout ce passage des *Souvenirs* de son oncle ; nous le publions malgré elle, et nous regrettons que l'auteur ait interrompu trop tôt ses Mémoires pour parler de son autre nièce, dont les attentions filiales ont aussi consolé ses dernières années.

mille ou douze cents lieues en moins de deux mois : l'ardent jeune homme l'avait ainsi voulu.

Je retrouvai mon respectable ami, mon noble bienfaiteur, dans sa terre de Bowood en Wiltshire, où je passai encore trois mois agréablement et très-utilement pour moi. Je revins en France vers la fin de décembre.

Un honneur littéraire, que je ne me croyais pas en droit d'espérer, m'attendait dans ma patrie : au mois de juin 1785, je fus reçu à l'Académie française. Je proteste ici que je n'ai jamais pensé que cet honneur fût une dette méritée par mes travaux, et que je n'ai jamais éprouvé le moindre sentiment de jalousie contre aucun de ceux qui l'ont obtenu avant moi. Je m'étais fait peut-être une idée un peu trop haute du mérite académique; mais telles ont été mes constantes dispositions depuis que je suis entré dans la carrière des lettres. C'est au public à décider si, dans ce jugement de ma conscience, j'ai été modeste, ou seulement juste envers moi-même.

Je dirai pourtant aujourd'hui, pour me relever un peu dans ma propre opinion, que j'ai assez de connaissance de l'art d'écrire pour n'être pas déplacé dans une compagnie dont l'art d'écrire est le principal objet; peut-être aussi ai-je porté à l'Académie plus d'idées sur le mécanisme et la philosophie des langues que la plupart de mes confrères, et même une habitude d'analyser les pensées, de définir les mots, de fixer les notions, dont manquent souvent des hommes en qui on reconnaîtra d'ailleurs bien plus de talens qu'à moi.

Ceux de mes confrères qui ont eu la même assiduité que moi aux séances de l'Académie, me rendront ce témoignage que, dans le travail du dictionnaire, je n'étais pas un des moins actifs ni un des moins utiles d'entre nous. Quoique notre dictionnaire ne donne point les étymologies, comme elles servent beaucoup à faire reconnaître la véritable acception des mots, je me plaisais à indiquer celles que j'aurais adoptées. Quelque connaissance de plusieurs langues m'aidait en cela; j'ai même des idées que je crois neuves sur les étymologies de la langue latine, la mère d'une partie des langues d'Europe, et de la française en particulier. Je laisse un travail assez considérable sur cette question difficile; et mes nombreuses recherches grammaticales suffiraient, comme on voit, pour justifier mon admission à l'Académie.

Je ne veux pas oublier une circonstance de ma réception. J'ai dit, en parlant de ma pension sur les économats, que milord Shelburne, depuis lord Lansdown, l'avait demandée au roi en signant la paix, et qu'il avait motivé sa demande sur une raison aussi obligeante pour moi, que modeste de sa part.

J'avais communiqué dans le temps au chevalier de Chastellux, mon ami, la lettre où milord Shelburne s'exprimait dans les mêmes termes, et m'apprenait la demande qu'il avait faite à nos ministres.

Le chevalier de Chastellux, directeur de l'Académie à l'époque de ma réception, rappela ce témoignage si flatteur pour moi.

Rayneval, premier commis des affaires étrangères, et M. de Vergennes, et beaucoup d'autres gens de Versailles, surtout parmi les diplomates, blâmèrent cet endroit de sa réponse comme une indiscrétion, et peut-être comme une impertinence.

Je sus ces plaintes par Rayneval lui-même et par Chamfort, qui en fut scandalisé, et qui m'écrivit alors une lettre très-amicale pour me remercier de mon discours (1).

Cette lettre est si piquante et si conforme au ton habituel et caustique de Chamfort, que je ne crois pas inutile de la conserver, d'autant plus qu'on y retrouvera aussi les dispositions tout-à-fait révolutionnaires que Chamfort a montrées sans réserve dès les premiers temps de nos troubles, et la confiance avec laquelle il semble les annoncer.

Il répond à un billet qui accompagnait l'envoi de mon discours pour lui et pour M. de Vaudreuil.

---

(1) Imprimé dans les *Mélanges*, tome I, page 1. La réponse de M. de Chastellux, *ibid*, page 37.

LETTRE DE CHAMFORT.

20 Juin 1785.

« Mais vraiment, Monsieur, je ne sais pas pourquoi votre billet finit par la plaisante prière de dire du bien de votre discours. Est-ce que vous avez cru que je ne le lirais pas? Amitié à part, je me serais, pardieu, bien passé la fantaisie d'en dire le bien que j'en pense. Il y a de si bonnes choses, qu'on voudrait les ôter d'un discours académique, vu le malheur dont ces sortes d'ouvrages sont menacés. J'ai bien peur que, dans le naufrage de l'armée de Xercès (allusion à un endroit de mon discours), la collection de nos harangues, en huit volumes, ne soit ce qui coule d'abord à fond; il ne serait pas mal d'avoir quelques allèges ou barques suivant la flotte, pour sauver quelques débris.

» Quel parti vous avez tiré de ce pauvre abbé Millot! Je n'en ai jamais su tant tirer de son vivant, et je vous aurais demandé votre secret. Au surplus, vivent les morts pour être quelque chose!

» Je sais que nombre de gens à Versailles ont trouvé mauvais que, dans la réponse du marquis de Chastellux, on citât les propres termes de la lettre où le marquis de Lansdown vous rend un si honorable témoignage. Après avoir bien écouté ce qu'on m'a dit de noble et d'imposant sur ce beau texte, j'ai cru, je me trompe peut-être, mais j'ai cru que la vanité des places, ou de l'importance locale, s'affligeait de voir un simple homme de lettres, comme on dit, honoré d'une telle preuve d'estime par un grand ministre. En secret, dans une lettre bien cachetée, dans l'arrière-cabinet, cela peut se passer, à la bonne heure ; mais en public, ah! monsieur l'abbé, c'est une terrible affaire! O vanité! ô sottise de l'importance! je jure Dieu que je vous causerai tôt ou tard de grands chagrins! Il ne tenait qu'à moi d'en jurer sur le poëme de la Fronde ; mais cela serait trop sublime, et puis d'ailleurs on dirait que cela est pillé de Démosthènes.

» Je vous rends mille grâces de votre traduction de Smith, et du plaisir que l'ouvrage m'a fait : c'est un maître livre pour vous apprendre à savoir votre compte ; et si on me l'eût mis dans les mains à l'âge de quinze ans, je m'imagine que je serais dans le cas de prêter quelques centaines de guinées à l'auteur, et ce serait de tout mon cœur; assurément. Je ne vous le renvoie point encore, parce que je l'ai laissé à la campagne, et qu'il y a quelques chapitres bons à relire et à méditer.

» Adieu, monsieur l'abbé, je vous salue et vous embrasse de tout mon cœur.

» *P. S.* J'ai remis à M. de Vaudreuil un exemplaire de votre discours, le seul que j'eusse alors ;

il l'a lu avant moi, et m'en a parlé de façon à prévenir mon jugement, si j'étais sujet à me laisser prévenir. Il m'a prié de vous faire tous ses remercîmens ; il n'est pas de ceux que la publicité de la lettre de milord Lansdown scandalise. Il trouve très-bon, très-simple qu'on ait des talens, du mérite, même de l'élévation, et qu'on soit honoré à ces titres, fût-ce *publiquement*, quand même on ne serait par hasard ni ministre, ni ambassadeur, ni premier commis. Il devance de quelques années le moment où l'orviétan de ces messieurs sera tout-à-fait éventé. »

J'ajouterai ici une lettre d'un ton bien différent, celle que Thomas m'écrivit alors d'Oullins, près de Lyon, où il est mort peu de temps après (1) dans les bras de l'archevêque Montazet, son ami. Si je transcris encore cette lettre, je le fais moins, en vérité, pour m'honorer d'un tel suffrage, tout honorable que je le trouve, que pour essayer de répandre quelque intérêt dans ces Mémoires, par les nombreuses pièces inédites dont je suis seul dépositaire.

A Oullins, près de Lyon, 13 juillet 1785.

«Je vous remercie, mon cher et nouveau confrère, du discours que vous avez eu la bonté de me

---

(1) Le 17 septembre 1785.

faire tenir par l'archevêque de Lyon. Je l'ai lu avec beaucoup de plaisir; et après l'avoir lu, j'ai dit avec Ovide:

Materiam superabat opus.

Vous avez fait valoir avec beaucoup d'art un fonds assez ingrat. L'esprit et la raison ont dicté vos jugemens. C'est une riche broderie que vous avez jetée sur un canevas simple et modeste, et qui a mis en relief une étoffe unie. Le mérite est tout entier pour l'artiste, qui a su lui donner du p... par son travail. Vous voyez .... que j'emprunte mes expressions du pays. J'aime beaucoup vos réflexions sur les Mémoires de Noailles; elles ont autant de finesse que de vérité. En effet, le véritable intérêt des Mémoires est d'être, pour ainsi dire, un ouvrage dramatique, et de mettre en scène celui même qui a été acteur. L'historien attache par des résultats et des tableaux, l'auteur des Mémoires par des détails; et les détails de caractère sont encore plus piquans que ceux d'action. L'abbé Millot a fait disparaître cet intérêt qui tenait à l'homme, et il n'avait pas de quoi y suppléer par un intérêt qui tînt à lui-même et à sa manière de voir et de sentir. Son âme, sans mouvement, était loin de pouvoir se transporter dans un mouvement étranger. Tout ce que vous dites sur son caractère personnel, et sa manière d'être en société, est plein d'esprit; vous avez tiré parti de son silence même. C'est peindre, pour ainsi dire, dans l'ombre, et faire sortir des traits qui étaient sans couleur. Vous avez créé une physionomie à celui dont le défaut était de n'en pas avoir. Votre création, cependant, paraît tenir à un être réel, et même à celui que nous avons connu. On le voit, quand vous le racontez, mieux peut-être que lorsqu'on le voyait lui-même. C'est comme certains objets de la nature, qui, pour se dessiner à l'œil, ont besoin d'être mis à distance. Ainsi, grâce à vous, il aura après sa mort une sorte de caractère qui s'effaçait de son vivant. M. le marquis de Chastellux, dans son discours ingénieux et fin, vous a rendu toute la justice qui vous était due. Il a mis sous les yeux du public le bilan de vos richesses. J'aurais désiré moi-même pouvoir me joindre à ceux de nos confrères dont vous avez obtenu les suffrages. Je les remercie d'avoir donné un bon esprit et un philosophe de plus à l'Académie, etc.

» Mille tendres complimens, je vous prie, à M. et à Mme Marmontel. J'ai reçu d'elle dernièrement une lettre infiniment aimable, et l'archevêque m'a remis le discours *sur l'autorité de l'usage dans la langue;* il m'a paru excellent pour les idées et le style. J'aurai le plaisir d'écrire bientôt au bon ménage, où l'on fait de si jolis enfans et de si bons ouvrages. »

Enfin, puisqu'en écrivant ses Mémoires il est permis de recueillir tout ce qui peut faire valoir le personnage, je conserverai une lettre très-flatteuse de Mme Necker, qui donnera un nouvel exemple du genre de son esprit, et intéressera du moins mes lecteurs par ce côté, si elle leur déplaît par l'exagération que j'y vois.

« Nous l'avons lu et relu, M. Necker et moi, Monsieur, votre beau et excellent discours; vous y avez observé cette juste mesure, cette précision dans le coup-d'œil et dans les idées, qui rendraient intéressans et nouveaux les objets les plus communs; votre discours convient à tous les genres d'esprits; je ne connais personne qui ne s'honorât de l'avoir fait, et personne aussi qui ne trouvât du plaisir à le lire. Sans mettre l'abbé Millot au-dessus de sa valeur, vous la lui avez si bien donnée, que vous lui faites gagner beaucoup dans l'opinion; votre raison est toujours celle d'un homme d'esprit, et votre esprit celui d'un homme raisonnable; vous prouvez bien que c'est dans la vérité seule que l'on peut puiser des idées et des éloges durables, et vous dégoûterez de toutes les louanges vagues et exagérées, qui montrent moins le mérite de l'objet que le peu de sagacité de celui qui le loue. Ce que vous dites sur la vie privée de l'abbé Millot est neuf, piquant et ingénieux. Sans avoir mis dans votre ouvrage une chaleur qui eût été déplacée, vous entraînez vos lecteurs par l'ordre, la variété et l'agrément des idées; et quand on vous a lu, on se trouve plus instruit et on se sent un plus grand goût d'instruction. Voilà, à la lettre, et sans y rien ajouter, l'impression que nous avons reçue,

M. Necker et moi, d'un commun accord, et dont nous nous sommes rendu compte mutuellement. Je n'ai reçu votre discours que huit jours après l'impression, mes paquets ne me parvenant qu'une fois par semaine. Nous avons appris de toutes parts le succès prodigieux de M. Marmontel; je lui ai proposé de venir passer quelques jours à Marolles, aux vacances de l'Académie, et de vous engager à l'accompagner; j'enverrais mon carrosse à Paris pour vous chercher. Je désire que cet arrangement puisse vous convenir. Nous nous réunissons, Monsieur, pour vous offrir l'assurance, etc.

» Marolles, 28 juin 1785. »

En finissant ce que j'avais à dire de ma réception à l'Académie, je crois devoir rappeler ce qu'en a écrit M. de La Harpe au grand-duc de Russie, et qu'il imprime maintenant, en 1801, avec sa Correspondance (1) : *Le public a vu*, dit-il, *de très-mauvais œil la préférence donnée à l'abbé Morellet par l'Académie, sur Sedaine, et peu de choix ont été plus généralement désapprouvés.*

Cette décision est bien tranchante, comme toutes celles de l'inexorable critique. Il est difficile de juger avec quelque certitude qu'un choix est généralement désapprouvé : car chaque homme de

---

(1) Tome IV, page 332 de la seconde édition.

lettres ne voit guère que sa société, et ne peut constater l'opinion générale. Mais La Harpe, dans ce jugement, ne se sert pas non plus du terme propre; et si, comme il le fait entendre lui-même, c'est à cause de la préférence donnée sur Sedaine qu'on a vu ma nomination de mauvais œil, c'est rendre très-infidèlement cette opinion que de dire: *Peu de choix ont été plus généralement désapprouvés.*

Qu'on me permette aussi une observation.

La Harpe, autrefois mon ami, imprimant en 1801 ce qu'il écrivait en 1785, semble ratifier aujourd'hui le jugement qu'il prête au public de ce temps, et supposer qu'il n'a pas été adouci ni révoqué depuis. Un critique plus juste, ou au moins plus indulgent, qui eût cru à cette sévérité du public de 1785, en la rappelant en 1801, aurait remarqué que, plus tard, l'écrivain qui, en 1794, a défendu les enfans des condamnés, victimes des tribunaux révolutionnaires, réclamé pour eux et contribué à leur faire rendre leur patrimoine, celui qui a combattu avec quelque courage et quelque énergie pour la cause des pères et mères d'émigrés, et contre d'injustes jugemens, et contre la loi des ôtages, avait acquis quelque droit à l'estime publique.

Je trouve, au reste, dans la même lettre de M. de La Harpe, de quoi me consoler de la sévérité du public de 1785; car il prononce lui-même que je suis *un homme d'esprit et un littérateur très-*

distingué ; et ces titres doivent suffire dans une compagnie littéraire, qui ne peut pas être composée tout entière d'hommes de génie. Je souscris de bon cœur à ce jugement ; car je ne prétends pas au génie, et je laisse même ceux qui se croient dignes, d'y prétendre, M. de La Harpe tout le premier, jouir en paix de leur opinion.

CHAPITRE XV.

Francklin. Couplets en son honneur. Lettres inédites de Francklin, avec figures.

Je publiai, en 1786, la traduction des *Observations on Virginia* de M. Jefferson, ministre des États-Unis en France, qui avait, en cette qualité, succédé à Benjamin Francklin, et qui a été depuis ministre d'état dans son pays et président du congrès.

C'est un livre utile pour la connaissance de ce pays, livre intéressant, varié, enrichi d'observations philosophiques pleines de justesse et de raison. Ce travail assez considérable devint, comme presque tous mes ouvrages, la proie des libraires : un volume in-8°, de plus de 400 pages, fut entièrement perdu pour moi.

Il se fit, vers ce temps, un grand vide dans notre société d'Auteuil, par le départ de Francklin, qui retournait en Amérique; il demeurait à Passy, et la communication entre Passy et Auteuil était facile. Nous allions dîner chez lui une fois par semaine, Mme Helvétius, Cabanis et l'abbé de la Roche, ses deux hôtes, et moi, qui les accompagnais souvent. Il venait aussi très-fréquemment dîner à Auteuil, et nos réunions étaient fort gaies.

C'est pour un de ces dîners, à je ne sais plus quel anniversaire de sa fête ou de la liberté américaine, que je fis la chanson suivante :

Air : *Camarades, lampons.*

>Que l'histoire sur l'airain
>Grave le nom de Francklin,
>Pour moi, je veux à sa gloire
>Faire une chanson à boire;
>   Le verre en main,
>Chantons notre Benjamin.
>
>En politique il est grand;
>A table joyeux et franc;
>Tout en fondant un empire
>Vous le voyez boire et rire;
>   Grave et badin,
>Tel est notre Benjamin.
>
>Comme un aigle audacieux,
>Il a volé jusqu'aux cieux,
>Et dérobé le tonnerre
>Dont ils effrayaient la terre,
>   Heureux larcin
>De l'habile Benjamin.
>
>L'Américain indompté
>Recouvre sa liberté;
>Et ce généreux ouvrage
>Autre exploit de notre sage,
>   Est mis à fin
>Par Louis et Benjamin.
>
>On ne combattit jamais
>Pour de plus grands intérêts;

Ils veulent l'indépendance
Pour boire des vins de France,
  C'est là le fin
Du projet de Benjamin.

Le congrès a déclaré
Qu'ils boiraient notre claré,
Et c'est pour notre champagne
Qu'ils se sont mis en campagne,
  De longue main,
Préparés par Benjamin.

L'Anglais sans humanité
Voulait les réduire au thé;
Il leur vendait du vin trouble
Qu'il leur faisait payer double,
  Au grand chagrin
De leur frère Benjamin.

Si vous voyez nos héros
Braver l'Anglais et les flots,
C'est pour faire à l'Amérique
Boire du vin catholique,
  Vin clair et fin
Comme l'aime Benjamin.

Ce n'est point mon sentiment
Qu'on fasse un débarquement :
Que faire de l'Angleterre?
On n'y boit que de la bière,
  Fâcheux destin,
Au dire de Benjamin.

Ces Anglais sont grands esprits,
Profonds dans tous leurs écrits,

Ils savent ce que l'air pèse ;
Mais si leur cave est mauvaise,
　Ils sont en vain
Savans comme Benjamin.

On les voit assez souvent
Se tuer de leur vivant ;
Qu'y feront les moralistes,
Si les pauvres gens sont tristes
　Faute de vin,
Comme le croit Benjamin ?

Puissions-nous dompter sur mer
Ce peuple jaloux et fier !
Mais après notre victoire,
Nous leur apprendrons à boire
　A verre plein
La santé de Benjamin.

Francklin aimait beaucoup les chansons écossaises ; il se rappelait, disait-il, les impressions fortes et douces qu'elles lui avaient fait éprouver. Il nous contait qu'en voyageant en Amérique, il s'était trouvé, au-delà des monts Alleghanis, dans l'habitation d'un Écossais, vivant loin de la société, après la perte de sa fortune, avec sa femme qui avait été belle et leur fille de 15 à 16 ans ; et que, dans une belle soirée, assis au-devant de leur porte, la femme avait chanté l'air écossais, *Such merry as we have been*, d'une manière si douce et si touchante, qu'il avait fondu en larmes, et que le souvenir de cette impression était encore tout vivant en lui après plus de trente années.

C'était plus qu'il n'en fallait pour me faire tenter de traduire ou d'imiter en français la chanson qui lui avait causé tant de plaisir. Elle se trouve, ainsi que cinq autres du même genre, et la romance de Marie Stuart, dans un recueil de musique copié de ma main.

J'ai fait en cela un tour de force; car la difficulté est grande de calquer des paroles françaises sur ces airs originaux, sans les dénaturer. Il y a une de ces chansons qui n'a pu être faite qu'en vers masculins, où se trouvent de suite trois ou quatre vers de deux syllabes, la chute de toutes les phrases musicales étant appuyée et masculine. Il m'accompagnait quelquefois ces airs sur l'*harmonica*, instrument, comme on sait, de son invention.

Son commerce était exquis : une bonhomie parfaite, une simplicité de manières, une droiture d'esprit qui se faisait sentir dans les moindres choses ; une indulgence extrême, et par-dessus tout, une sérénité douce qui devenait facilement de la gaîté ; telle était la société de ce grand homme, qui a mis sa patrie au nombre des états indépendans, et fait une des importantes découvertes du siècle.

Il ne parlait un peu de suite qu'en faisant des contes, talent dans lequel il excellait, et qu'il aimait beaucoup dans les autres. Ses contes avaient toujours un but philosophique. Plusieurs avaient la forme d'apologues que lui-même avait imaginés, et il appliquait avec une justesse infinie ceux qu'il n'avait pas faits.

Dans mes *Ana* manuscrits, rédigés selon la méthode de Locke, en deux volumes in-8°, j'ai conservé plusieurs de ces contes et un grand nombre de traits qui regardent Francklin. J'en ai envoyé quelques-uns au *Moniteur* dans les premiers mois de 1790.

Mais je ne puis donner une plus juste idée de l'esprit aimable de cet homme, si distingué d'ailleurs par son génie et par la force de sa raison, qu'en rapportant une lettre que madame Helvétius reçut de lui un matin, après avoir passé la journée de la veille à dire avec lui beaucoup de folies. Cette lettre se trouve peut-être ailleurs, mais on ne sera pas fâché de la relire.

LETTRE

DE FRANCKLIN A Mme HELVÉTIUS.

A Passy.

« Chagriné de votre résolution, prononcée si fortement hier au soir, de rester seule pendant la vie, en l'honneur de votre cher mari, je me retirai chez moi, je tombai sur mon lit, je me crus mort, et je me trouvai dans les Champs-Élysées.

» On m'a demandé si j'avais envie de voir quelques personnages particuliers. — Menez moi chez les philosophes. — Il y en a deux qui demeurent ici près, dans ce jardin. Ils sont de très-bons voisins, et très-amis l'un de l'autre. — Qui sont-ils? — Socrate et Helvétius. — Je les estime prodigieusement tous les deux; mais faites-moi voir premièrement Helvétius, parce que j'entends un peu de français et pas un mot de grec. Il m'a reçu avec beaucoup de courtoisie, m'ayant connu; disait-il, de caractère, il y a quelque temps. Il m'a demandé mille choses sur la guerre et sur l'état présent de la religion, de la liberté et du gouvernement en France. — Vous ne me demandez donc rien de votre amie Mme Helvétius? et cependant elle vous aime encore excessivement; il n'y a qu'une heure que j'étais chez elle. — Ah! dit-il, vous me faites souvenir de mon ancienne félicité; mais il faut l'oublier pour être heureux ici. Pendant plusieurs années, je n'ai pensé que d'elle. Enfin, je suis consolé. J'ai pris une autre femme, la plus semblable à elle que je pouvais trouver. Elle n'est pas, c'est vrai, tout-à-fait si belle; mais elle a autant de bon sens et d'esprit, et elle m'aime infiniment. Son étude continuelle est de me plaire; elle est sortie actuellement chercher le meilleur nectar et ambroisie pour me régaler ce soir; restez chez moi et vous la verrez. — J'aperçois, disais-je, que votre ancienne amie est plus fidèle que vous; car plusieurs bons partis lui ont été offerts, qu'elle a refusés tous. Je vous confesse que je l'ai aimée, moi, à la folie; mais elle était dure à mon égard, et m'a rejeté absolument pour l'amour de vous. — Je vous plains, dit-il, de votre malheur, car vraiment c'est une bonne femme et bien aimable. Mais l'abbé de Laroche et l'abbé Morellet ne sont-ils pas encore quelquefois chez elle? — Oui, assurément, car elle n'a perdu un seul de vos amis. — Si vous aviez gagné l'abbé Morellet avec du café à la crême, pour parler pour vous, peut-être vous auriez réussi; car il est raisonneur subtil, comme Scotus ou Saint-Thomas, et il met ses argumens en si bon ordre, qu'ils deviennent presque irrésistibles. Ou si vous aviez engagé l'abbé de Laroche, en lui donnant quelque belle édition d'un vieux classique, à parler contre vous, cela aurait été mieux; car j'ai toujours observé que, quand il conseille quelque chose, elle a un penchant très-fort à faire le revers. A ces mots, entrait la nouvelle Mme Helvétius avec le nectar; à l'instant, je l'ai reconnue pour Mme Francklin, mon ancienne amie américaine. Je l'ai réclamée; mais elle me disait froidement: j'ai été votre bonne femme quarante-neuf années et quatre mois, presque un demi-siècle; soyez content de cela. J'ai formé ici une nouvelle connexion qui durera à l'éternité. Mécontent de ce refus de mon Eurydice, j'ai pris tout de suite la résolution de quitter ces ombres ingrates, et de revenir en ce bon monde revoir le soleil et vous. Me voici. Vengeons-nous? »

On me pardonnera, je crois, de publier à la suite de cette lettre une autre plaisanterie de Francklin, qui confirmera ce que j'ai dit de sa gaîté franche et de l'heureuse sociabilité de son caractère.

Comme il aimait les chansons à boire, presque autant que les chansons écossaises, et que j'en avais fait pour lui, il s'avisa, dans un de ses momens de folie, de m'adresser la lettre suivante.

LETTRE

DE L'ABBÉ FRANCKLIN A L'ABBÉ MORELLET,

AVEC FIGURES.

« Vous m'avez souvent égayé, mon très-cher ami, par vos excellentes chansons à boire; en échange, je désire vous édifier par quelques réflexions chrétiennes, morales et philosophiques sur le même sujet.

» *In vino veritas*, dit le sage. *La vérité est dans le vin.*

» Avant Noé, les hommes, n'ayant que de l'eau à boire, ne pouvaient pas trouver la vérité. Aussi ils s'égarèrent; ils devinrent abominablement méchans, et ils furent justement exterminés par l'eau qu'ils aimaient à boire.

» Ce bonhomme Noé, ayant vu que par cette mauvaise boisson tous ses contemporains avaient péri, la prit en aversion; et Dieu, pour le désaltérer, créa la vigne, et lui révéla l'art d'en faire le vin. Par l'aide de cette liqueur, il découvrit mainte et mainte vérité; et, depuis son temps, le mot *deviner* a été en usage, signifiant originairement *découvrir* au moyen *du vin*. Ainsi, le patriarche Joseph prétendait *deviner* au moyen d'un coupe ou d'un verre *de vin*, liqueur qui a reçu ce nom pour marquer qu'elle n'était pas une invention humaine, mais *divine*; autre preuve de l'antiquité de la langue française contre M. Gébelin. Aussi, depuis ce temps, toutes les choses excellentes, même les déités, ont été appelées *divines* ou *divinités*.

» On parle de la conversion de l'eau en vin, à la noce de Cana, comme d'un miracle. Mais cette conversion est faite tous les jours par la bonté de Dieu devant nos yeux. Voilà l'eau qui tombe des cieux sur nos vignobles; là, elle entre dans les racines des vignes pour être changée en vin; preuve constante que Dieu nous aime, et qu'il aime à nous voir heureux. Le miracle particulier a été fait seulement pour hâter l'opération, dans une circonstance de besoin soudain qui le demandait.

« Il est vrai que Dieu a aussi enseigné aux hommes à réduire le vin en eau. Mais quelle espèce d'eau? — L'eau-de-vie; et cela, afin que par-là ils puissent eux-mêmes faire au besoin le miracle de Cana, et convertir l'eau commune en cette

D'après le dessin original envoyé par Franklin.

Fig. 3.

Fig. 4.

Fig. 5.

espèce excellente de vin, qu'on appelle *punch*. Mon frère chrétien, soyez bienveillant et bienfaisant comme lui, et ne gâtez pas son bon breuvage.

» Il a fait le vin pour nous réjouir. Quand vous voyez votre voisin à table, verser du vin en son verre, ne vous hâtez pas à y verser de l'eau. Pourquoi voulez-vous noyer la vérité? Il est vraisemblable que votre voisin sait mieux que vous ce qui lui convient. Peut-être il n'aime pas l'eau : peut-être il n'en veut mettre que quelques gouttes par complaisance pour la mode : peut-être il ne veut pas qu'un autre observe combien peu il en met dans son verre. Donc, n'offrez l'eau qu'aux enfans. C'est une fausse complaisance et bien incommode. Je dis ceci à vous comme homme du monde; mais je finirai comme j'ai commencé, en bon chrétien, en vous faisant une observation religieuse bien importante, et tirée de l'Écriture Sainte, savoir, que l'apôtre Paul conseillait bien sérieusement à Timothée de mettre du vin dans son eau pour la santé; mais que pas un des apôtres, ni aucun des saints pères, n'a jamais conseillé de mettre de l'eau dans le vin.

» *P. S.* Pour vous confirmer encore plus dans votre piété et reconnaissance à la providence divine, réfléchissez sur la situation qu'elle a donnée au coude. Vous voyez, figures 1 et 2, que les animaux qui doivent boire l'eau qui coule sur la terre, s'ils ont des jambes longues, ont aussi un cou long, afin qu'ils puissent atteindre leur boisson sans la peine de se mettre à genoux. Mais l'homme, qui était destiné à boire du vin, doit être en état de porter le verre à sa bouche. Regardez les figures ci-dessous : Si le coude avait été placé plus près de la main, comme en fig. 3, la partie A aurait été trop courte pour approcher le verre de la bouche; et s'il avait été placé plus près de l'épaule, comme en fig. 4, la partie B aurait été si longue, qu'il eût porté le verre bien au-delà de la bouche : ainsi nous aurions été tantalisés. Mais par la présente situation, représentée fig. 5, nous voilà en état de boire à notre aise, le verre venant justement à la bouche. Adorons donc, le verre à la main, cette sagesse bienveillante; adorons et buvons. »

À cette belle dissertation, étaient jointes les figures suivantes de la main de son petit-fils, sous la direction de cet admirable et excellent homme, en qui je voyais Socrate, à cheval sur un bâton, jouant avec ses enfans.

Je m'attachais d'autant plus à lui que, depuis quelque temps, il se disposait à nous quitter. Il était tourmenté par de fréquentes rétentions d'urine et des douleurs de pierre; il voulait retourner mourir dans sa patrie. Quelques amis l'en dissuadaient par l'idée de ce qu'il aurait à souffrir dans le voyage. Il prit toutes les précautions que la prudence lui conseillait, allant s'embarquer au Hâvre, et arriva à Philadelphie sans avoir presque souffert dans toute la route.

Nous ne tardâmes guère à recevoir de ses nouvelles d'Amérique, aussitôt qu'il y fut établi.

J'ai conservé le brouillon d'une assez longue lettre que je lui envoyai avec une plaisanterie de société, faite pour Mme Helvétius, et contre sa passion pour les chats dont sa maison était remplie. Je crois pouvoir l'insérer ici d'autant plus que j'y joindrai sa réponse, que je traduirai de l'anglais, et qu'on entendra mieux après avoir lu ma lettre.

LETTRE A FRANCKLIN,

EN LUI ENVOYANT LA REQUÊTE DES CHATS.

« CHER ET RESPECTABLE AMI,

» Soyez le très-bien arrivé dans votre pays, que vous avez éclairé et rendu libre. Jouissez-y de la gloire et du repos, chose plus substantielle que la gloire que vous avez si bien méritée. Que vos jours se prolongent et soient exempts de douleur; que vos amis goûtent long-temps la douceur et le charme de votre société, et que ceux que les mers ont séparés de vous soient encore heureux de la pensée que la fin de votre carrière sera, comme le dit notre bon La Fontaine, *le soir d'un beau jour*. Vous savez combien ces vœux, que je répète tous les jours, sont vrais et sincères. Je ne puis vous rendre le plaisir, le transport que m'a causé la nouvelle de votre arrivée à Philadelphie, que m'a apportée un ami de M. Jefferson. Je l'ai envoyé dire, sur-le-champ, à nos amis d'Auteuil.

» Je les ai quittés depuis cinq à six jours, après avoir passé, auprès de *Notre-Dame*, trois semaines, pendant lesquelles l'abbé de Laroche avait été faire un voyage en Normandie. J'y retourne ces jours-ci, et nous allons bien parler de vous et de notre joie de voir que vous vous soyez mieux porté pendant la traversée qu'en terre ferme. Vous aurez su qu'on disait, dans tous les papiers publics, que vous aviez été pris par un corsaire algérien. Je n'en ai jamais rien cru; mais il y avait peut-être en Angleterre des gens qui, pour la beauté du contraste, auraient été bien aises de voir le fondateur de la liberté de l'Amérique esclave chez les Barbaresques. Cela eût fait un beau sujet de tragédie dans vingt ou trente ans d'ici; vous auriez eu un fort beau rôle. Et n'avez-vous pas quelque regret d'avoir manqué une si belle occasion d'être un personnage tragique? Il faut pourtant vous passer de cette gloire.

» On nous a dit que vous aviez été très-bien reçu, et que vous aviez eu tous les *huzzas* du peuple. Ce sont là des dispositions fort bonnes et fort justes; mais, pour le bien de votre pays, il faut

qu'elles soient durables, qu'elles s'étendent, et
que tous les citoyens éclairés et vertueux les se-
condent, afin que vos sages conseils et vos grandes vues, pour le bonheur et la liberté de l'Amérique, influent sur les mesures qui restent à prendre, et consolident l'édifice dont vous avez jeté les
fondemens avec quelques autres bons patriotes.
C'est le souhait que je fais du fond de mon cœur;
non pas comme votre ami et pour votre gloire, mais
comme cosmopolite, et désirant qu'il y ait, sur la
face de la terre, un pays où le gouvernement soit
véritablement occupé du bonheur des hommes;
où la propriété, la liberté, la sûreté, la tolérance,
soient des biens, pour ainsi dire, naturels comme
ceux que donnent le sol et le climat; où les gouvernemens européens, lorsqu'ils voudront revenir
de leurs erreurs, puissent aller chercher des modèles. Les colonies grecques étaient obligées de
rallumer leur feu sacré au prytanée de leur mé-
tropole. Ce sera le contraire, et les métropoles
d'Europe iront en Amérique chercher celui qui
ranimera chez elles tous les principes du bonheur
national, qu'elles ont laissé s'éteindre. Qu'on éta-
blisse surtout, parmi vous, la liberté du commerce
la plus entière et la plus illimitée : je la regarde
comme aussi importante au bonheur des hommes
réunis en société, que la liberté politique. Celle-
ci ne touche l'homme que rarement et par un petit nombre de points ; mais la liberté de cultiver,
de fabriquer, de vendre, d'acheter, de manger,

de boire, de se vêtir à sa fantaisie, est une liberté de tous les jours, de tous les momens; et je ne regarderai jamais comme libre, une nation qui sera asservie dans toutes les jouissances de la vie, puisqu'après tout c'est pour ces mêmes jouissances que les hommes se sont réunis en société.

» Après s'être élevé à ces grands objets, il faut redescendre à terre et vous parler un peu de vos amis. *Notre-dame d'Auteuil* se porte fort bien, quoiqu'elle prenne trop souvent du café contre les ordonnances du docteur Cabanis, et qu'elle me dérobe toujours de ma portion de crème, contre toute justice. Le bull-dog, que votre petit-fils nous a amené d'Angleterre, est devenu insupportable et même méchant; il a encore mordu l'abbé de Laroche, et nous fait entrevoir une férocité vraiment inquiétante. Nous n'avons pas encore déterminé sa maîtresse à l'envoyer au combat du taureau, ou à le faire noyer; mais nous y travaillons. Nous avons aussi d'autres ennemis domestiques moins féroces, mais très-nuisibles; un grand nombre de chats, qui se sont multipliés dans son bûcher et sa basse-cour par le soin qu'elle a de les nourrir très-largement; car, comme vous l'avez si bien expliqué dans votre essai, *On peopling countries*, la population se proportionnant toujours aux moyens de subsistance, ils sont aujourd'hui dix-huit, et seront incessamment trente, mangeant tout ce qu'ils attrapent, ne faisant rien, que tenir leurs mains dans leurs robes fourrées et se chauffer au soleil, et laissant la maison s'infester de souris. On avait proposé de les prendre dans un piége et de les noyer : un sophiste subtil, de ces gens qui savent rendre tout problématique, et qui, comme Aristophane le dit de Socrate, savent faire *la meilleure cause de la plus mauvaise*, a pris la défense des chats, et a composé pour eux une *Requête* qui peut servir de pendant au *Remerciment* que vous avez fait pour les mouches de votre appartement, après la destruction des araignées, ordonnée par *Notre-dame*. Nous vous envoyons cette pièce, en vous priant de nous aider à répondre aux chats. On pourrait aussi proposer pour eux un parti plus doux, qui tournerait au profit de votre Amérique. Je me souviens d'avoir entendu dire que vous aviez beaucoup d'écureuils dans les campagnes et beaucoup de rats dans les villes, qui causent de grands dégâts, et qu'on n'a pu convenir encore, entre les campagnards et les citadins, de l'établissement d'une taxe destinée à vous défaire de ces deux genres d'ennemis. Or, pour cela, nos chats vous seront d'un grand secours. Nous vous en enverrions une cargaison d'Auteuil ; et, pour peu que nous ayons de temps, nous aurons bien de quoi en charger un petit bâtiment. Dans la vérité, il n'y a rien de si convenable. Ces chats ne feront que retourner dans leur véritable patrie : amis de la liberté, ils sont absolument déplacés sous les gouvernemens d'Europe. Ils pourront vous donner aussi quelques bons exemples; car, d'abord, selon votre charmant apologue, ils sauront se retourner contre l'aigle qui les emporte, et, en lui enfonçant les griffes dans le ventre, le forcer de redescendre à terre pour se débarrasser d'eux. Nous devons aussi leur rendre cette justice, que nous n'avons jamais vu entre eux la moindre dispute à la gamelle, qu'on leur porte régulièrement deux fois par jour. Chacun prend son morceau, et le mange en paix dans un coin. Enfin, après s'être sauvés de la gueule du bull-dog, comme vous autres Américains de celle de John-Bull, ils ne se mettent pas en danger par leurs dissensions intestines : ils ont du bon.

» Voilà bien des folies, mon cher et respectable ami; je me les suis permises, parce que vous les aimez et que vous êtes vous-même fort enclin à en dire, et, qui pis est, à en écrire. Mais si vous craignez de perdre de votre considération chez vos compatriotes en laissant apercevoir ce goût, vous vous enfermerez pour me lire, et vous ne direz rien au congrès du projet que je vous propose de vous envoyer des chats d'Europe. Un obstacle s'y opposerait d'ailleurs, quant à présent : notre traité de commerce avec vous n'est pas plus avancé qu'à la paix, et en attendant la conclusion de ce traité, je ne sais pas ce qu'on ferait payer de droits d'entrée à ma cargaison de chats arrivant à Philadelphie; et puis, si mon navire ne trouvait à se charger chez vous que de farines, il ne pourrait pas toucher à nos îles pour y prendre du sucre, ni m'en rapporter non plus de bon rhum, que j'aime beaucoup, et qui paierait en France quelque petit droit de 75 pour cent de la valeur. Tout cela embarrasse mon commerce de chats, et il faut que j'imagine quelque autre spéculation.

» Je finis ma lettre à Auteuil. La *dame* va vous écrire et répondre à votre petit billet. L'abbé de Laroche et M. de Cabanis vous écriront aussi, etc. »

RÉPONSE DE FRANCKLIN,

ÉCRITE DE PHILADELPHIE, AVRIL 1787.

(TRADUCTION.)

« Mon très-cher ami,

» Je n'ai reçu que bien long-temps après leur date, vos agréables lettres d'octobre 1785, et de février 1786, avec les pièces que vous y avez jointes, productions de *l'académie des belles lettres* d'Auteuil. Les témoignages de votre tendre amitié, vos souhaits, et les félicitations que vous m'adressez sur mon retour dans mon pays, me touchent vivement. Je ressens un bien grand plaisir en voyant que je conserve une place honorable dans le souvenir des hommes vertueux et dignes, dont la société agréable et instructive a fait mon bonheur pendant mon séjour en France.

» Mais, quoique je n'aie pu quitter sans regret votre aimable nation, j'ai fait sagement de revenir dans mes foyers. Je suis ici dans ma niche, dans ma propre maison, au sein de ma famille. Ma fille, mes petits-enfans sont autour de moi, mêlés à mes vieux amis et aux enfans de mes amis, qui tous ont pour moi le même sentiment et les mêmes égards. Nous parlons tous la même langue; et vous savez que l'homme qui désire le plus d'être utile à ses semblables, par l'exercice de son intelligence, perd la moitié de sa force dans un pays étranger, où il est obligé de se servir d'une langue qui ne lui est pas familière. Enfin, ce qui est plus encore, je jouis ici des moyens et des occasions de faire du bien, et de tout ce que je puis désirer, à l'exception du repos. Et le repos même, je puis l'espérer bientôt, soit de la cessation de mon office de président, qui ne peut pas durer plus de trois ans, soit en quittant la vie.

» Je suis toujours de votre opinion contre les douanes dans les pays où les taxes directes sont praticables. Ce sera notre situation, quand notre immense territoire sera rempli d'habitans; mais à présent les habitations y sont séparées par de si grandes distances, souvent à cinq ou six milles les unes des autres, dans les parties intérieures, que la collecte d'une taxe directe nous est presque impossible, les frais nécessaires pour payer un collecteur qui va de maison en maison, surpassant la valeur de la taxe même.

» On ne peut s'exprimer mieux que vous ne faites quand vous dites que la liberté de cultiver, de manufacturer, d'importer et d'exporter, etc., liberté à laquelle les prohibitions et les droits de douane donnent atteinte, est infiniment plus précieuse que la liberté politique; que celle-ci n'affecte l'homme que rarement, tandis que celle-là est de tous les jours et de tous les momens, etc. Mais notre dette, causée par la guerre, étant très-pesante, nous sommes forcés, pour l'éteindre, d'employer tous les moyens possibles de lever un revenu, très-disposés d'ailleurs à supprimer tous droits d'importation et d'exportation, dès qu'il nous sera permis de nous en passer.

» Quelque chose qu'on puisse vous dire en Europe de notre révolution, vous pouvez être assuré que notre peuple en est unanimement très-satisfait. Le respect sans bornes qu'on a pour les hommes qui y ont contribué, soit comme guerriers, soit comme hommes d'état, la joie enthousiaste avec laquelle on célèbre annuellement le jour de la déclaration de notre indépendance, sont des preuves incontestables de cette vérité. Dans un ou deux de nos états confédérés, il y a eu quelques mécontentemens occasionnés par des sujets particuliers et tenant à des circonstances locales : ils ont été fomentés et exagérés par nos ennemis; mais ils sont maintenant presque entièrement dissipés, et les autres états jouissent de la paix, du bon ordre, et d'une merveilleuse prospérité. Les récoltes ont été abondantes toutes les années dernières. Les prix des productions de notre sol se sont élevés par la demande des étrangers, et sont payés argent comptant. Les rentes des maisons ont monté dans nos villes; on en construit tous les jours de nouvelles. Les ouvriers et artisans gagnent de forts salaires, et de grandes étendues de terres sont continuellement défrichées.

» Votre projet de déporter les *dix-huit* chats de *Notre-dame d'Auteuil* plutôt que de les noyer, est très-humain; mais les bons traitemens qu'ils éprouvent de leur maîtresse actuelle peuvent leur donner de l'éloignement pour changer de situation. Cependant, s'ils sont de la race des angoras, et si l'on peut leur faire savoir comment deux chats de leur tribu, apportés par mon petit-fils, sont caressés ici et presque adorés, vous pourrez les disposer peut-être à émigrer d'eux-mêmes, plutôt que de demeurer en butte à la haine des abbés, qui finiront tôt ou tard par obtenir leur condamnation. Leur requête est parfaitement bien faite; mais s'ils continuent de multiplier comme ils font, ils rendront leur cause si mauvaise qu'elle ne pourra plus se défendre; ainsi leurs amis feront bien de leur conseiller de se soumettre à la déportation, ou...... à la castration.

« Les remarques du grammairien sur la particule *on* (1), sont une satire piquante et juste. Mes amis d'ici qui entendent le français s'en sont infiniment amusés; ils voudraient bien qu'elles fussent imprimées. Elles ont produit sur moi un bon effet que vous reconnaîtrez dans ma lettre même; car vous y verrez que, partout où je parle du bon état de nos affaires publiques, de peur que vous ne crussiez que je trouve que tout va bien parce que j'occupe ici une belle et bonne place, j'ai eu soin d'appuyer mon dire de quelques autres raisons.

» La peine que vous avez prise de traduire les adresses de félicitations que j'ai reçues en arrivant, m'est une nouvelle marque de la continuation de votre amitié pour moi, qui m'a donné autant de satisfaction que les adresses elles-mêmes; et vous pouvez bien croire que de ma part ce n'est pas dire peu; car cet accueil de mes concitoyens a surpassé de beaucoup mon attente. La faveur populaire, qui n'est pas la plus constante chose du monde, se soutient pour moi. Mon élection à la présidence pour la deuxième année a été unanime. La disposition sera-t-elle la même pour la troisième? rien de plus douteux. Un homme qui occupe une grande place se trouve si souvent exposé au danger de désobliger quelqu'un en rem-

_____

(1) *Mélanges*, tome IV, page 219.

plissant son devoir, que ceux qu'il désoblige ainsi, ayant plus de ressentiment que ceux qu'il a servis n'ont de reconnaissance, il arrive presque toujours que, tandis qu'il est fortement attaqué, il est faiblement défendu : vous ne serez donc pas étonné si vous apprenez que je n'aurai pas terminé ma carrière politique avec le même éclat que je l'ai commencée (1).

» Je suis fâché de ce que vous me dites de l'indisposition que vous avez éprouvée. Je m'étonne quelquefois que la Providence ne garantisse pas les bonnes gens de tout mal et de toute douleur. Cela devrait être ainsi dans le meilleur des mondes ; et puisque cela n'est pas, je suis pieusement porté à croire que si notre monde n'est pas vraiment le meilleur, il faut s'en prendre à la mauvaise qualité des matériaux dont il est fait.

» Embrassez tendrement pour moi la bonne *Notre-dame*, que j'aime autant que jamais. Je me proposais de lui écrire par ce paquebot ; mais je suis obligé de différer faute de temps. Je suis, mon cher ami, avec une estime et une affection sincères, à vous pour toujours.

B. FRANCKLIN.

» Faites mes complimens à M. le Roy, à tous les

---

(1) Francklin a rempli ses trois années de présidence.

dîneurs du mercredi, aux Étoiles (1), et à votre famille. »

Comme dans la suite de ces mémoires je n'aurai pas occasion de reparler de Francklin, j'ajoute ici une dernière lettre de cet homme célèbre, datée de Philadelphie, décembre 1788, et que je n'ai reçue qu'après nos premiers troubles.

Philadelphie, décembre 1788.

« MON CHER AMI,

» La suspension des paquebots a interrompu notre correspondance; il y a long-temps, bien long-temps que je n'ai eu de nouvelles d'Auteuil. J'ai appris dernièrement, par M. Chaumont, qu'un grand nombre de lettres que j'avais envoyées à New-Yorck y est resté plusieurs mois, aucun paquebot n'en étant parti pour la France. Faites-moi savoir, je vous prie, si vous avez reçu de moi des remarques contre les raisons qu'apportent les Anglais du refus qu'ils font de nous délivrer nos lettres d'Europe à nos frontières. Je vous les ai envoyées, il y a près d'une année, en retour

---

(1) *Les Étoiles.* C'est le nom que Francklin donnait aux deux filles de madame Helvétius, madame de Meun et madame Dandlau, d'après le conte qu'on fait d'une mère à qui sa petite fille demandait ce que devenaient les vieilles lunes, et qui lui répondit qu'on les cassait en cinq ou six morceaux pour en faire des étoiles.

de votre excellente plaisanterie *des Guichets*, et de votre *Essai de cométologie*, qui nous ont fort amusés, moi et plusieurs de mes amis. Dans cette disette de nouvelles de *l'académie* d'Auteuil, je lis et relis avec un plaisir toujours nouveau vos lettres et celles de l'abbé de Laroche, et les pièces que vous m'avez envoyées en juillet 1787, et le griffonnage, comme elle l'appelle elle-même, de la bonne dame que nous aimons tous, et dont je chérirai le souvenir tant qu'il me restera un souffle de vie ; et toutes les fois que dans mes rêves je me transporte en France pour y visiter mes amis, c'est d'abord à Auteuil que je vais. Je vous envoie quelque chose d'assez curieux : ce sont des chansons et de la musique composées en Amérique, et les premières de nos productions en ce genre ; j'ai pensé que quelques-uns pourraient être de votre goût par la simplicité et le pathétique. La poésie de la cinquième me plaît particulièrement, et je désire que vous, ou M. de Cabanis, la traduisiez dans votre langue, de manière que la traduction puisse être chantée sur le même air. La personne qui vous remettra ma lettre est M. le gouverneur Morris, ci-devant membre du congrès, et l'un des membres de la Convention, qui ont rédigé la constitution fédérative. Il est fort estimé ici de tous ceux qui le connaissent ; et, comme il est mon ami, je le recommande à vos civilités, ainsi qu'à celles de M. de Marmontel et de toute votre famille.

»Je me flatte de l'espérance que vos derniers troubles sont apaisés. J'aime tendrement votre pays, et je me crois profondément intéressé moi-même à sa prospérité. Maintenant que je viens de finir la troisième année de ma présidence, et que désormais je n'aurai plus à me mêler d'affaires publiques, je commence à me regarder comme un homme libre, *as a free man*, qui n'ai plus qu'à jouir du peu de temps qui me reste. J'en emploîrai une part à écrire ma propre histoire, ce qui, en rappelant à mon souvenir le passé, me fera, pour ainsi dire, recommencer ma vie.

» Je suis toujours, mon cher ami, etc., etc. »

CHAPITRE XVI.

Défense du marquis de Chastellux contre Brissot. Nouveaux mémoires en faveur de la liberté du commerce. Lettre à l'archevêque de Sens. Première assemblée des Notables. Prieuré de Thimer.

En 1787, Brissot, que nous avons vu depuis membre de l'Assemblée législative et de la Convention, briller sur ces deux théâtres et aller finir sa carrière sur un échafaud, avait écrit une satire insolente et injuste sous le titre d'*Examen critique* des voyages dans l'Amérique septentrionale, de M. le marquis de Chastellux : je crus devoir prendre la défense de mon ami. Ma réponse était imprimée plus d'à moitié, lorsque M. de Chastellux, craignant d'engager un combat à outrance avec un mauvais homme, qui prenait déjà une sorte de crédit, me pria de suspendre l'impression. Je conservai seulement deux exemplaires des premières feuilles livrées, et fis transcrire à la suite la fin du manuscrit. L'un de ces deux exemplaires doit être resté entre les mains de Mme de Chastellux après la mort de son mari : on trouvera l'autre chez moi.

Je me trouvai engagé, vers ce temps-là même, à traiter de nouveau la question de la liberté du commerce de l'Inde. Depuis 1769 jusqu'à l'avénement de M. de Calonne au ministère, la compagnie était demeurée supprimée, et le commerce de l'Inde s'était fait avec quelque succès : on ne pouvait rien demander de plus pour des essais de liberté, faits après quarante années de privilége et de monopole.

M. de Clugny, et M. Necker lui-même, dans une administration de plusieurs années, n'avaient point rétabli la compagnie, quoique celui-ci dût être bien fortement tenté de confirmer la théorie de ses écrits par la pratique de son ministère. Cet essai malheureux était réservé à grossir le nombre des fautes de M. de Calonne, qui releva le privilége exclusif et créa une nouvelle compagnie, contre le vœu de la plupart des villes de commerce, avec des avantages exorbitans et aux dépens des consommateurs, aux dépens du revenu public.

Les villes maritimes, fatiguées du joug que leur imposait la compagnie, tentèrent de s'en délivrer. Elles envoyèrent à Paris des députés, chargés de suivre cette affaire au conseil. Ils daignèrent m'honorer de leur confiance, et je fis en leur nom un mémoire où, reprenant la question que j'avais traitée en 1769, sous de nouveaux points de vue, je fais valoir, en faveur de la liberté, le vœu de l'assemblée des notables dont je parlerai bientôt, et celui des principales villes du royaume. J'y prouve par des états authentiques que, pendant les quinze années qui ont suivi la révocation du privilége, les négocians particuliers ont fait heureusement et utilement pour eux le commerce de l'Inde; que leur concurrence n'apporte aucun inconvénient ni à l'achat dans l'Inde, ni à l'importation de l'Inde en Europe, et qu'ils ne manquent point de capitaux; que l'était fait des sacrifices énormes à la compagnie nouvelle; qu'elle n'exporte pas autant de produits de notre territoire et de notre industrie qu'en exporte le commerce libre; je démontre enfin que la suppression du privilége ne peut qu'être avantageuse et à la politique et aux finances de l'état.

Les députés du commerce des villes de Marseille, Rouen, Lyon, Montpellier, Dunkerque, Bordeaux, Toulouse, la Rochelle, Nantes, Lorient et le Hâvre, dont plusieurs m'avaient fourni des renseignemens, et à qui j'avais lu mon mémoire, le signèrent et le payèrent fort noblement par une vaisselle d'argent de la valeur d'environ deux mille écus.

Nous attendions un heureux effet de ce mémoire, et le ministre lui-même, malgré ses préventions, eût résisté difficilement, je ne dis pas à la force de nos preuves, mais au crédit que semblait prendre dans les esprits la cause de la liberté. Mais j'eus bientôt de nouveaux motifs de me flatter du succès. M. l'archevêque de Sens étant arrivé au ministère, je crus et je devais croire qu'aussi persuadé que moi des principes de la liberté du commerce, il en favoriserait le rétablissement. Je me chargeai donc de presser la décision du conseil sur la question que j'avais traitée dans mon nouveau mémoire, et j'en publiai aussitôt un second, en réponse à un précis pour la compagnie, fait par l'avocat Hardouin, et signé de Gerbier et de Bonières.

Mais le torrent des discordes civiles emporta bientôt nos mémoires, et la compagnie des Indes, et la monarchie.

On voit, en effet, que l'ordre des temps m'a conduit à l'assemblée des notables, prélude de la révolution. Elle s'ouvrit en février ; et dès-lors mes relations avec plusieurs de ses membres me donnèrent des occupations nouvelles. Je m'entretenais souvent des affaires publiques avec M. le maréchal de Beauveau ; et j'allais régulièrement à Versailles toutes les semaines chez l'archevêque de Sens, qui m'écoutait ainsi que beaucoup d'autres, mais se contentait de m'écouter.

Pendant toute cette première assemblée, j'ai constamment traité par correspondance avec l'archevêque, d'abord notable et puis ministre, la plupart des questions importantes qui commençaient à occuper les esprits.

J'ai conservé long-temps des notes que je lui envoyais chaque semaine, et dont j'allais chercher la réponse le vendredi. Alors il me rendait mes lettres avec des réponses en marge, et en trois ou quatre mots, à côté de chaque article ; et nous en causions dans nos promenades aux bois de Satory et à Belair, au-dessus de Bièvre, et ensuite au prieuré de l'abbé de Vermond, entre Versailles et Saint-Germain,

Mes observations roulaient sur ses opérations projetées ou faites; et elles étaient toutes très-franches, sans qu'il s'en offensât jamais.

Ainsi je le poussais de toutes mes forces à l'établissement de la subvention que les parlemens rejetaient, à la destruction de la compagnie des Indes renouvelée par M. de Calonne. Je le détournais de la guerre de Hollande, qui ne pouvait avoir d'autre résultat que d'empêcher le stathouder d'accroître son autorité, ce que je ne croyais nullement dommageable à la France. Je blâmais quelques-unes de ses mesures de finance; je lui proposais quelques hommes plus capables de le servir que ceux dont il était entouré. Je critiquais l'arrêt du conseil du mois de septembre 1787, par lequel il avait cassé les arrêts du parlement qui déclarait n'avoir pas le pouvoir d'enregistrer les édits, et dont les expressions me semblaient maladroites. Je le pressais, lorsqu'il a été forcé de recourir à son emprunt, qui lui a si mal réussi, de rendre ses comptes en le proposant, afin d'attirer plus de confiance. Je censurais cet emprunt même en beaucoup de points, etc., et, comme je l'ai dit, il se contentait de m'écouter.

J'allai plus loin; et je fus assez hardi pour rédiger un projet d'emprunt, accompagné d'une promesse, non pas d'états-généraux sur l'ancien pied, mais d'un corps de représentans de chaque province, pris parmi les membres des administrations provinciales et toujours parmi des propriétaires, et qui, députés par ces administrations, seraient les interprètes fidèles des besoins des peuples et les défenseurs de leurs droits.

J'avais préparé tout au long et dans le plus grand détail l'édit qui présentait ces deux dispositions.

La totalité de l'emprunt était de 430 millions en cinq ans, dont cent millions en 1788, 90 millions en 1789, autant en 1790, 80 millions en 1791, et 70 en 1792. J'avais dressé des tableaux des moyens de ces cinq années, et de la libération qui s'opérait par les remboursemens et par l'extinction progressive des rentes viagères, etc. Je ne me rappelle pas mes autres inventions.

Ce travail fut une réponse à l'envoi que m'avait fait l'archevêque de son projet d'emprunt, dont je faisais en même temps la critique. Je l'accompagnai d'une longue lettre que j'ai conservée *in short-hand*, comme je la transcrivis à Auteuil, d'où j'allais partir pour Versailles.

Je ne crois pas inutile de la donner ici, parce qu'elle peut servir à prouver mon dévouement et mon zèle, si elle ne prouve rien de plus.

LETTRE

Ecrite à M. l'archevêque de Sens, au commencement de novembre 1787, en lui envoyant un projet de préambule pour les édits portés au parlement le 19.

« Monseigneur,

» Voilà les papiers que je vous ai annoncés avant-hier; je les accompagne de quelques observations qui en seront la préface.

» Le projet que je vous envoie diffère de celui que vous m'avez remis, principalement en deux points; l'un est le développement de la marche progressive des diminutions de charges et libérations de revenus, qui sont la seule base sur laquelle puisse s'établir la confiance des prêteurs.

» On a dit en général que des emprunts bien combinés deviendraient une source de libération; mais cette assertion est vague tant qu'on ne s'appuie pas de preuves; et les preuves d'une vérité de ce genre ne peuvent être que des calculs; il fallait, je crois, les donner.

» Je sais bien qu'on ne peut pas faire entrer des calculs dans le corps d'un édit; mais on peut et on doit les y joindre, si vous voulez que votre emprunt se présente au public de la manière la plus propre à le recommander.

» Voilà ce qui me fait déplorer que vous n'ayez pu retarder votre emprunt jusqu'à la publication du compte que le roi a promis. C'est ce compte à la main, qu'il fallait demander à emprunter ; et puisque votre bilan laisse encore voir des ressources, les prêteurs les y auraient vues et vous auraient porté leur argent.

» Le tableau que je vous trace de vos moyens pour les cinq années qui vont suivre, renferme la partie de votre compte qui peut fonder la confiance ; il faut donc à tout prix donner au public ou celui-là ou un semblable.

» Je n'ai eu pour le dresser d'autres secours qu'un des états de recette et de dépense donné aux notables, et qu'on m'a dit fourni par M. Gojard ; mais cet état, que je trouve d'ailleurs mal fait, n'est pas suffisant pour déterminer avec précision les ressources que doit vous fournir chaque année le progrès des libérations.

» Il y a des parties qui ne sont pas connues : tels sont, par exemple, des emprunts de Gênes et de Hollande, dont on ne connaît ni le capital originaire, ni les remboursemens effectués.

» Je n'ai pas eu non plus des détails dont j'aurais eu besoin sur la marche réelle des remboursemens, ni sur celle des extinctions des rentes viagères ; et ce défaut de pièces m'a forcé de bâtir sur des suppositions générales : que, sur la totalité des remboursemens à faire, portée dans l'état à environ 51 millions, il s'en exécutait annuellement un vingtième, et que les rentes viagères s'éteignaient par trentièmes, etc. ; mais ce n'est pas là une manière de calculer assez précise ; il faudrait énoncer chaque partie de remboursement qui doit se faire ou être faite à une telle époque, chaque partie d'extinction qui aura lieu dans chaque année ; ce que je n'ai ni fait ni pu faire.

» Je ne regarde donc ce travail que comme une sorte de cadre où vous pourrez placer le véritable tableau, si vous êtes persuadé, comme moi, qu'il est indispensable de le publier.

» Ce tableau, fait avec plus d'exactitude, présenterait sûrement des ressources que j'ai omises ; et peut-être montrerait-il comme plus abondantes celles-là même que j'ai indiquées. On dit qu'on ne se trouve jamais plus riche que lorsqu'on déménage ; et je crois que, en examinant bien les affaires d'un grand pays comme la France, on doit généralement y reconnaître plus de ressources encore que de besoins ; et les comptes y sont surtout bons à cela.

» Je ne connais pas sans doute la situation de vos affaires aussi bien que vous ; mais je vais toujours vous dire ce que je suis tenté d'en penser, d'après l'opinion des hommes instruits.

» La plupart des gens d'affaires ne s'imaginent pas que votre emprunt réussisse, même après avoir passé au parlement, et je ne sais si personne peut vous donner l'assurance qu'il y passe. Je crois pourtant qu'il n'est pas impossible de faire entendre raison à ces messieurs, en leur montrant bien nettement l'alternative du retard des remboursemens ou conversion en contrat, et de l'enregistrement de l'emprunt.

» J'ignore si vous vous détermineriez au retard ou à la conversion, ou à aucun des deux, car c'est toujours une banqueroute. Mais si, en cas de refus, vous étiez décidé, je vous conseillerais fort de présenter au parlement, d'une main votre emprunt, et de l'autre un plan de retard ou de conversion de toute la dette exigible ou susceptible de remboursement.

» En supposant que le refus d'enregistrer doive vous forcer à quelque mesure pareille, je crois toujours qu'il est important de présenter votre emprunt, fussiez-vous sûr qu'il sera rejeté, et de le présenter appuyé de tout ce qui peut le justifier et le faire goûter du public, afin que les reproches tombent sur ceux qui les mériteront, pour avoir, encore cette fois, contrarié la seule opération qui peut rétablir les affaires.

» Les parlemens me conduisent naturellement à l'autre point, plus difficile peut-être, où mon projet diffère du vôtre.

» Vous ne doutez pas qu'en refusant votre emprunt ou en l'acceptant, les parlemens ne vous mettent encore en avant les états-généraux : vous êtes forcé d'avoir une réponse à ce *qui va là* dans l'une ou dans l'autre supposition.

» S'ils vous refusent, ils auront à dire qu'ils ne

peuvent admettre de nouveaux emprunts sans qu'on donne à la nation quelque sécurité contre la continuation des mêmes abus, etc., enfin, ce qu'ils ont déjà dit, et ce que la nation entière dit avec eux.

» Je sais bien, et tous les gens sensés conviennent, que les états-généraux, tels qu'on les a eus jusqu'à présent, sont une pauvre garantie. Mais c'est ce que vous ne ferez pas entendre, tant que vous n'en offrirez pas une quelconque, et même une meilleure.

» Il n'y en a point d'autre qu'une représentation vraiment nationale; il n'y en a point d'autre qui puisse vous dispenser des états-généraux.

» On se fût contenté d'abord d'un conseil de finance bien organisé, où l'on eût appelé quelques hommes indépendans, c'est-à-dire, nommés par différens corps de l'état, ou tour-à-tour par quatre ou huit administrations provinciales. Je vous ai proposé ce plan dans le temps : il a été rejeté.

» Aujourd'hui, à qui voulez-vous que la nation se fie? Les parlemens, qui la défendaient si mal, l'ont encore abandonnée. Les promesses du roi tiennent au caractère et aux principes de ses ministres. Le conseil des finances, tel qu'il est, se laisse conduire par le ministère. Il nous faut une barrière au retour des abus; il nous faut des états-généraux, ou l'équivalent : voilà ce qu'on répète de tous côtés.

» Si vous avez une fois donné ou même promis,

mais promis solennellement cet équivalent, le refus d'enregistrer sera universellement blâmé, et les reproches des suites tomberont sur les parlemens. Si vous n'avez rien fait pour affaiblir cette grande objection, elle retombera de tout son poids sur le gouvernement et sur vous.

» C'est la réponse à cette objection que j'ai voulu vous suggérer, en faisant promettre au roi, dans le préambule de son édit, d'accorder à ses peuples une garantie contre les surprises qui peuvent être faites à sa justice; garantie formée par une représentation tirée des administrations provinciales, sous une forme ou une autre, s'assemblant à des intervalles réglés, et, hors le temps de ses assemblées, agissant par une commission intermédiaire, qui correspondrait avec les administrations elles-mêmes.

» Je ne puis que donner une indication vague de ce nouvel établissement, qu'on ne formerait que d'après un plan bien détaillé et bien réfléchi, et qui serait l'objet d'une loi nouvelle, mais dont la seule perspective produirait un grand effet sur le crédit, si les parlemens s'y prêtaient, et contre les parlemens, s'ils ne voulaient point l'adopter. Mais surtout, votre emprunt admis, il est évident que la réunion de vos deux moyens, tableau des ressources et garantie contre l'abus qu'on en pourrait faire encore, ranimerait la confiance et le crédit.

» Si cette proposition paraît étrange, ce sera faute

de connaître la force de l'opinion publique, et la faiblesse du crédit, deux circonstances qui rendent un grand changement nécessaire. Sur le premier de ces points, j'ai bien peur qu'à Versailles on ne soit pas du tout au courant. Il suffirait cependant, pour s'y mettre, de se rappeler les sacrifices pénibles qu'on vient d'être obligé de faire à l'opinion, en retirant des édits, en rappelant les parlemens, etc., etc. »

Suivaient quatre observations sur le projet d'emprunt que m'avait envoyé l'archevêque.

L'une, sur l'insuffisance des économies dans les premières années, qu'il ne fallait pas avouer.

La deuxième, sur l'insuffisance des vingtièmes, qu'il ne fallait pas dire non plus.

La troisième, sur la guerre, qu'il ne fallait pas croire possible.

La quatrième, sur d'autres emprunts dont il n'était pas adroit de parler, etc.

Ce Mémoire, qui m'avait pris dix ou douze jours d'un travail assidu, me fatigua beaucoup, et j'attribue à cette cause un état d'affaissement dans lequel je tombai soudain vers la fin de novembre; je n'avais ni fièvre ni douleur, mais point d'appétit, une stupeur extrême. Vicq-d'Azir ne me donna aucun remède, et jugea fort bien que je me guérirais par le repos. En effet, après une quinzaine de jours, je me trouvai dans mon état accoutumé.

Je dois dire, au reste, que la partie la plus intéressante de ce travail était l'ouvrage de Dufresne

Saint-Léon, homme actif et laborieux, qui ne manque pas d'idées sur les matières de finances, mais qui, peut-être, ne sait pas les développer avec assez de simplicité. Je fis alors des efforts inutiles pour engager l'archevêque à l'employer, quoiqu'il eût auprès de lui des hommes bien moins dignes de son choix.

Tandis que je rêvais, dans mon obscurité, aux moyens de sauver de l'abîme notre malheureuse France, la fortune, qui m'avait déjà regardé d'un œil assez favorable, cette fortune après laquelle je puis dire en vérité que je n'avais jamais couru, mais que j'avais attendue en travaillant, vint me visiter tout de bon et avec plus de bienveillance que je n'en pouvais espérer ni prévoir, sans faire ce qu'on appelle des châteaux en Espagne.

Au mois de juin 1788, je devins titulaire et possesseur d'un fort bon bénéfice, le prieuré de Thimer, possédé par l'abbé de Bouville, et qui m'échut à sa mort en vertu d'un indult que m'avait donné M. Turgot. Mais les lecteurs français ne sauront bientôt plus ce que c'était qu'un indult; c'était un droit des officiers du parlement et des maîtres des requêtes, au premier bénéfice vacant à la nomination de l'évêque ou abbé à qui l'indult avait été signifié, et que le collateur était tenu de conférer à cet officier s'il était clerc lui-même, ou au clerc à qui cet officier l'avait cédé.

J'avais cet indult depuis près de vingt ans, sans qu'il m'eût rien produit. M. Turgot me l'avait fait placer d'abord sur le doyenné de Cairac, en Quercy; mais l'évêque d'Autun, Marbœuf, ayant eu l'abbaye de Bonneval au diocèse de Chartres, M. Turgot obtint de lui que son indult fût transporté sur cette abbaye. Or, entre le petit nombre de bénéfices, la plupart assez minces, qui étaient à la collation de Bonneval, se trouvait le prieuré de Thimer au pays chartrain, bénéfice de 15 à 16,000 livres de rente, à vingt-quatre lieues de Paris, avec une charmante habitation. L'abbé de Bouville, possesseur actuel, était vieux et infirme : c'était beaucoup de chances pour moi. Mais il pouvait résigner. Ma bonne ou ma malheureuse étoile ne lui en donna pas le temps; on le trouva mort dans son lit, le 14 juin. J'étais depuis quelques jours à Auteuil chez Mme Helvétius, ne songeant nullement au prieuré du pauvre abbé, lorsque je reçus de Paris un exprès, qui m'apportait cette petite nouvelle. Je fus bien félicité par les amis que j'avais alors à Auteuil, et bien embrassé par Mme Helvétius. Je partis pour Rouen, où était l'évêque d'Avranches, Belbeuf, à qui l'abbaye de Bonneval avait passé, toujours grevée de mon indult, et qui devait me conférer le bénéfice. Je revins à Paris lestement; et le jour de Saint-Pierre, 29 juin, je me trouvai à Thimer, où je pris possession.

Je trouvai là une maison ancienne, mais solidement bâtie et fort bien distribuée, et un jardin de sept à huit arpens, y compris le jardin potager. Le revenu était alors de quinze mille livres, partie en un domaine et terres affermées, partie en dîmes, les unes affermées, les autres reçues en nature par moi-même : je le portai à seize mille livres.

Ajoutez à cela tous les droits seigneuriaux de chasse, cens et rentes honorifiques, etc. Voilà le bien qui m'arriva, comme on dit, en dormant, à l'âge de soixante-deux ans, selon le mot du bon La Fontaine :

> Dieu prodigue ses biens
> A ceux qui font vœu d'être siens.

A mon âge, il était naturel d'être pressé de jouir. Aussitôt après ma prise de possession, je revins tout disposer à Paris pour embellir mon nouvel établissement. De retour à Thimer, vers le milieu de juillet, j'achetai pour deux mille livres de meubles, à l'inventaire de mon prédécesseur, et j'établis chez moi les maçons, les menuisiers, les charpentiers, j'employai un colleur de Réveillon, qui y travailla six semaines; je mis à l'œuvre un tapissier de Dreux, qui acheva de me meubler en entier, sauf quelques parties de meubles que j'envoyai de Paris.

Je commençai aussi l'arrangement de mon jardin, et des plantations nouvelles, et des travaux pour l'écoulement des eaux. Comme le pays n'a point de fontaines, je rétablis de grands bassins à recevoir les eaux de pluie; celles des puits étaient d'ailleurs excellentes. Je réparai tout; rien ne fut oublié. Enfin, après avoir employé à embellir et compléter mon petit ermitage environ deux mois, de toute l'activité dont Dieu m'a doué, et qui n'est pas petite, je me trouvai en état, au commencement de septembre, les vacances de l'Académie étant ouvertes, d'y recevoir ma sœur et ma nièce, madame Piscatory et sa fille, depuis madame Pastoret, et d'y passer fort agréablement les deux mois que me laissaient les vacances jusqu'à la Toussaint.

En relisant le détail dans lequel je viens d'entrer, je suis tenté de le trouver d'une personnalité ridicule; car, après moi, à qui peut-il être intéressant de savoir comment était construite et meublée la maison dont j'ai été chassé, et de quel agrément ou de quel revenu était le bénéfice dont j'ai joui si peu de temps? Mais qu'on pardonne ces souvenirs à ma douleur et à mes regrets. Je viens de décrire l'asile qu'espérait ma vieillesse. Sans doute on ne sera pas vivement touché d'une perte qui m'est commune avec tant d'autres; mais j'ai promis l'histoire de mes plus secrets sentimens, je rends compte de toutes les impressions de ma vie; et, comme celles-là m'ont profondément affecté, il est naturel que je les transmette, je ne dis pas à nos neveux, mais à mes neveux, afin qu'ils sachent que je fus heureux un instant, et qu'ils apprennent, s'il le faut, à ne pas l'être toujours.

CHAPITRE XVII.

Seconde assemblée des Notables. Travaux et discussions politiques.
États-généraux. Doublement du Tiers.

Vers la fin de 1788, se faisaient déjà sentir avec force les mouvemens qui préparaient la révolution française.

L'assemblée des notables, convoquée au mois de février de l'année précédente, avait commencé à agiter les esprits. Au mois d'avril, l'archevêque de Sens avait succédé à M. de Calonne. Le 23 août 1788, il avait cédé le ministère à M. Necker. Celui-ci avait convoqué de nouveau les notables en octobre. La nouvelle assemblée avait eu pour principal objet de ses délibérations, la forme à donner aux états-généraux promis par le roi.

Fallait-il suivre la forme de 1614, où les députés de la noblesse, du clergé et du tiers, intervenaient en nombre à peu près égal? ou donnerait-on au tiers un nombre de députés double, et égal au nombre des députés du clergé et de la noblesse réunis?

L'examen de cette question occupant la seconde assemblée de notables, ses débats, portés dans le public et suivis dans les *clubs* qui commençaient à se multiplier et à s'échauffer davantage, donnèrent à la nation entière, et surtout à la capitale, une agitation qu'il fut bientôt impossible de maîtriser.

Sitôt que le lièvre fut lancé, une foule de chasseurs se mirent à le poursuivre. Nombre d'écrivains traitèrent la question chacun à leur manière et dans des systèmes opposés.

J'écrivis moi-même et je fis imprimer des *Observations sur la forme des états de* 1614, où je défendis l'opinion du bureau de MONSIEUR, qui était pour le doublement du tiers.

A cet écrit j'en ajoutai bientôt un autre qui avait le même but, et que j'intitulai *Réponse au Mémoire des Princes*.

Je dirai ici avec douleur, que cet ouvrage apporta quelque altération à la bienveillance que m'avaient montrée jusque-là plusieurs personnes distinguées, et entre les autres, Mme la comtesse de Boufflers.

Mon opinion contrariait fortement la sienne. Elle s'expliqua sur ma brochure avec beaucoup de chaleur à M. le maréchal de Beauveau. J'arrivais un jour chez lui, pour dîner, comme elle en sortait. Mon cher abbé, me dit-il, si vous étiez venu un moment plus tôt, vous auriez entendu chanter vos louanges par ma cousine, Mme de Boufflers, qui m'a dit de vous pis que pendre; et je vous avertis que vous devez prendre cette expression à la lettre, car elle vous sait un mal de mort pour votre réponse aux princes; mais comme je partage vos torts, je ne vous en ferai pas pire chère : allons dîner.

Je conçus fort bien et j'excusai la colère de Mᵐᵉ de Boufflers : ses idées habituelles, ses liaisons, les préjugés de son état devaient l'irriter contre moi; et je fus moins blessé de ce petit ressentiment, qu'affligé de perdre la société d'une femme aimable et spirituelle qui m'avait toujours fort bien accueilli. Je m'abstins d'aller la voir jusqu'en 1794, où, sortie de prison après la mort de Robespierre, elle désira elle-même de renouer notre liaison.

Lorsqu'on porte ses yeux sur les événemens postérieurs, on est, il faut l'avouer, bien naturellement conduit à blâmer cette opinion, et à rendre ceux qui l'ont défendue responsables des malheurs publics, qu'on regarde comme autant de suites de la composition de la première assemblée.

Mais si l'on ne veut pas se presser de condamner, on reconnaîtra peut-être la vérité de quelques raisons qui doivent nous absoudre.

D'abord, au moment où l'on a accordé le doublement du tiers, on ne pouvait plus le refuser. Ensuite, cette mesure n'est devenue si funeste que par les fautes du gouvernement, qui furent alors si nombreuses et qu'on pouvait éviter. Enfin, après avoir consenti au doublement, on a négligé d'organiser les assemblées primaires et la représentation elle-même sur leurs véritables principes, c'est-à-dire, de fonder les droits politiques qu'on rendait à la nation sur la base de la propriété, seul correctif puissant et efficace à l'introduction du tiers dans l'administration.

Pour se convaincre d'abord que le gouvernement, lorsqu'il a accordé le doublement du tiers, n'était plus en mesure de le refuser, il faut se reporter au moment où la question a été décidée, et se rappeler l'échauffement général des esprits, l'agitation, l'inquiétude, l'opinion presque universelle que les intérêts du tiers seraient encore sacrifiés dans une assemblée nationale, si, par son nombre même, il n'était pas en état de s'y défendre; que la réforme des abus ne pouvant se faire, en beaucoup de points importans, qu'aux dépens des privilégiés, et l'influence de leur rang, de leur richesse, devant attirer à leur parti beaucoup de membres du tiers, celui-ci perdrait nécessairement toutes ses causes; qu'après tout, les premiers ordres ne pouvaient craindre pour leurs justes droits les suites du doublement, parce qu'ils auraient toujours, de leur côté, le roi et son *veto* (qu'on ne s'était pas encore avisé de mettre en question); qu'il était ridicule de prétendre que vingt-quatre millions d'hommes, formant le tiers, n'eussent pas autant de représentans dans une assemblée nationale, que cent ou deux cent mille nobles ou prêtres, composant les deux ordres privilégiés; qu'enfin, argument bien plus fort que tous ceux-là, ces vingt-quatre millions d'hommes le voulaient : et il était vrai, en effet, qu'on était parvenu à le leur faire vouloir.

C'est aux personnes qui ont eu ces circonstances sous les yeux, qui ont vu et observé alors Paris et les provinces, dont la plupart prenaient l'exemple de la capitale et n'étaient guère moins ardentes qu'elle, c'est à ces personnes à prononcer s'il était possible de résister à ce torrent. Quant à moi, comme la plupart des hommes instruits et raisonnables que je connaissais, j'ai cru qu'il fallait s'y laisser aller, parce que toute résistance serait inutile, mais en tâchant de conduire la barque pour éviter les écueils.

J'ai dit encore que le doublement du tiers n'est devenu funeste qu'à la suite de fautes graves et multipliées commises par le gouvernement et par les deux premiers ordres eux-mêmes.

Ici surtout il faut se défendre du sophisme, *post hoc, ergò propter hoc*; et c'est celui des esprits routiniers, qui prononcent après coup que le doublement du tiers conduisait nécessairement à la destruction du clergé et de la noblesse, à l'anéantissement de l'autorité royale, enfin à tous les excès; car leur grand argument est que ces excès ont été commis.

Mais, en raisonnant ainsi, on oublie ou l'on feint d'oublier que ces funestes effets pouvaient être prévenus par un gouvernement ferme et sage, et que, si on ne les a pas arrêtés, c'est parce qu'on a commis des fautes grossières, impardonnables et décisives.

La première de ces fautes a été de retarder la convocation des états-généraux, dont on ne pouvait plus se défendre, depuis que les parlemens avaient déclaré leur imcompétence à enregistrer l'impôt. Le mal était fait, si c'en était un ; et il fallait tourner toutes les mesures à affaiblir ou à diriger l'action de ces grandes assemblées. En brusquant la convocation, on eût donné dans le sens des agitateurs ; mais on leur eût ôté leurs prétextes et une partie de leurs moyens. Les notables, en délibérant si longuement sur l'organisation des états, faisaient perdre un temps précieux. Si leur opinion devait coïncider avec l'opinion populaire, qui était déjà trop forte pour qu'il fût permis de la contrarier, il n'y avait qu'à convoquer les états d'après cette opinion ; si elle devait y être contraire, on voyait dès-lors qu'il ne serait pas possible de la suivre, comme en effet on ne la suivit pas, l'avis du seul bureau de Monsieur ayant été adopté contre celui des six autres bureaux, parce qu'on jugea avec raison qu'on ne pouvait plus faire autrement.

Une autre faute a été le retardement de l'assemblée générale, après l'arrivée des députés en avril 1789, causé par le refus des deux premiers ordres de vérifier leurs pouvoirs en commun. Il était, d'abord, déraisonnable de refuser de vérifier en commun des pouvoirs qui, au moins dans beaucoup de circonstances, devaient s'exercer en commun; et cette vérification commune n'avait pour les deux ordres aucun danger.

Il est clair que, dans la position où se trouvaient la noblesse et le clergé, réduits l'un et l'autre à la défensive tout en commençant, il ne fallait pas s'obstiner à garder un petit poste sans importance, mais se replier plutôt et conserver ses forces pour un moment plus critique.

Cette complaisance eût été d'ailleurs d'un bon effet pour adoucir les esprits, dont la tendance générale était et devait être d'attaquer les priviléges abusifs du clergé et de la noblesse, qu'on avait l'air de vouloir défendre en chicanant dès l'abord et sur le premier degré.

Le peuple croyait difficilement, et les malintentionnés le détournaient de croire, que la noblesse et le clergé renonceraient à leurs anciens abus et se soumettraient à l'impôt comme les autres citoyens; que la noblesse abandonnerait les droits seigneuriaux, la tyrannie des chasses; que le clergé améliorerait le sort des curés à portion congrue, etc.; et cette incrédulité étant la grande force qu'on pouvait employer contre les deux premiers ordres, on devait voir qu'il n'y avait rien de plus pressé que de réaliser promptement toutes ces réformes, si, en effet, la noblesse et le clergé s'y prêtaient de bonne foi. Ces concessions, faites plus promptement, abattaient tout-à-coup la malveillance et calmaient l'agitation dirigée contre les deux ordres, en portant aussitôt les délibérations de l'assemblée et l'intérêt du peuple sur d'autres questions générales, auxquelles les nobles et le clergé n'étaient plus intéressés que comme citoyens.

On devait voir de plus, à l'ardeur des esprits, échauffés depuis près de deux ans par les assemblées des notables, et par les *clubs*, et par des écrits sans nombre, qu'il ne fallait pas donner un aliment nouveau à ce feu couvant encore, mais tout prêt d'éclater en un grand incendie.

Ceux qui ont observé Paris dès la première assemblée des notables, en 1787, savent quelle agitation s'y faisait sentir : on discutait dans les *clubs* toutes les questions, tous les plans, tous les projets; et ces clubs se multipliaient sous toutes les formes, et le nombre de leurs associés s'augmentait tous les jours. C'est sans doute à ces réunions qu'il faut attribuer la rapidité avec laquelle se propagea ce grand mouvement des esprits dans la capitale, et de là dans les provinces, avant-coureur de mouvemens bien plus violens et plus dangereux.

Aux *clubs* qu'on pouvait appeler publics, tels que tous ceux du Palais-Royal et des environs, il s'en joignit bientôt quelques autres particuliers, moins nombreux, plus actifs, et par-là même, se dirigeant mieux au but.

Le plus hardi de ces *clubs* était celui qui s'assemblait chez Adrien Duport, conseiller au parlement. Là, se trouvaient Mirabeau, Target, Rœderer, Dupont, l'évêque d'Autun; et, d'après les noms de ces membres dominans, on peut croire que, dans leurs projets de réforme, ces messieurs ne marchaient pas avec une extrême timidité. On a prétendu que dès-lors ils projetaient l'abolition des ordres, la spoliation du clergé, et quelques autres opérations de cette force. Cela se peut, et comme je n'étais point de ces assemblées, je ne puis rien nier ni affirmer avec assurance; mais outre que ces grands changemens ne sont qu'un jeu en comparaison de ceux qu'on a faits depuis, j'observe qu'en général les hommes ne franchissent pas de plein saut de si grands intervalles, et que souvent on se fait honneur d'avoir tout voulu pour laisser croire qu'on a tout prévu.

J'ai peine à croire, d'ailleurs, que ceux-là même aient voulu d'abord tout ce qui s'est fait depuis; et je n'entends pas parler sans doute des spoliations, des infamies, des cruautés. Je fonde cette opinion sur ce que j'ai connu, par ma propre expérience, des dispositions de plusieurs d'entre eux qui venaient aussi chez moi. En effet, j'établis alors une petite assemblée du même genre, mais où ne se produisaient que des sentimens plus modérés, et qui, par cette raison peut-être, ne se soutint pas si long-temps. Je réunissais, le dimanche matin, Rœderer, Laborde Méreville, l'évêque d'Autun, Lenoir, avocat du Dauphiné; Dufresne Saint-Léon, depuis commissaire à la liquidation; de Vaines et l'Étang, depuis commissaires à la trésorerie; Garat, avocat de Bordeaux; Pastoret, Trudaine le jeune, Lacretelle, etc.

Cette espèce de conférence se tenait, je dois le dire, d'une manière édifiante. On y discutait le plus souvent sans disputer; on y apportait des observations écrites; on y proposait de grandes questions; mais de tous ceux que j'ai nommés, et dont plusieurs ont eu dans l'assemblée des opinions très-violentes, je déclare qu'aucun n'en a montré de semblables parmi nous; ce qui n'est pas une petite preuve de l'altération progressive que le temps seul a apportée dans les opinions, et des suites funestes du délai.

L'effet naturel de ce délai fut l'accroissement sensible de l'agitation des esprits; c'est pendant ce temps perdu que la plus infime populace, se mêlant aux membres du tiers, s'est accoutumée à faire cause commune, et à s'identifier, pour ainsi dire, avec eux; et qu'elle les a, d'une autre part, animés, échauffés, entraînés à l'exagération et à la violence des mesures, en leur annonçant l'appui du peuple entier. C'est pendant ce délai que s'est élevée aux regards des députés l'idole de la popularité, idole impitoyable, à qui il a fallu bientôt, comme à Moloch, des victimes humaines. C'est enfin pendant ces six semaines que le tiers s'est avisé peu à peu de se regarder comme formant à lui seul la nation, et, qu'aidés des sophismes de l'abbé Sieyes, les députés se sont familiarisés avec cette étrange erreur, que la nation tout entière était représentée par une assemblée, où n'étaient ni les nobles ni le clergé, possesseurs d'une grande partie de la propriété et de la richesse nationales.

Ce délai produisit donc un effet dangereux, qu'on n'a pas, je crois, assez remarqué : ce fut de rendre, dès l'abord, impuissante et nulle l'influence naturelle que devaient donner dans l'assemblée aux deux premiers ordres, leur ancienne dignité, leur crédit, leur fortune, et les droits de la propriété. Cette influence, fondée sur la nature même des hommes et des choses, se serait exercée naturellement, si les ordres se fussent aussitôt réunis : la présence des nobles et du clergé au milieu du tiers, dès l'origine, eût contenu entre de certaines limites les mouvemens de l'asemblée ; les opinions exagérées, combattues à propos, se seraient modifiées, au lieu qu'en leur laissant le champ libre, comme il est arrivé dans l'assemblée du tiers seul, elles n'ont plus connu de frein.

Les nobles et le clergé supérieur, refusant à ce moment de se réunir avec le tiers, m'ont paru commettre la même faute qu'un homme sans armes, qui, ayant affaire à un ennemi armé d'un long bâton, ne cherche pas à se prendre corps à corps avec lui, et court plus de risque parce qu'il n'est pas assez près de son ennemi.

On était si loin de penser que le seul doublement du tiers pût donner aux ennemis de la noblesse et du clergé une puissance exorbitante, que je me souviens très-distinctement d'avoir vu des hommes éclairés et d'intention droite, avant la composition du clergé et la convocation telle que la fit M. Necker, penser que le tiers doublé en nombre, mais attaqué par l'influence et la suprématie naturelle des nobles et du clergé, pourrait à peine encore défendre ses droits les plus justes, et obtenir des deux premiers ordres les sacrifices les plus légitimes : bien entendu qu'on supposait la noblesse non divisée en partis, et le *veto* conservé au roi.

C'est la réunion trop tardive des ordres qui a augmenté sans mesure la force et la malveillance du tiers, en tenant pendant si long-temps en opposition avec le peuple et séparés de lui tous les gens riches, et surtout le plus grand nombre des propriétaires. Par l'obstination même qu'ils ont mise à se tenir séparés, ils ont revêtu le caractère d'ennemis; tandis qu'en se rapprochant plus tôt, en se confondant avec le tiers-état, ils cessaient d'être un but particulier vers lequel se dirigeait toute l'action si puissante et si terrible de cette masse énorme qu'on appelle le peuple. Dans une réunion volontaire, ils eussent trouvé l'occasion et la force de détourner ou d'amortir les coups qu'on devait leur porter; ils eussent obtenu des modifications et de la mesure, non pour ceux de leurs priviléges qu'on pouvait regarder comme injustes et oppressifs, mais en faveur de leur possession et de leur propriété. Ils eussent gagné au moins de n'avoir pour ennemis que les députés du tiers dans l'assemblée nationale, au lieu qu'ils sont devenus les ennemis du peuple lui-même, ou plutôt d'une populace sans frein qui, dénuée de toute propriété, ne craint pas de violer les droits de la propriété.

Il faut joindre aux fautes que je viens de relever, plusieurs clauses maladroites de la déclaration du 23 juin; le refus de M. Necker de concourir à cette mesure; la faveur que le roi témoignait à quelques hommes, tels que M. de Broglie et M. de Breteuil, connus par leur opposition aux réformes que demandait l'opinion; enfin, le renvoi si imprudent du ministre qui avait la confiance publique.

Que dirai-je de l'étourderie et de la légèreté qui ont fait mettre en avant et puis retirer les troupes, laissé le peuple forcer les prisons, piller les Invalides, s'emparer de l'arsenal, prendre la Bastille?

En considérant toutes ces circonstances, et cette multitude de fautes énormes, qui seules ont rendu funeste le doublement du tiers, comment osé-t-on rejeter tous nos malheurs sur ceux qui, cédant à une impulsion invincible de l'opinion publique, ont consenti à une représentation véritablement plus égale, et que la justice semblait réclamer?

Oui, on pouvait doubler le tiers, et en même temps payer la dette nationale, conserver les propriétés inviolables, maintenir la force publique et sauver la nation et la monarchie. C'est là mon intime conviction, que j'espère faire passer dans l'esprit de tout homme impartial, et qui est au moins mon excuse.

MM. Mounier, de Lally, et une foule d'autres citoyens, zélés défenseurs de la cause publique, ont voulu le doublement du tiers, et par conséquent ils ont voulu armer le tiers d'une force qu'on pouvait redouter; mais ils ont supposé qu'il resterait au roi et assez d'intérêt et assez de puissance pour arrêter la violence du mouvement de la majorité, contre la noblesse et le clergé, dans les questions où il ne s'agirait pas de leurs priviléges pécuniaires et des autres abus véritables, dont on pouvait et devait désirer la réforme; ils ont supposé aussi que la noblesse et le clergé subsistant auraient assez de force pour se défendre, et défendre en même temps la prérogative royale.

Ils ont cru que, pour rendre les états de quelque utilité pour la réforme des abus, il fallait consentir à une mesure juste et légitime; mais ils n'ont pu prévoir que l'insurrection du peuple armé, la faiblesse et les fautes du ministère feraient perdre en un instant au roi la force qu'il avait entre les mains pour défendre et sa propre autorité, et les propriétés des nobles et du clergé, envahies avec tant de violence et d'injustice, après le sacrifice fait par les deux ordres de ce qu'il y avait d'abusif dans leurs priviléges; ils n'ont ni prévu ni pu prévoir la corruption de l'armée, l'effervescence du peuple et son influence tyrannique sur les délibérations de l'assemblée ; ils n'ont ni prévu ni pu prévoir que des manœuvres infernales, qu'une corruption sans pudeur appelleraient, derrière les députés du tiers, un peuple agité, disposé à toutes les résolutions violentes, qui insulterait les défenseurs des opinions modérées contraires à celles qu'on lui suggérait, et dont les menaces sanguinaires étoufferaient toutes réclamations ; qu'une assemblée, qui devait régler la destinée d'une grande nation, serait sans liberté et sans police intérieure ; que les opinions y arriveraient toutes formées par un seul parti dans des assemblées populaires ; ils n'ont ni prévu ni pu prévoir que, sur une simple hésitation du roi à sanctionner les décrets de l'importance la plus grave, cent mille hommes armés se porteraient à Versailles, ensanglanteraient le palais de nos rois ; que des assassins poursuivraient la reine jusque dans les bras de son époux ; qu'on forcerait le monarque à venir se remettre aux mains de ce même peuple, où toute résistance lui deviendrait impossible, où, perdant toute liberté de refuser sa sanction, il n'entrerait plus pour rien dans la balance des pouvoirs.

Les partisans de l'opinion contraire insistent, et prétendent qu'on aurait pu et dû prévoir ce qu'ils ont eux-mêmes prévu. Ils ont annoncé, disent-ils, que sitôt qu'on donnerait au tiers l'égalité de voix, il abuserait de sa force pour opprimer les deux premiers ordres, objets de sa jalousie et de son mécontentement; ils ont annoncé que ce n'était pas connaître les hommes que de croire qu'on peut leur donner la toute-puissance, sans qu'ils abandonnent la route de la justice et du devoir.

J'ai répondu d'avance à ce lieu commun en observant que la toute-puissance n'était pas donnée au tiers dans un état de choses où le souverain, selon les instructions uniformes de tous les cahiers, gardait son *veto* absolu, sans lequel il n'est plus colégislateur; et j'ai indiqué les circonstances impossibles à prévoir, qui ont fait perdre ce moyen de salut et disparaître le roi de la constitution.

Il est aisé d'être prophète après coup, et je n'hésite pas à dire que c'est là le seul don que je reconnaisse dans ceux qui, ne pouvant opposer à notre opinion la raison et la vérité, la combattent par des faits indépendans de cette opinion. Gardons-nous bien de prendre pour sagacité et prévoyance ce qui n'est que crainte et pusillanimité.

Celui qui craint tout, prévoit tout : l'imagination de l'homme effrayé parcourt le champ vaste des possibilités, et à force de terreurs il est assuré de ne voir rien arriver qu'il n'ait annoncé d'avance et qui ne l'ait déjà fait trembler.

Si un grand intérêt concourt à augmenter ces craintes, sa prévoyance sera plus pénétrante encore sans que je l'admire et que je l'envie davantage. Cette espèce de divination a dû être celle de toutes les personnes qui, ayant beaucoup à perdre dans un changement, ont vu la ruine entière de l'état dans les moindres altérations. Mais la ruine n'est pas arrivée par l'endroit que leurs plaintes accusent, et elle a eu bien d'autres causes qu'il était facile de prévenir.

CHAPITRE XVIII.

Suite des principes sur la composition des Assemblées nationales.

Je vais donc essayer, dans ma dernière observation, d'assigner la principale cause des maux et des désordres qui ont suivi la convocation des états-généraux et le doublement du tiers. Cette cause a été l'erreur ou l'oubli qui a fait méconnaître les vrais principes, tant dans la composition des assemblées primaires et des assemblées d'électeurs, que dans celle de l'assemblée des représentans; on n'a pas vu que la propriété territoriale seule devait donner même les premiers droits politiques, et, à plus forte raison, qu'à elle seule appartenait le droit de la représentation dans une assemblée qui allait changer peut-être la constitution et la législation, ou, ce qui est la même chose, le gouvernement des propriétés.

On sent bien que le doublement du tiers dans la représentation pouvait être plus ou moins dangereux pour les nobles et le clergé, selon que l'élection des représentans serait faite dans des vues plus ou moins démocratiques par des classes plus ou moins infimes du peuple; selon qu'on exigerait pour être représentant plus ou moins de fortune et de propriété. Que serait-ce, si l'on n'exigeait rien?

Après avoir décidé ou accordé le doublement du tiers, M. Necker devait songer à bien composer la représentation qui formerait ce tiers doublé, puisqu'il allait mettre dans ses mains le destin de la France. C'était à lui, plus qu'à personne, à chercher les moyens d'avoir des représentans pris dans de telles classes de la société, qu'ils eussent eux-mêmes un intérêt de propriété qui les détournât de violer la propriété d'autrui; des députés qui n'eussent point des vues d'une démocratie exagérée, qui ne fussent pas ennemis de l'autorité royale. Négliger de veiller sur l'organisation d'une assemblée qui allait faire la destinée publique, c'était oublier le premier de ses devoirs et faire courir les plus grands risques à la fortune des particuliers et de l'état.

Or, telle est la faute impardonnable commise par M. Necker. Après avoir doublé le tiers, il a laissé au conseil à débattre, comme autant de questions oiseuses, quelles conditions il faudrait remplir pour assister aux assemblées primaires et nommer les électeurs, quelles pour élire, quelles pour être élu.

Le conseil lui-même, séduit par les idées populaires, a prescrit des conditions presqu'illusoires, par la facilité qu'on avait à les remplir: le paiement d'une imposition de trois journées de travail pour être admis aux assemblées primaires ou aux premiers droits politiques, ce qui faisait entrer dans ces assemblées les cinq sixièmes des mâles adultes du royaume, c'est-à-dire, environ cinq millions d'hommes; et pour être représentant, le paiement d'une imposition de la valeur d'un marc d'argent; ce qui ne suppose qu'une propriété insuffisante à faire vivre le propriétaire, et avec laquelle il peut n'avoir ni intérêt véritable à la prospérité publique, ni instruction, ni loisir, ni enfin, aucune des qualités nécessaires dans le représentant d'une grande nation.

Sitôt que la composition des assemblées primaires, électorales et nationale, eût été réglée sans égard aux droits de la propriété territoriale, dès-lors durent naître de grandes inquiétudes dans l'esprit des hommes modérés, qui avaient voulu le doublement du tiers pour vaincre la résistance que pouvaient opposer les deux premiers ordres à la réforme des abus dont ils profitaient, mais qui n'avaient pas voulu que la propriété, ce *palladium* de la société, fût livrée sans défense aux entreprises d'une multitude indifférente ou avide. Que feraient ces assemblées primaires, composées en partie d'hommes sans propriété? Elles nommeraient des représentans qui, pour la plupart, n'en auraient pas davantage, et le sort des propriétés se trouverait dans les mains d'une assemblée, dont plus de la moitié n'aurait aucun intérêt à leur conservation, et un grand nombre, des intérêts contraires.

C'est cet oubli de la propriété, dans la formation des états-généraux, qui a été la véritable source de nos malheurs.

Il est évident que, dans la disposition des esprits au moment de ce grand acte politique, on ne pouvait mettre des barrières trop fortes au-devant de la propriété, menacée de tous les côtés par les mouvemens populaires. La propriété territoriale devait être surtout protégée : car, dans cette multitude qui allait environner l'assemblée et influer sur ses délibérations, les rentiers étaient en assez grand nombre pour défendre leurs intérêts.

Or, c'est, malheureusement, ce que des hommes très-éclairés et très-bien intentionnés ont reconnu trop tard; la faute n'est pas dans le doublement du tiers, elle est dans la forme de convocation. Sans doute l'empire des anciens usages ne permettait de convoquer l'assemblée que par ordres; mais on devait ne la laisser composer dans chaque ordre, et même dans le tiers-état, que de propriétaires, si l'on voulait sauver la propriété, ou, ce qui est la même chose, la société politique tout entière.

Lorsqu'on traitait de la composition des assemblées nationales au temps qui a précédé la convocation, et à l'occasion des états de Bretagne et de Dauphiné, on opposait les nobles et le clergé au tiers-état, sans considérer ni les uns ni les autres comme propriétaires. Les nobles et le clergé, possesseurs d'une grande partie des biens territoriaux, et qui pouvaient faire valoir ce titre avec tant d'avantage, ne s'en avisaient pas; ils alléguaient des priviléges anciens, qui leur donnaient le droit de concourir à la législation : ou du moins de consentir à l'imposition selon tels et tels usages, et non leur titre de propriété, qui aurait fondé leur droit sur une base bien plus solide.

Les nobles et le clergé ne disaient pas : « La pro-
» priété territoriale, ce grand objet de l'intérêt de
» toute nation, est presqu'en entier dans nos mains.
» Il importe à la nation, et même à la partie de la
» nation qui est occupée des travaux de la culture
» et des arts, sans lesquels l'ordre social ne pour-
» rait subsister, de défendre les propriétés de toute
» atteinte. Il est donc bien nécessaire qu'une assem-
» blée nationale, revêtue d'un très-grand pouvoir,
» soit composée d'hommes intéressés à la conser-
» vation des propriétés, assez éclairés pour con-
» naître ce qui peut la blesser, ayant assez de loisir
» pour se livrer exclusivement à ce soin; et toutes
» ces qualités, en général, ne se trouvent réunies
» que dans les propriétaires. »

Ce raisonnement, qui eût embarrassé les partisans d'une représentation démocratique, les nobles et le clergé ne le faisaient pas; ils se défendaient généralement comme *ordres*, comme jouissant de priviléges qu'ils croyaient justes; mais ils ne faisaient pas valoir leur véritable titre, leur véritable droit, celui de la propriété, et la nécessité de la défendre pour le bien de tous.

En recherchant les sources d'une méprise si grossière, on la trouve, il faut le dire, dans l'orgueil et les préjugés des deux premiers ordres, qui les détournaient d'invoquer le principe de la propriété, parce que, même en supposant qu'on l'adoptât, nombre de bourgeois, d'hommes de loi, de négocians, d'entrepreneurs de différens genres d'industrie, eussent siégé avec eux au même titre, puisque c'eût été comme propriétaires. Et ils ne voyaient pas qu'en les y admettant comme tels, ils eussent acquis autant de défenseurs de leurs droits réels et légitimes.

Le tiers, de son côté, se bornait à contester les priviléges que s'arrogeaient les deux premiers ordres; et, comme il les entendait de même, il n'avait pas de peine à les trouver fondés sur de faux titres. Il disait que les usages anciens ou antérieurs, quand on les eût supposés constans et uniformes, malgré le témoignage de toute l'histoire, ne pouvaient prescrire contre la justice et la raison, ni faire oublier les besoins du peuple et ses droits. Mais ils ne répondaient pas à une objection qu'on ne leur faisait pas, et qui eût consisté à invoquer pour les deux premiers ordres le droit que la propriété leur donnait d'influer sur le gouvernement, qui n'est, après tout, que la protection des propriétés.

Le tiers ne disait pas non plus pour lui-même que, depuis plusieurs siècles, la propriété territoriale ayant cessé peu à peu d'être exclusivement entre les mains de la noblesse, par les progrès de la richesse et du commerce, par la décadence des lois féodales, par les aliénations, les démembremens, les inféodations, les anoblissemens, une grande partie des terres du royaume avait passé dans les mains des hommes du tiers, et qu'à ce titre leur appartenait sans doute aussi le droit de participer au gouvernement de la propriété. Le tiers n'alléguait point cet argument en faveur de ses droits; il n'opposait à la noblesse et au clergé que le nombre infiniment supérieur de ses membres, et nullement sa qualité de propriétaire, droit moins respectable à ses yeux que celui qu'il tirait du nombre seul de plus de vingt-cinq millions d'hommes, contrastant avec les trois ou quatre cent mille nobles ou gens du clergé.

Les deux partis opposés, faisant ainsi abstraction de leurs véritables titres, l'opinion fut conduite à ne considérer les nobles et le clergé, d'une part, et le tiers, de l'autre, que par le seul rapport de leur nombre comparé. En ne considérant les hommes que comme des unités numériques, on ne vit plus la nation que là où l'on voyait le plus grand nombre; d'où ce raisonnement, répété dans tous les écrits du temps contre les prétentions des ordres, et notamment dans celui de Sieyes, *Qu'est-ce que le Tiers?* Opposez, disait-on, trois ou quatre cent mille nobles ou prêtres aux vingt-quatre millions qui forment le tiers-état, la nation ne peut être que dans les vingt-quatre millions, et non dans le million restant. Si donc les représentans de ces vingt-quatre millions se donnent un gouvernement et des lois sans le concours des représentans de ce million, ce gouvernement ne sera-t-il pas le gouvernement légitime de cette nation, et ces lois ne seront-elles pas obligatoires pour tous?

J'en dirai ici ma coulpe avec franchise : c'est ainsi que j'avais raisonné moi-même (1) dans l'affaire particulière de la Bretagne contre sa noblesse et son clergé, et contre la forme de ses états. Voilà, sans doute, une grande méprise pour la Bretagne comme pour le reste du royaume; mais l'erreur en moi était moins une erreur positive, que l'omission volontaire d'une vérité dont on ne croyait pas encore avoir besoin pour combattre la forme vicieuse des états de Bretagne et pour établir l'uniformité dans le gouvernement. Malgré cette excuse, je me reprocherai toujours de n'avoir pas dès-lors énoncé le vrai principe de la représentation.

Il n'est pas douteux, et depuis longues années je ne doutais point, que le droit de constituer, de réformer le gouvernement, n'appartienne exclusivement aux propriétaires. Ce sont là des principes établis par la plupart des philosophes appelés économistes, tels que MM. Dupont, Letrône, Saint-Péravy, Turgot; et ces principes ont toujours été les miens.

On trouvera cette doctrine exposée et prouvée en

---

(1) L'auteur veut parler des quatre *Lettres à la noblesse de Bretagne*, février 1789.

dix endroits de mes divers ouvrages sur l'économie publique, dans mes nombreux manuscrits, et surtout dans un *Traité des droits politiques*. Et cependant la manière dont la question des états-généraux a été posée d'abord, a écarté des esprits cette idée si juste et si vraie, qui devait être la base, non-seulement de toute organisation d'une assemblée nationale, mais encore des assemblées primaires et de celles où l'on nommerait les représentans.

C'est la doctrine qu'il eût fallu prêcher hautement, et dès le premier jour : car, on devait voir bien clairement que, si l'Assemblée nationale était composée, en grande partie, d'hommes sans propriété territoriale, comme l'étaient les trois quarts des membres du clergé, presque tout le Tiers et un assez grand nombre de nobles, on mettait en péril le premier intérêt social, celui de la propriété qui se trouverait violemment attaquée et insuffisamment défendue.

Il fallait déclarer que les nobles eux-mêmes n'avaient de véritable titre qui les appelât aux assemblées de la nation que leur propriété, et que le haut clergé y entrait aussi à titre de propriétaire usufruitier. Ce dernier titre, surtout, a été oublié, avec autant d'imprudence que d'injustice, dans la composition de l'ordre du clergé, imaginée et favorisée, à ce qu'il paraît, par M. Necker.

Il était cependant aisé de voir qu'en laissant entrer dans la représentation plus de deux cents curés à portion congrue, la propriété usufruitière ecclésiastique n'était plus représentée ; qu'on ôtait ainsi tout moyen de défense à cette partie du clergé qui, seule, avait quelque intérêt, quelque propriété, quelque chose à défendre ; et que ces mêmes hommes enfin, ennemis de leurs supérieurs par état, l'étaient aussi de la noblesse, comme appartenant au Tiers par leur naissance. On avait donc plus que doublé le Tiers, puisque, dès le premier jour, il se trouvait, aux états-généraux, huit cents représentans nés parmi le peuple, et à peine quatre cents députés appartenant au haut clergé et à la noblesse.

Il résulte, de tout ce qui précède, que le doublement n'est pas ici la véritable faute, mais que cette mesure est devenue funeste ensuite par de nombreuses fautes qu'on pouvait éviter, et surtout par la composition vicieuse de l'assemblée, dont les membres, pour n'avoir pas été choisis parmi les propriétaires, ont fait bon marché des intérêts de la propriété, et favorisé toutes les entreprises suggérées contre elle par une populace avide de pillage et d'usurpation.

Tous ces débats ayant été terminés par un arrêt du conseil, du 27 décembre 1788, qui réglait le doublement du Tiers, on s'occupa des élections, et les assemblées primaires furent ouvertes.

Je me rendis à Thimer, dans le mois de février 1789, la veille du jour où devaient s'ouvrir les assemblées primaires à Châteauneuf. En y assistant régulièrement, j'appris ce que j'ignorais encore ; c'est que des assemblées, formées de l'espèce du peuple que je voyais là, étaient inaccessibles à l'ordre, au bon sens, incapables de discussion, ingouvernables enfin. Je pris, dès-lors, des hommes assemblés une très-mauvaise idée, que les événemens n'ont fait, ensuite, qu'affermir et fortifier.

Je ne fus pas élu, et je revins à Paris avec ma courte honte ; cependant, pour n'avoir rien à me reprocher, et, cédant aux instances de mes amis, je me rendis encore à l'assemblée primaire des ecclésiastiques de ma section, qui se tenait dans la maison du curé de Saint-Roch : nous étions là soixante-dix ou quatre-vingts. J'eus assez bon nombre de voix ; mais sept ou huit prêtres, en qui je ne pouvais réellement supposer plus de connaissance qu'à moi, me furent préférés. L'un d'entre eux était l'abbé Fauchet, qui s'est conduit, dans la première assemblée et dans la Convention, en vrai *Jacobin*, mais qui, depuis, ayant voulu s'arrêter en si beau chemin, a été convaincu de n'être plus assez patriote, et que ses coopérateurs ont envoyé à l'échafaud avec tant d'autres, pour n'avoir pas voulu les suivre jusqu'au bout.

Les élections faites, les députés se rassemblèrent à Versailles ; et tout de suite s'éleva une nouvelle question. Délibérera-t-on par têtes ou par ordres ?

Il semble que cette question ne pouvait plus en être une, puisqu'après avoir accordé au Tiers la double représentation, il n'était pas raisonnable de lui disputer la délibération par têtes, sans laquelle cette double représentation n'avait plus aucun avantage pour lui.

Ensuite, on opposait à la délibération par ordres de fortes et puissantes raisons; c'était donner à l'esprit du corps, naturellement ennemi de l'esprit public, une force et une activité qui le feraient résister à tout bien; discuter et délibérer par ordres, c'est juger chaque cause entre les ordres en n'écoutant qu'une seule partie, ou, s'il peut rester, dans un tel tribunal, des avocats de la cause publique, c'est les faire plaider devant des juges intéressés et prévenus; c'est fournir à l'intérêt particulier un moyen facile de se cacher sous le voile de l'intérêt de corps, ce qui, dans la sphère rétrécie de la morale de beaucoup de gens, suffit pour justifier, à leurs yeux, les plus mauvaises causes. On dispense alors chaque particulier de répondre de son opinion, qu'il ne donne plus comme sienne, mais comme celle du corps dont il est membre; et bientôt il n'y aura plus de honte ni de remords à soutenir les opinions les plus injustes: car, la honte et le remords en se partageant s'affaiblissent et s'effacent.

S'opposer à la délibération par têtes, disait-on encore, c'est, en d'autres termes, convenir que les droits des privilégiés sont de telle nature, qu'on ne peut les discuter dans une assemblée formée d'un nombre égal de privilégiés et de non privilégiés, sans que ceux-là perdent infailliblement leur cause, aveu qui équivaut à cette autre proposition : les priviléges ne peuvent soutenir une discussion contradictoire et un examen impartial.

Mais quoi ! leur cause n'est-elle pas mauvaise ? la possession des privilégiés a-t-elle quelque fondement dans la justice et dans la raison ? alors cette justice, cette raison peuvent conserver toute leur force sur l'esprit de quelques membres du Tiers, tandis qu'elles seront, d'un autre côté, soutenues dans l'esprit des privilégiés par la logique puissante de l'intérêt. Les priviléges trouveront donc toujours une défense suffisante, au moins en tout ce qu'ils peuvent avoir de juste, de compatible avec l'intérêt de la patrie.

En laissant subsister les ordres comme tels, on ne peut au moins se dispenser de les faire délibérer par têtes dans toutes les questions où il s'agit des priviléges contre lesquels réclame l'ordre non privilégié ; autrement on déciderait, au jugement des privilégiés, toutes les questions relatives aux priviléges. Pour les autres points, où les priviléges n'entrent pas, y a-t-il quelque raison de ne pas les faire décider à la pluralité des suffrages de tous les représentans, la représentation étant supposée formée, comme elle doit l'être, pour l'intérêt de la nation ?

Voilà ce que disait le tiers-état; et quand la méthode de délibérer par ordres n'eût pas contrarié trop fortement les vues qu'on avait annoncées, les droits de la nation, la réforme des abus, il faut convenir qu'à l'époque où vint s'agiter cette question, il était devenu impossible de résister jusqu'au bout aux demandes du Tiers : ceux qui ont observé à cette époque l'état de Paris et du royaume, savent qu'on courait de plus grands dangers en s'y refusant. N'oublions jamais qu'en ce moment l'opinion publique entraînait tout devant elle, et qu'il y avait de la folie à vouloir la combattre. Oui, l'opinion publique est bien redoutable, lorsqu'elle prend pour objet un homme ou une classe d'hommes qu'elle sépare, qu'elle distingue, et qui devient le but contre lequel elle se dirige; car c'est alors qu'elle exerce sa plus grande énergie, parce qu'elle réunit plus facilement ses moyens et ses armes.

Or, dans tout le royaume, la querelle s'établissait entre le peuple d'un côté, c'est-à-dire, la masse de la nation, appelée encore tiers-état, et les nobles et le clergé de l'autre. La querelle était fort vive en Languedoc, en Provence, en Bretagne, à Paris; mais elle était plus ou moins animée dans la France entière. Les gens raisonnables prévoyaient que, si l'opinion du peuple venait à se fixer à la fin sur les nobles et sur le clergé, pour les voir comme des ennemis jurés qu'il avait désormais à combattre, la situation de ces deux ordres devenait horriblement dangereuse. C'est ce qui arrivait infailliblement, pour peu qu'on s'obstinât à laisser dans une chambre les représentans du Tiers, et la noblesse et le clergé dans une ou deux autres : sitôt que cette séparation serait faite, les nobles et les ecclésiastiques devenaient le but contre lequel se porterait plus fortement que jamais l'opinion publique, à la moindre cause, au moindre prétexte que le Tiers pourrait saisir.

S'il y avait, au contraire, quelque moyen d'éloigner le péril, c'était de réunir les ordres; c'était de faire cesser, si l'on pouvait, cette division, et de rapprocher ce qu'il était si dangereux que l'opinion séparât. Je suppose, en effet, une résolution anti-populaire passée dans l'assemblée nationale, formée des trois ordres et délibérant par têtes ; je suppose quelques lois, ou sur la perception des impôts, ou sur la liberté civile, moins favorables aux droits du peuple que le peuple ne l'eût désiré : il eût vu dans une pareille résolution l'opinion de ses représentans, ou plutôt celle de tous les représentans de la nation, le vœu de l'assemblée générale, et non celui des ordres contre lesquels il avait déjà des préventions justes ou injustes. Mais si une loi qu'il attendait eût été rejetée dans la chambre des nobles ou dans celle du clergé, et que leur refus en eût empêché la sanction, les deux ordres étaient en butte au mécontentement public.

On dira peut-être : Eh bien, cette opinion, ce

mécontentement des communes, on les eût bravés, on y eût résisté.

L'événement n'a prouvé que trop combien cette résistance était dangereuse ou plutôt impossible; mais j'ajoute que ce résultat pouvait se prévoir; on pouvait au moins prévoir, jusqu'à un certain point, les progrès de l'effervescence publique, et le peu de fond qu'il y avait à faire sur la force des armes. On pouvait aussi reconnaître que l'agitation de la multitude et la corruption des troupes deviendraient de plus en plus à craindre, si l'on donnait à ces deux germes funestes le temps de se développer. On n'en perdit pas moins les mois de mai et de juin 1789, en débats presque ridicules, et qui doivent surtout nous faire gémir aujourd'hui, quand nous nous rappelons, instruits par une cruelle expérience, la marche rapide des révolutions, et que nous nous disons à nous-mêmes que ce temps précieux eût suffi peut-être encore pour sauver notre malheureuse patrie.

CHAPITRE XIX.

Révolution. Malheurs publics et privés. Écrits politiques.

Quelques mouvemens, avant-coureurs de nos calamités, avaient inquiété déjà, vers le mois d'avril 1789, les amis d'une sage réforme; bientôt toutes leurs espérances sont trompées, une horrible anarchie se prépare. J'y ai survécu avec mes regrets, le souvenir de quelques bonnes actions, et un reste d'effroi.

Une assemblée, convoquée sous le titre d'*états généraux*, se faisant, de son autorité privée, Assemblée nationale, devenant toute-puissante par l'abolition des ordres, abaissant l'autorité royale, envahissant les possessions du clergé, anéantissant les droits anciens de la noblesse, altérant la religion dominante, s'emparant de la personne du roi; le monarque en fuite; une constitution qui ne laisse subsister qu'un simulacre de monarchie; une seconde assemblée sans autre caractère que celui de la faiblesse des moins mauvais, dominée par les méchans; ceux-ci parvenant à former une troisième assemblée pire que les premières; la royauté insultée et avilie; l'habitation du souverain souillée de meurtres, sa déchéance, sa captivité; le trône, enfin, renversé, et la France devenue république; le jugement et la mort du roi sur un échafaud, suivie de celle de son auguste et malheureuse compagne et de sa vertueuse sœur; les nobles, les prêtres, emprisonnés, massacrés par milliers; les propriétés partout envahies, les autels profanés, la religion foulée aux pieds: tels sont les faits que rassemble cette époque, où les événemens ont été d'un tel poids et se sont pressés en si grand nombre, que l'on croit avoir vécu des années en un mois et des mois en un jour, comme un quart-d'heure d'un rêve pénible semble, au réveil, avoir rempli toute la durée d'une longue nuit.

Quand je rappelle ces grands événemens dans le compte que je rends de ma vie, ce n'est pas que j'en aie été moi-même *pars magna*; en effet, quoique mes liaisons avec beaucoup de gens en place, et mes travaux, et l'espèce de connaissances que j'avais cultivées et que mes ouvrages indiquaient, eussent pu fort naturellemen me faire appeler aux assemblées, je n'ai été membre d'aucune et je n'ai occupé aucune place dans l'état, mais je me suis trouvé assez lié avec les premiers auteurs de ce grand mouvement, et assez mêlé à la révolution, pour que, dans la suite de mes souvenirs, j'aie encore à parler des affaires publiques en parlant de moi.

Le 12 juillet 1789, le prince de Lambesc est insulté aux Tuileries, à la tête du régiment Royal-

Allemand; les bustes de M. Necker et du duc d'Orléans sont promenés dans Paris; on pille, dans la nuit du 12 au 13, les boutiques des armuriers.

Le 15 fut marqué par le pillage de la maison de Saint-Lazare, celui du garde-meuble, l'enlèvement des armes déposées aux Invalides, l'armement du peuple.

Enfin, le 14, le siége et la prise de la Bastille; le meurtre du gouverneur, le marquis de Launay, et M. de Flesselles; et les jours suivans, l'assassinat de M. Foulon et de M. Berthier, son gendre, ouvrirent cette longue carrière de crimes, où se précipitèrent les factions.

J'étais à Auteuil le 12, et je n'en revins que le 13 au matin. Je vis de près, dans les journées suivantes, l'horrible agitation du peuple.

Je passai, à mes fenêtres, dans la rue Saint-Honoré, près la place Vendôme, une grande partie de la nuit du 13 au 14, à voir des hommes de la plus vile populace armés de fusils, de broches, de piques, se faisant ouvrir les portes des maisons, se faisant donner à boire, à manger, de l'argent, des armes. Les canons traînés dans les rues, les rues dépavées, des barricades, le tocsin de toutes les églises, une illumination soudaine, annonçaient les dangers du lendemain. Le lendemain, les boutiques sont fermées; le peuple s'amasse, l'effroi et la fureur ensemble dans les yeux. Je connus dès-lors que le peuple allait être le tyran de tous ceux qui avaient quelque chose à perdre, de toute autorité, de toute magistrature, des troupes, de l'Assemblée, du roi, et que nous pouvions nous attendre à toutes les horreurs qui ont accompagné, de tout temps, une semblable domination. J'avoue que, dès ce moment, je fus saisi de crainte à la vue de cette grande puissance jusques-là désarmée, et qui commençait à sentir sa force et à se mettre en état de l'exercer tout entière; puissance aveugle et sans frein, le vrai Léviathan de Thomas Hobbes, dont l'écriture a dit : *Non est* (1) *super terram potestas, quæ comparetur ei, qui factus est, ut nullum timeret....... Ipse est rex super universos filios superbiæ.*

Je renvoie aux historiens les événemens publics de la révolution qui ont suivi le 14 juillet, la nuit du 4 août, le 5 octobre, la translation de l'Assemblée à Paris, etc.

Au mois de septembre, j'écrivis un petit ouvrage intitulé *Réflexions du lendemain*, dont le but était de relever la précipitation et les vices des opérations faites sur les biens ecclésiastiques, et principalement sur les dîmes. J'accordais que les biens ecclésiastiques ne sont pas essentiellement des propriétés, comme les propriétés incommutables et patrimoniales ; mais j'établissais en même temps qu'ils sont des propriétés usufruitières, et

---

(1) *Job*, XLI, 24, 25.

par cela même aussi réelles, aussi sacrées que toutes les autres.

Cet ouvrage fut suivi, au mois de décembre 1789, d'un autre écrit, sous ce titre: *Moyens de disposer utilement des biens ecclésiastiques.* J'y abandonne la prétention du clergé de former un corps politique possédant des biens en propriété incommutable, comme ordre ou corps de l'état; j'admets le principe établi par l'Assemblée nationale, que la possession des fonds et des dîmes du clergé n'est qu'usufruitière; et je propose, au lieu d'attribuer sans profit pour la nation plus de 70 millions de dîmes aux propriétaires, ce qui ne laisserait pas de quoi pourvoir aux frais du culte, de conserver au clergé sa dîme et ses fonds, en exigeant de chaque bénéficier le tiers de son revenu, désormais affecté au paiement et à l'extinction successive de la dette nationale. Ce tiers, même en n'exigeant aucune taxe des cures à portion congrue et les portant à 1200 livres, selon le vœu de l'Assemblée, était estimé à plus de 30 millions; somme qui pouvait s'accroître beaucoup par l'abolition des ordres monastiques et la vente de leurs biens.

Mais ces plans modérés, qui sauvaient en grande partie les biens du clergé et le clergé lui-même, n'étaient pas du goût des réformateurs, dont l'ambition démocratique ne recula pas devant de plus grandes injustices.

J'ai décrit plus haut ma jolie possession de Thimer, dont le revenu, ajouté à ce que j'avais d'ailleurs du gouvernement et à la pension de quatre mille francs sur les économats, me formait plus de trente mille livres de rente. Bientôt fut décrétée la vente des terres et maisons attachées aux bénéfices, et l'expulsion des titulaires. En juin 1790, je me rendis à Thimer pour la dernière fois. Là, je vis vendre à l'enchère la maison que j'avais réparée, meublée, ornée à grands frais, les jardins que j'avais commencé à planter, une habitation où j'avais déjà vécu heureux, où je pouvais me flatter d'achever le reste de ma vie ; et forcé d'abandonner toutes ces jouissances à un étranger qui m'a chassé de chez moi, j'ai répété souvent :

Barbarus has segetes, etc.

Quelques jours après la vente de ma maison et du corps de ferme qui en dépendait, je quittai le pays pour n'y plus revenir. Le concierge et sa femme, tous deux d'un âge avancé et les plus honnêtes gens du monde, leurs trois enfans, deux garçons qui étaient mes jardiniers, et une jolie fille âgée de 16 ans, qui avait soin de ma laiterie, un homme de basse-cour, intelligent et sûr, que j'avais tous gardés de mon prédécesseur, et que je traitais beaucoup mieux que lui, se désolaient et fondaient en larmes. Le curé et le vicaire, qui m'étaient aussi très-attachés, partageaient notre douleur. Cette séparation me fit une impression si déchirante, que la plaie en saigne encore toutes les fois que mes souvenirs me reportent à ce triste moment.

Je ne parle là, comme on voit, que de l'habitation et du domaine qu'on m'enlevait, et non des rentes en dîmes. C'est qu'en me recherchant bien, je sens que c'est en effet l'habitation et le petit domaine que je regrette, et non le revenu.

Cette observation sur moi-même me donne occasion de faire remarquer tout ce qu'il y avait d'odieux dans cette spoliation, et combien elle dut être accablante surtout pour des hommes plus âgés et plus pauvres que moi. Mais la perte de mon bénéfice n'était rien : voici une douleur bien plus cruelle. Je vais raconter comment s'est rompue alors, entre Mme Helvétius et moi, une liaison qui datait de trente ans. Le malheur de ces temps funestes et l'intolérance des gens de parti auraient dû épargner au moins une si fidèle amitié.

Mme Helvétius, de la maison de Ligniville, une des plus anciennes de Lorraine, après la mort de son mari, arrivée en 1771, avait acheté une maison à Auteuil, où elle s'était déterminée bientôt après à fixer son séjour toute l'année, en renonçant à venir à Paris passer l'hiver. Elle m'y avait d'abord donné un très-joli logement, formé d'un petit bâtiment isolé, au fond de son jardin. Depuis sept ou huit ans, j'avais préféré un autre appartement dans le corps-de-logis sur la rue; j'avais là une bibliothèque assez nombreuse, tirée de mon cabinet de Paris, la vue des côteaux de Meudon au midi, au nord celle du jardin de M°™ de Boufflers. Je venais passer communément à Auteuil deux ou trois jours de la semaine, en y apportant mon travail.

La société de M™° Helvétius était alors formée, outre moi, de deux hommes de lettres habitant sa maison, et vivant avec elle dans une grande intimité.

L'un, l'abbé de Laroche, était un ex-bénédictin qu'Helvétius avait sécularisé tant bien que mal, en obtenant un bref de Rome, appuyé d'un titre de bibliothécaire du duc des Deux-Ponts, homme de sens et d'un assez bon esprit, honnête et désintéressé, attaché à Helvétius par la reconnaissance. En 1771, il se trouvait en Hollande, où il était allé porter le manuscrit de l'*Homme*, qu'Helvétius lui avait donné. En apprenant la nouvelle de sa mort, il revint auprès de sa veuve, et se dévoua entièrement à elle. C'est l'époque où je fis mon premier voyage en Angleterre, pressé par le lord Shelburne et par M. Trudaine. Je ne pouvais laisser échapper une occasion que la modicité de ma fortune ne me permettrait pas de retrouver. Je partis donc, laissant auprès de madame Helvétius l'abbé de Laroche, qui méritait bien sa confiance, et qui lui fut, en effet, d'un grand secours. Depuis ce temps, l'abbé ne l'a plus quittée.

L'autre homme de lettres, qui formait avec l'abbé

de Laroche et moi la société intime et assidue de Mme Helvétius, était M. de Cabanis, jeune homme âgé de vingt-un à vingt-deux ans lorsqu'elle l'avait connu. Il était fils d'un bourgeois de Brives-la-Gaillarde, subdélégué de l'intendant de Limoges, et pour qui M. Turgot avait conçu de l'estime et pris de la confiance, lorsqu'il avait administré cette province. Le jeune homme, d'une jolie figure, avec beaucoup d'esprit et de talent, avait obtenu aussi la bienveillance de M. Turgot. Madame Helvétius l'avait vu chez lui, et avait partagé l'intérêt qu'il inspirait à tout le monde. Il avait fait un voyage en Pologne à la suite d'un évêque de Wilna que nous avions vu à Paris, grand économiste, et qui le destinait à concourir à quelque plan d'instruction publique qu'il projetait dans son pays. Il était revenu avec une santé bien languissante. Madame Helvétius lui proposa de venir se réparer à Auteuil, et véritablement elle a pu se flatter de l'avoir rappelé à la vie. La tranquillité du séjour, la salubrité de l'air, une chère bonne et saine, achevèrent de le rétablir.

L'abbé, Cabanis et moi, nous avions vécu ensemble sous le même toit plus de quinze ans, sans avoir jamais la moindre altercation. Je les aimais tous les deux, l'abbé de Laroche moins que Cabanis; mais j'avais surtout pour celui-ci une estime véritable et une tendre amitié. Si la différence d'âge ne lui laissait point partager ce sentiment, il le payait au moins, je crois, de quelque bienveillance et même de quelque estime. Nous vivions fort paisiblement auprès de la même amie, qui n'avait pour aucun des trois une préférence qui aurait déplu aux deux autres, lorsqu'éclatèrent les premiers mouvemens qui ont amené la révolution, et puis en 1789 la révolution elle-même.

Jusque-là nos opinions politiques et philosophiques différaient peu ; la liberté, la tolérance, l'horreur du despotisme et de la superstition, le désir de voir réformer les abus, étaient nos sentimens communs. Mais nos opinions commencèrent à devenir un peu divergentes vers le mois de juin 1789, où le peuple de Paris prit un degré d'agitation qui faisait craindre de plus terribles excès, et où l'Assemblée elle-même paraissait recevoir ses impressions du peuple. Une grande inquiétude entra dès-lors dans mon esprit; je craignis qu'on ne passât bientôt le but, ce qui est toujours pis que de rester en deçà, parce qu'en ce genre on peut bien ajouter de nouveaux pas à ceux qu'on a déjà faits lorsqu'on est encore en arrière, mais on ne revient jamais sur ceux qu'on a faits de trop. J'étais à Auteuil exprimant toutes mes craintes le 12 juillet, où le grand mouvement de Paris, causé par le renvoi de M. Necker, commença d'éclater. Je ne pouvais faire partager mes inquiétudes à l'abbé de Laroche ni à Cabanis. Ces messieurs croyaient fermement aux projets qu'on attribuait au roi ou aux princes, de canonner Paris à boulets rouges, et de dissoudre l'Assemblée nationale; et contre ces projets prétendus, tous les moyens leur paraissaient bons. Les agitations des clubs, les motions incendiaires du Palais-Royal, les résistances ouvertes à l'autorité, les prisons de l'Abbaye Saint-Germain forcées, pour délivrer quelques soldats aux gardes justement punis, tout cela ne leur déplaisait point. Ils allaient tous deux, depuis quelque temps, exagérant insensiblement leurs principes. Cabanis s'était lié avec Mirabeau; plusieurs autres députés des plus violens, tels que Volney, l'abbé Sieyes, Bergasse, qui a depuis compris qu'il était allé trop loin; Champfort qui, sans être député, mettait à défendre les opinions les plus emportées l'adresse de son esprit et la noirceur de sa misanthropie, fréquentaient Auteuil et y laissaient des traces de leurs sentimens. Il était dès-lors difficile que nous fussions d'accord. Les disputes se multipliaient, et devenaient tous les jours plus vives.

M⁰ᵉ Helvétius avait alors un parti raisonnable à prendre; c'était de rester neutre entre ses amis; de se retrancher dans son ignorance, et d'embrasser un doute modeste sur de si hautes questions. Elle devait même ce doute à l'estime et à l'attachement qu'elle me montrait depuis tant d'années; elle pouvait croire que, m'étant occupé toute ma vie de ces grands objets, avec un esprit droit qu'on ne me refusait pas, les opinions de ses autres amis ne devaient pas avoir pour elle plus d'autorité que la mienne. Si même ce parfait scepticisme était impraticable pour un caractère vif comme le sien, elle pouvait, je ne dirai pas me dissimuler ses sentimens, mais souffrir que j'eusse les miens, et me les laisser défendre sans en être blessée.

Voilà ce qu'elle ne fit qu'à demi, au moins quand nous étions en société; car, dans le tête-à-tête, elle m'écoutait comme autrefois, et alors elle convenait que mes adversaires n'avaient pas toujours raison.

Je vivais pourtant au milieu de ces contradictions renouvelées sans cesse, et sous une sorte d'oppression qui tenait souvent mes opinions captives, me réduisait au silence, et me forçait d'entendre débiter les maximes les plus fausses, les doctrines les plus funestes, et quelquefois jusqu'à des espèces d'apologies des crimes qui ont accompagné la révolution, lorsqu'un événement changea tout-à-coup ma situation de la manière la plus triste et la plus imprévue.

Vers le commencement de 1790, le Limousin et l'Angoumois étaient devenus, comme beaucoup d'autres provinces, le théâtre des violences du peuple, pillant les magasins, brûlant les châteaux, coupant les bois, perçant les digues des étangs, parcourant les villages en armes, et menaçant de pendre quiconque exigerait ou paierait les droits féodaux, etc.

La ville de Tulle avait pris des mesures pour réprimer ces désordres dans son territoire. La maréchaussée, sous le régime des prévôtés, avait dissipé plusieurs de ces rassemblemens, et arrêté un certain nombre de brigands et de vagabonds, dont quelques-uns avaient été jugés prévôtalement et exécutés.

Un de ces misérables, appelé Durieux, habitant de la ville de Brives, était détenu dans les prisons de Tulle. Il s'était trouvé à la tête des insurrections qui s'étaient portées à Alassac, à Favart, et à une maison appartenant à un M. de Clairac, beau-frère de l'évêque de Chartres, avec lequel j'étais lié.

La ville de Brives, révolutionnaire à l'excès, menée, comme elle l'a été long-temps depuis, par des clubs de jacobins qui commençaient les belles opérations que nous les avons vus depuis porter par toute la France, prit fait et cause pour ce Durieux; et afin qu'on ne résistât plus à ce pouvoir populaire qui devait achever, disait-on, la ruine d'une odieuse aristocratie, on pensait sérieusement à détruire, comme on a fait depuis, les justices prévôtales; et les habitans de Brives, par leurs députés à l'Assemblée nationale et par des députés extraordinaires, pressaient instamment cette décision.

Les malheureux propriétaires de ces provinces, qui voyaient, par la suppression des juridictions prévôtales, leurs propriétés désormais sans défense, et les crimes déjà commis sans punition, agirent de leur côté. Les communes de ces provinces envoyèrent aussi des députés extraordinaires, qui, réunis aux députés de la ville de Tulle à l'Assemblée nationale, devaient solliciter la poursuite des procédures commencées, la punition des coupables encore détenus, et surtout la conservation des prévôtés.

Ils s'adressèrent à l'évêque de Chartres pour avoir un mémoire qui exposât leurs motifs. L'évêque me pressa de m'en charger. Les députés m'apportèrent quatre-vingt-trois délibérations ou adresses des villes et bourgs de la province, signées chacune de leurs officiers municipaux et notables, attestant les faits, énonçant leurs vœux, et justifiant leurs demandes par des raisons.

Ces pièces authentiques, qui m'étaient communiquées avant qu'on les remît au comité de l'assemblée, m'ayant absolument convaincu, je fis le mémoire.

Pendant que j'y travaillais, j'assistais souvent aux entretiens de mes deux démocrates, et d'un député de Brives, appelé Lachaise, petit étudiant en médecine, qui, lié avec M. de Cabanis, fréquentait la maison; et je les entendais déclamer contre l'aristocratie de la ville de Tulle, et contre les gentilshommes dont on brûlait les châteaux, exaltant sans cesse le patriotisme de la ville de Brives, et celui de ce bon peuple incendiaire et pillard. J'avais bien quelques disputes à ce sujet; mais jusqu'à ce que les faits me fussent connus, j'entretenais encore quelques doutes; et puis, je ne voulais pas contrarier trop fortement Cabanis, citoyen de Brives, et son ami, le député de cette ville. Mais, lorsque j'eus dans mes mains des preuves claires des délits commis, et du danger qui menaçait encore les propriétaires de ces malheureuses provinces, au lieu de débattre avec Cabanis sur des questions de fait ou de droit interminables quand l'intérêt se trouve d'un ou d'autre côté, je me déterminai à travailler en silence et à ne disputer que par écrit. Je devais d'ailleurs cette discrétion aux députés de Tulle et de la province qui m'avaient confié leurs intérêts, et qui pouvaient craindre d'être plus vivement traversés, si l'on était instruit de leur projet. Je ne parlai donc ni à M. de Cabanis, ni à Mme Helvétius, de la mission dont je m'étais chargé, et ils ne connurent le mémoire que par l'envoi que je leur en fis après l'impression.

Cet ouvrage a pour titre : *Mémoire des députés de la ville de Tulle, relatif aux troubles du Bas-Limousin*. Un écrit de ce genre, composé pour des circonstances passagères, est sans doute très-justement condamné à l'oubli. J'ose dire cependant qu'il est fait avec soin ; que l'exposé des faits y est clair et sagement ordonné ; que la discussion y est forte et bien suivie ; qu'il y a des idées saines sur divers objets importans, tels que les justices prévôtales abolies depuis, la liberté de la presse, dont les gens de Brives avaient cruellement abusé pour rendre odieux au peuple les gentilshommes et les propriétaires du Limousin ; une réfutation d'un article du *Journal de Paris*, où Garat, depuis ministre de la justice, faisait l'apologie des violences et du brigandage, etc.

Deux jours après la publication, je vais à Auteuil, selon ma coutume. C'était le soir. Ces messieurs étaient dans le salon : ils ne me rendent pas le salut, ne répondent point quand je leur adresse la parole, et, se retirant bientôt, me laissent seul avec Mme Helvétius. Elle me devait l'explication de cet étrange procédé.

Elle me dit donc que la publication de ce *Mémoire*, et le mystère que j'en avais fait à l'abbé de Laroche et à Cabanis, étaient le motif de cet accueil; qu'ils avaient lieu d'être blessés; que j'aurais dû surtout le communiquer auparavant à Cabanis, qui savait les faits; qu'on m'avait trompé en tout; qu'au reste, il n'y avait point d'explication à demander à ses deux amis, qui ne me pardonneraient jamais, et ne me feraient jamais d'autre accueil. Elle finit en m'assurant de la continuation de son ancienne amitié, et en protestant qu'elle n'oublierait jamais la mienne.

Je lui répliquai par l'exposé des motifs que j'avais eus de tenir mon travail secret; j'ajoutai que, si elle lisait le *Mémoire*, elle verrait que je n'avais plaidé que la cause de la raison et de l'humanité; qu'au reste, comme je n'étais pas fait pour essuyer patiemment les insultes de ces messieurs, et que la société de deux personnes qui vivaient à demeure chez elle lui était nécessaire dans sa solitude, je sentais fort bien que c'était à moi de quitter le champ de bataille; que désormais je ne viendrais la voir que le matin, pour jouir en paix de son entretien et de son amitié. Alors je me retirai dans ma chambre, et le lendemain j'emportai mes meubles et mes livres.

C'est ainsi, et je n'y puis penser sans une profonde émotion, c'est ainsi que s'est rompue une liaison de plus de trente années, dans un âge où l'on n'en forme plus de nouvelles. C'est ainsi que s'est fermé pour moi un asile que je m'étais préparé pour ma vieillesse par des soins, une assiduité, un attachement, qui méritaient peut-être une autre récompense; exemple douloureux du pouvoir que l'esprit de parti exerce quelquefois, pouvoir despotique, puisqu'un esprit aussi élevé que celui de Cabanis ne sut pas même y résister.

Après avoir quitté Auteuil pour toujours, j'allai voir, dans la vallée de Montmorency, une femme aimable que je connaissais depuis plus de vingt ans, et que je ne voyais plus que rarement, jeté loin d'elle par le tourbillon de la société et par ma liaison avec madame Helvétius, à qui je donnais tous les momens que je pouvais dérober à mes travaux et à mes autres amis. J'avais rencontré madame Broutin, peu de temps auparavant, à une séance publique de l'Académie, où elle m'avait parlé avec bonté de notre ancienne liaison, excusant ma négligence avec elle, et me la pardonnant d'une manière si gracieuse que je n'avais pas hésité à renouer une société qui avait toujours eu pour moi beaucoup de charmes. Elle avait appris par des amis communs quelque chose de ma cruelle séparation. Elle me pressa, me pria de venir à sa campagne. Elle me dit qu'elle tâcherait d'adoucir la perte que je faisais, si elle ne pouvait la réparer. J'allai donc à Cernay, où elle avait une fort belle maison, et un magnifique jardin, planté à l'anglaise par Morel. Elle m'y donna une jolie chambre, où je portai les meubles et les livres que j'avais retirés d'Auteuil; et je retrouvai chez elle un asile semblable à celui que j'avais perdu, sauf la différence qu'il ne dépendait d'elle ni de moi d'effacer.

Mais il y avait de plus une étrange analogie entre la retraite que je quittais et celle que j'avais retrouvée; l'opinion des habitués y était presque la même. C'étaient Lacretelle, passant sa vie avec Mme Broutin, de Tracy, Desmeuniers, André Chénier, et beaucoup d'autres députés du côté gauche de la première Assemblée. Ils étaient du moins constitutionnels, et n'aspiraient qu'au bien de leur patrie. Mais, s'ils avaient voulu la cause, ils commençaient à craindre les effets.

Le caractère de Mme Broutin était d'ailleurs très sage; elle souffrait les opinions contraires aux siennes, recevait quelques impressions de mes raisons, et se montrait accessible au scepticisme que je me contentais de lui demander sur les admirables effets qu'on attendait de la révolution. A cette douceur, elle joignait beaucoup de grâce; sans instruction, quoique moins ignorante que madame Helvétius, elle avait, comme celle-ci, l'esprit fin et prompt, et le sentiment juste du beau. On trouvait dans sa société quelques hommes de lettres de bon esprit et de bonne conversation, tels que Dureau, le traducteur de Tacite, et le Roi, doué au souverain degré d'un esprit sain, d'un goût sûr et de la plus aimable sociabilité.

Tout cela me rendait supportable, à Cernay, la démocratie qui m'avait chassé d'Auteuil, parce que, dans la vérité, j'ai un grand fonds de tolérance pour ceux qui me tolèrent eux-mêmes. J'ai donc vécu fort doucement à Cernay, jusqu'au moment où les troubles des campagnes en ont exilé presque tous les riches habitans, que de misérables paysans, armés partout, et partout devenus les maîtres, se sont faits les ministres et les exécuteurs du gouvernement révolutionnaire, et en ont exercé toutes les horreurs envers ceux-là même qui les avaient comblés de biens, et s'étaient distingués dans tous les temps par la plus grande popularité.

C'est ainsi que madame Broutin, elle-même, a été obligée de quitter sa jolie maison, et de se réfugier en Normandie, après le 10 août 1792. Mais j'arriverai trop tôt, dans mon récit, à ces funestes souvenirs.

CHAPITRE XX.

Suite des écrits politiques. Chamfort, Naigeon, Brissot. 10 août, 2 septembre 1792. Calamités.

Je publiai, en 1791, quelques écrits polémiques. L'un est une réponse (1) à une diatribe de Chamfort contre l'Académie française, dont il était membre, et dont le parti démocratique méditait dès-lors la destruction.

J'ai beaucoup vécu avec Chamfort, mais jamais je n'ai eu avec lui de véritable liaison. Il était, j'ose le dire, aussi peu digne qu'incapable d'amitié. Je le voyais dans la société de Saurin et de madame Helvétius, où je n'ai jamais goûté son esprit. Il en avait beaucoup, mais de celui qu'on ne peut pas regretter de ne pas avoir. Sa conversation avait deux caractères, toujours roulant sur les personnes et jamais sur les choses, et constamment misanthropique et dénigrante à l'excès. Les tournures sous lesquelles il montrait sa haine pour les hommes en général et ses haines particulières, captivaient l'attention par l'originalité et le piquant des idées et des expressions; mais il m'est arrivé

---

(1) *Mélanges*; tome I, page 116.

vingt fois à Auteuil, après l'avoir entendu deux heures de la matinée, contant anecdotes sur anecdotes et faisant épigrammes sur épigrammes avec une facilité inépuisable, de m'en aller l'âme contristée, comme si je fusse sorti du spectacle d'une exécution; et madame Helvétius, qui avait beaucoup plus d'indulgence que moi, et même quelque goût pour ce genre d'esprit, après s'être amusée des heures entières de sa malignité, après avoir souri à chaque trait, me disait souvent, dès qu'il était parti : l'abbé, avez-vous jamais rien vu de si fatigant que la conversation de Chamfort? savez-vous qu'elle m'attriste pour toute la journée? et cela était vrai. Je comparais ce que nous éprouvions tous deux à l'impression que produit sur nous un feu d'artifice, qui, en nous laissant dans l'obscurité, la rend beaucoup plus triste et plus profonde.

La misanthropie de Chamfort était, au reste, comme celle de la plupart des misanthropes que j'ai connus, et surtout de J.-J. Rousseau, sans motif raisonnable envers les hommes, dont il avait toujours été mieux traité que tous ceux qui peuvent s'en louer le plus, et qui s'en louent en effet. Ajoutez qu'elle n'était pas de bonne foi, puisqu'elle lui laissait excepter les personnes dont le commerce et l'amitié pouvaient lui servir, quoiqu'elles fussent de l'ordre de celles qu'il attaquait avec le plus de violence et d'opiniâtreté.

Ainsi, J.-J. Rousseau exceptait du nombre des

grands et des riches dignes de toute son aversion, madame d'Épinay, et M. et Mme de Luxembourg, et madame de Boufflers, et M. le prince de Conti, quoiqu'il ait trouvé ensuite maille à partir avec tous; et Chamfort, en même temps qu'il nous disait de vingt manières piquantes que les gens de la cour étaient des sots, des oppresseurs insolens, de bas valets, des courtisans avides, et leurs femmes, autant de caillettes et de catins, nous parlait de madame Jules, de madame Diane, et du duc de Polignac, et de l'évêque d'Autun, et de M. Saisseval, et surtout de M. de Vaudreuil, dont il était le commensal et le divertisseur, comme des gens infiniment estimables, du plus beau caractère, de l'esprit le meilleur, le plus fin, le plus profond ; je lui ai entendu faire un portrait de M. de Vaudreuil, dont aurait pu être flatté l'homme de la cour de Louis XIV le plus accompli entre tous ceux que les mémoires du temps ont fait vivre jusqu'à nous.

J'ai dit aussi que la misanthropie de Chamfort n'avait aucun motif raisonnable. A son entrée dans le monde littéraire, il avait été accueilli avec tout l'intérêt et toute la bienveillance que pouvaient rassembler sur des talens naissans et reconnus, et les hommes de lettres, et les gens de la cour, et les gens en place. Ses premières pièces, le *Marchand de Smyrne*, la *Jeune Indienne*, avaient été très-bien reçues ; il avait obtenu des prix au concours de l'Académie ; et quand il y fut entré lui-même, de bonne heure et sans obstacle, il était comblé d'applaudissemens aux assemblées publiques. Chabanon, de l'Académie des belles-lettres, et depuis, de l'Academie française, lui avait fait accepter une rente de cent pistoles. Il recevait aussi d'autres pensions ou appointemens de la cour, comme de M. le comte d'Artois, dont il était lecteur, et de Madame, en qualité de bibliothécaire. Enfin, avant l'âge de trente-cinq ans, il avait sept ou huit mille livres de rente, qu'il tenait de ces abominables gens de cour, et une réputation littéraire, avouée et soutenue par ces ridicules gens de lettres; et il continuait de décrier les uns et les autres avec la même aigreur.

Dans ces douces dispositions, il s'est trouvé tout naturellement à la hauteur d'une révolution qui allait traquer, comme des bêtes nuisibles, les nobles et les grands et les riches dans toute l'étendue du royaume. Cette guerre des pauvres contre les riches (puisque c'est de cela qu'il s'agit uniquement) ne lui a point paru si injuste, ni si horrible. Il a vu, je ne dirai pas avec joie, mais avec beaucoup de tolérance, ou tout au plus comme des maux nécessaires, l'incendie des châteaux, les lois cruelles contre les émigrés, et les lois plus cruelles encore contre ceux qui ont voulu rentrer, et l'oppression et la spoliation de ceux qui n'ont pas voulu s'exiler.

Je ne puis dire précisément jusqu'où il est allé dans cette horrible carrière; je n'ose assurer, par exemple, qu'il ait approuvé le 2 septembre; mais je sais, à n'en pas douter, qu'il a encore trouvé le 10 août fort bon.

Il a été, comme tant d'autres, puni *par où il a péché*; apologiste assidu des premières violences du peuple, et des insultes faites à toutes les autorités, et de la violation de tous les principes moraux, civils et religieux, dont la révolution s'est souillée, presque dès le commencement; après avoir obtenu de ce même peuple, ou, si l'on veut, de ses agitateurs, comme un prix de patriotisme, une place à la bibliothèque du roi, qu'il a eu la honte de partager avec un Carra; il a vu son honorable collègue porter sa tête sur un échafaud, et il a été jeté lui-même en prison sur une délation de ses chers jacobins, dont il était l'associé. Après quelques mois de détention, il vint à bout de recouvrer sa liberté, mais pour peu de temps. Un nouveau mandat d'arrêt ayant été lancé contre quelques-uns de ses confrères de la bibliothèque, assuré qu'il aurait le même sort, et craignant de retourner aux Madelonettes, où il avait éprouvé tous les maux, toutes les inhumanités que cet horrible gouvernement rassemblait sur ses victimes avant de les sacrifier, le dégoût de la vie lui prit tout de bon; et après s'être tiré un coup de pistolet dans le nez, donné un coup de couteau dans le côté, et tâché de se couper les veines des jambes avec un rasoir, il a survécu à ses cruelles tentatives, défiguré et déshonoré, pour mourir quelques mois après des suites de ses blessures.

Si nous revenons à l'écrit de Chamfort sur l'Académie, nous reconnaîtrons ici l'ouvrage de son malheureux caractère. On a beau se targuer de philosophie, il n'y a point de philosophie qui justifie l'impertinence et l'ingratitude. La vérité même nous expose-t-elle justement à ces reproches? Il faut laisser dire la vérité à quelque autre, qui ne soit pas coupable de si grands torts en la disant. Il est plus important de ne pas accoutumer les hommes à fouler aux pieds les convenances sociales, à insulter ce qu'on a honoré, a décrier un corps dont on a désiré d'être membre, des occupations qu'on a ambitionné de partager, que de dire une vérité de plus avec tous ces inconvéniens; à plus forte raison, si ces inconvéniens peuvent être évités, et la vérité dite.

Or, Chamfort n'ignorait pas que tout ce qu'on peut dire de vrai ou de faux sur l'inutilité et les vices des établissemens littéraires, a été ou sera dit par d'autres que par des membres de l'Académie.

C'est donc sans nécessité, même pour les intérêts de la vérité, qu'il a traité l'Académie française et toutes les réunions semblables avec tant d'insolence, juge très-mauvais qu'il était dans une question philosophique, lui qui manquait absolument de philosophie, c'est-à-dire, de l'art de rechercher et de discerner la vérité. On pourra s'en convaincre en jetant les yeux sur l'analyse que j'ai faite de toute sa brochure, et où je mets à nu ses innombrables sophismes. Je crois que ceux qui auront pris la peine de lire et son ouvrage et le mien demeureront convaincus, par un nouvel exemple, de l'extrême différence qu'il y a entre un homme d'esprit sans logique, et l'écrivain simplement raisonnable à qui cet instrument est familier, et qui sait l'art de s'en servir.

Cette réponse n'a pas été fort répandue; je ne l'avais tirée qu'à 500 exemplaires; j'en donnai une cinquantaine à mes amis, et je laissai le reste à l'imprimeur ou libraire Jansen, qui, effrayé par les jacobins, amis de Chamfort, et craignant de publier, comme imprimé par lui, un ouvrage où l'on défendait un corps accusé d'être aristocratique, et où l'on parlait du prince de Condé, sans lui dire d'injures, n'en a vendu que quelques exemplaires sous le manteau. J'ai su depuis, qu'il n'avait pas tardé à mettre le livre au pilon, dans la crainte des visites domiciliaires.

Je finirai sur Chamfort en rappelant ici une anecdote que je savais d'ailleurs, et que je trouve confirmée par un témoin non suspect de ses opinions.

Garat, dans le journal intitulé *la Clef du cabinet des souverains*, 1er mars 1797, parlant des dépenses faites par le duc d'Orléans pour exciter et soutenir la révolution, et observant que, malgré son avarice, il avait répandu beaucoup d'argent pour la cause de la liberté, ajoute que tous les révolutionnaires qui en avaient en fournirent avec le même zèle; que le denier même du pauvre fut donné aux pauvres pour les mettre en mouvement, et que Chamfort, qui n'a jamais été rien dans la révolution que révolutionnaire, ouvrit alors sa bourse de cuir pour en tirer mille écus, c'est-à-dire, les économies de vingt ans de privations et de travaux. Ce trait fait connaître Chamfort comme ayant au cœur la rage révolutionnaire, et on se demande toujours pourquoi!

Il parut, la même année, un second ouvrage de moi, où je plaidais une cause bien plus vénérable et plus sainte : *Préservatif contre un écrit intitulé, Adresse à l'assemblée nationale sur la liberté des opinions religieuses.*

Cette adresse est d'un homme de lettres devenu mon confrère à l'Institut, et que, pour cette raison, je ne nommerai pas (1). J'avais eu avec lui, dans la société du baron d'Holbach, des disputes fréquentes et vives, où je combattais son athéisme dogmatique. Je ne l'avais pas converti; car, dans son adresse, non-seulement il prêche sa belle doctrine sans la prouver, mais il exhorte l'assemblée nationale à le seconder dans ses grandes vues.

---

(1) Nous avons cru que la mort de cet homme de lettres, arrivée depuis long-temps, nous permettait de le nommer dans le titre de ce chapitre.

J'expose, au commencement du *Préservatif*, le but avoué de l'auteur de l'*Adresse*, qui est de faire abolir le christianisme, et même la croyance en Dieu, *de décrier et d'avilir les prêtres pour les empêcher de nuire, parce que ce sont des espèces de bêtes féroces qu'il faut enchaîner et emmuseler, lorsqu'on ne veut pas en être dévoré; qu'il faut d'abord les appauvrir pour faire tomber en ruine la religion, les temples, et les autels; que le sacerdoce, abandonné à des hommes pris dans les dernières classes de la société, qui le dégraderont par leur ignorance et par leurs mœurs, deviendra une profession avilissante, jusqu'à ce qu'une nouvelle superstition se greffe sur le christianisme et produise quelque nouvelle monstruosité, qui finira comme la première, un peu plus tôt, un peu plus tard, etc.*

Ce que je trouvai de plus curieux alors, dans les atrocités que je viens de transcrire, n'est pas qu'on les eût énoncées impunément dans un pays encore chrétien, mais qu'on les eût adressées courageusement à l'Assemblée nationale. Mon étonnement a cessé, lorsque j'ai vu ensuite l'athéisme professé à la tribune de la Convention, et en plein conseil de la commune, par les Jacob Dupont, les Lequinio, les Chaumette et les Hébert, et bientôt les églises profanées et fermées, les vases sacrés promenés dans Paris au bout d'un bâton, les hosties foulées aux pieds, une fille d'opéra sur l'autel à la place de la *soi-disant vierge*, et un ballet dans l'église Notre-Dame.

Ces résultats prouvent que l'auteur de l'*Adresse* avait beaucoup mieux jugé que moi l'esprit et les vues de nos assemblées révolutionnaires, et je vois aujourd'hui que je me suis grossièrement trompé en disant dans ma brochure, page 23, que l'auteur *calomniait les intentions de l'Assemblée*, en lui adressant son ouvrage. Je suis bien désabusé.

Au mois de mai 1792, j'insérai au *Journal de Paris* une petite pièce que j'intitulai : *De la Doctrine de J.-P. Brissot sur la propriété*. Mon but était de faire bien comprendre que la révolution était une guerre à la propriété. Il y avait quelque risque à établir ce principe, et l'on n'attaquait pas impunément Brissot et consorts ; mais Suard en avait le courage comme moi ; et il dirigeait encore le *Journal de Paris*. Brissot fit une réponse misérable ; je répliquai. On trouvera les deux pièces dans mes *Mélanges* (1). Je me suis souvent étonné depuis, que ce pamphlet ne m'ait pas conduit à l'échafaud. Il n'y a qu'heur et malheur.

Ces écrits et mes travaux ordinaires, soit littéraires, soit politiques, étaient pour moi d'utiles quoique faibles distractions des affaires publiques,

---

(1) Elles ont été réimprimées dans le Recueil de 1818, tom. III, page 194 et 308.

qui allaient empirant d'un jour à l'autre. La scène du désarmement de quelques serviteurs du roi, appelés les chevaliers du poignard; celle du 20 juin, où le monarque fut abreuvé de tant d'insultes et d'humiliations, préparaient la journée du 10 août. L'alarme était au comble parmi les honnêtes gens, l'audace à l'excès de la part des scélérats, qui voyaient s'avancer l'exécution de leurs funestes projets. Je m'éloignai de Paris, et je passai le mois de juillet à Cernay, chez madame Broutin.

Marmontel et sa femme quittèrent alors leur maison de Grignon, près Choisy, pour se réfugier en Normandie. Ma nièce surtout détermina son mari à cette résolution; elle brava elle-même avec courage, les incommodités sans nombre qu'elle devait prévoir; et son courage ne s'est pas démenti un moment dans une si longue et si pénible épreuve. Cette résolution était sage. Tout se préparait pour le 10 août. Le 4, ils partirent avec leur carrosse et leurs chevaux qu'ils allaient être obligés de vendre, emmenant leur trois enfans, une servante et un domestique. Ils se rendirent à Évreux, où ils vécurent quelques semaines à l'auberge; et bientôt ils achetèrent, près de Gaillon, une chaumière de paysan avec un acre et demi de terrain. Il n'est pas douteux à mes yeux que, si Marmontel fût resté à Paris, il eût été une des victimes de ce vandalisme, qui faisait exterminer par nos tyrans ce qu'ils appelaient, dans leur langage extravagant, l'aristocratie de l'esprit.

Sans avoir autant de titres que Marmontel à leurs persécutions, j'y aurais été exposé par concomitance, et son emprisonnement aurait entraîné le mien. Ainsi je puis penser que ma nièce, en l'emmenant au loin, nous a sauvés l'un et l'autre. Entre beaucoup de faits qui me l'ont bien prouvé depuis, je citerai le suivant. Un de nos confrères à l'Académie, Florian, fut arrêté à Sceaux au commencement de 1794. Le commissaire, satellite de la commune de Paris, qui, après avoir mis les scellés chez lui, le menait à la Force ou à Saint-Lazare, lui demanda d'un air simple où était Marmontel. Florian vit sans peine où tendait la question, et lui répondit sur le même ton qu'il le croyait retiré dans une campagne du côté de Montargis. Oh non, reprit le maraud, il est quelque part en Normandie; et son ton faisait entendre qu'on saurait bien l'y trouver. Florian, qui nous a conté ce trait après sa sortie de prison, ajoutait que ce commissaire lui avait dit, chemin faisant, *Vous autres académiciens, vous êtes tous ennemis de la république.*

Je me trouvais à Cernay le 10 août. Nous apprîmes la scène horrible des Tuileries. L'agitation se communiqua bientôt aux campagnes. On se mit à faire des patrouilles nombreuses. Dans la nuit du 10 au 11, une de ces patrouilles, formée de gens ivres, vient au château à trois heures du matin, et demande à nous parler, à moi et à Desmeuniers, membre de l'Assemblée constituante.

La garde parvient à les en détourner en les renvoyant au lendemain. Mais Mᵐᵉ Broutin, effrayée avec raison, me fait part de son inquiétude, et, sachant d'ailleurs que les gens du pays disaient que Desmeuniers et moi étions des aristocrates, elle nous engage à quitter Cernay.

Desmeuniers avait plus à craindre que moi. Son crime était d'avoir été membre du directoire du département. Les jacobins, dès-lors tout-puissans, poursuivaient tous les membres de ce directoire; et notre ami s'était montré constamment un des plus modérés. Il se retira en Normandie, et de là en Amérique, où il a passé près d'une année, et d'où il est revenu après la chute de Robespierre.

Je partis de Cernay, et vins à Épinay demander à dîner à Mᵐᵉ la comtesse Charles de Damas, retirée là avec sa sœur, Mᵐᵉ de Saint-Mauris, auprès de leur père, M. de Langeron, alors malade de la maladie dont il est mort. J'appris à Épinay quelques détails de ce qui s'était passé à Paris, et j'hésitai si j'y rentrerais ou si j'irais à Versailles chercher une retraite comme j'y avais déjà pensé; mais je me déterminai à faire une tentative sur Paris, et, m'arrêtant en dehors de la barrière du Roule, j'envoyai mon domestique savoir si les barrières étaient libres, et demander à ma nièce Belz et à ma sœur, si je pouvais rentrer. Les barrières étaient encore libres; mes femmes me firent prier de venir, et je passai la nuit chez moi.

Dès le lendemain matin, il ne fut plus possible

de sortir de la ville. J'appris alors toutes les circonstances de l'affreux 10 août, et la captivité du roi. Des malheureux Suisses, un grand nombre avait été massacré dans l'allée de Marigny et dans les rues voisines de l'hôtel de Beauveau, tout près de ma demeure. Un vicaire de Sainte-Marguerite avait été tué, le 11, à l'entrée de la rue des Saussaies. Je ne sortis plus que le soir pour aller à l'hôtel de Beauveau, faire quelque compagnie au maréchal, et rentrer toujours vers neuf ou dix heures.

La situation de Paris était horrible. L'emprisonnement du roi et de sa famille, l'abolition de la royauté, le plan, qui déjà transpirait, des assassinats dont la France allait être couverte, les prisons se multipliant et se remplissant de tous ceux en qui on soupçonnait quelque attachement à l'ancien ordre de choses, toutes les vies et toutes les fortunes menacées : c'est au milieu de tout cela qu'il fallait vivre.

Bientôt arriva la catastrophe épouvantable du 2 septembre. Les prisonniers sont égorgés avec une lâcheté, un détail de cruautés qui seront à jamais l'opprobre de ces temps. Le carnage dura depuis le dimanche jusqu'au samedi suivant, l'Assemblée législative continuant de délibérer et de décréter pendant que ces horribles scènes se passaient et se continuaient sous ses yeux.

Je n'en fus informé qu'en sortant de l'hôtel de Beauveau, vers les neuf heures, comme à mon ordinaire. Le suisse me dit : Monsieur, on massacre tous les prêtres à Saint-Firmin, aux Carmes, à l'Abbaye, partout. Je rentrai, et je ne ressortis plus que le jeudi.

On trouvera dans mes papiers un récit de la délivrance miraculeuse d'un prêtre de ma connaissance, l'abbé Godard, impliqué depuis dans les accusations intentées à Hyde, et qui, détenu alors à l'Abbaye, fut sauvé presque seul des mains des meurtriers par le courage et l'admirable présence d'esprit d'un jeune homme qu'il avait obligé. J'ai fait un récit détaillé de cette aventure, qui, sans être romanesque, figurerait dans un roman, et qui donne une idée des horreurs dont Paris était le théâtre.

Nous recevions en même temps les nouvelles des meurtres exécutés dans les départemens par les mêmes ordres et les mêmes agens; celui de M. de la Rochefoucault, massacré à Gisors derrière la voiture de sa mère et de sa femme, qui entendaient ses cris; celui des prisonniers d'Orléans à Versailles, et tant d'autres atrocités.

C'est au milieu de ces horribles événemens, et des conversations déchirantes qu'ils amenaient, qu'il fallut passer tout septembre et le commencement d'octobre, sans pouvoir s'éloigner de ce théâtre sanglant. Enfin, les barrières s'étant ouvertes, M. et Mme de Beauveau prirent le parti d'aller au Val, près Saint-Germain, et m'emmenèrent avec eux. Nous y demeurâmes jusqu'à la Saint-Martin, où, de retour à Paris, nous vîmes les apprêts du grand crime résolu par les scélérats devenus les maîtres et les bourreaux de la France, c'est-à-dire le commencement du procès du roi.

Target s'était attiré l'indignation publique en refusant à l'infortuné monarque d'entreprendre sa défense, conjointement avec Tronchet : le roi les avait demandés l'un et l'autre; M. de Malesherbes s'était offert volontairement. Desèze, mon ami, remplaça Target. Je le vis quelquefois pendant le cours de ce travail; il nous donna à dîner, à M. de Malesherbes, à Tronchet et à moi, quelques jours avant de prononcer à la barre le discours qui a été publié.

Après avoir compulsé une immensité de pièces, dans le court espace de temps accordé aux défenseurs du roi, il avait composé et dicté son plaidoyer en un jour et deux nuits, sans s'asseoir ni dormir, donnant à copier ce qu'il avait fait du premier jet, supérieur à la fatigue comme à la crainte, et forcé à cet excès de travail par l'impatience des bourreaux qui attendaient leur victime.

Je dirai, à cette occasion, qu'avant le jour du plaidoyer, 26 décembre 1792, il me le donna à lire dans son cabinet. J'avais remarqué plusieurs endroits bâtonnés, qui me paraissaient devoir être conservés, et dans lesquels il y avait des mouvemens touchans et pathétiques, dont on a trouvé depuis que son discours était dépourvu. Je lui demandai la raison de ces suppressions. Il me dit qu'elles étaient de la main du roi, et que ce malheureux prince ne voulait pas qu'on essayât d'émouvoir la sensibilité de ses juges; qu'il ne demandait d'eux que justice.

Je ne crois pas que quelques mouvemens oratoires de plus dans le discours du défenseur eussent calmé la rage des tigres altérés du sang du monarque; mais tout le monde admirera cette dignité de caractère que n'a pu abaisser la crainte de la mort, et c'est un trait à conserver dans la vie de Louis XVI.

Je me suis rappelé par la suite un passage de Cicéron (*de Oratore*, l. 53), parfaitement applicable à ce prince si noble et si malheureux. Cicéron parle de P. Rutilius, qui, accusé devant le peuple, ne voulut pas que son défenseur mît en mouvement la sensibilité de ses juges : *Nam*, dit Cicéron, *cùm esset ille vir exemplum, ut scitis, innocentiæ, cum que illo nemo neque integrior esset in civitate, neque sanctior; non modò supplex judicibus esse noluit, sed ne ornatiùs quidem aut liberiùs causam dici suam, quàm simplex ratio veritatis ferebat* (1).

L'événement fatal eut lieu le 21 janvier 1793;

---

(1) « Cet homme, qui fut, comme nous le savons tous, un modèle de vertu, et que nul citoyen ne surpassa jamais en intégrité, en religion, ne voulut point paraître comme un suppliant devant ses juges; il ne voulut pas même qu'on employât, pour le défendre, d'autre preuve que la justice, d'autre éloquence que la vérité. »

Voyez dans les notes, à la fin du volume, le récit de M. de Vaines.

ses causes, ses circonstances ont été et seront développées par l'histoire.

Ici se placent dans nos tristes souvenirs la consternation et le morne silence de Paris, l'horreur qu'inspira l'affreuse nouvelle, l'attitude désolée de la véritable France, protestant par sa terreur contre l'audace criminelle de quelques démagogues, qui n'avaient ni bon sens, ni honte, ni patrie.

CHAPITRE XXI.

Mirabeau, Sieyes, Garat.

Je m'arrêterai un moment ici pour considérer deux ou trois de ceux qui ont figuré alors dans nos troubles. Je ne ferai qu'un petit nombre de réflexions sur eux; c'est à l'histoire à les juger.

Le chef des agitateurs de la première Assemblée, Mirabeau, n'était plus à cette déplorable époque: il avait tout renversé autour de lui, et comme pour n'être pas enseveli sous les ruines qu'il avait faites, il avait disparu. Je trouve son portrait dans un ancien. C'est celui de Curion, orateur populaire : *Bello autem civili, et tot, quæ deindè, per continuos viginti annos, consecuta sunt, malis, non alius majorem flagrantioremque, quàm C. Curio, tribunus plebei, subjecit facem, vir nobilis, eloquens, audax, suæ alienæque et fortunæ et pudicitiæ prodigus, homo ingeniosissimè nequam, et facundus malo publico* (1).

---

(1) « La guerre civile, et les malheurs innombrables qui se succédèrent pendant vingt années, naquirent surtout du génie incendiaire de ce tribun du peuple, sorti des rangs de la noblesse, puissant par ses discours et par son audace, prodigue de son bien et de son

Emmanuel Sieyes, moins fougueux, plus adroit, non moins dangereux, fut le principal auteur de cette constitution de 91, qui perdit le roi. Cependant il avait dit et répété dans une lettre insérée au *Moniteur*, le 6 juillet 1791 : *Je préfère la monarchie, parce qu'il m'est démontré qu'il y a plus de liberté pour le citoyen dans la monarchie que dans le république;* et telle est encore la doctrine manifeste d'une *note* adressée par lui au républicain Thomas Paine, le 16 du même mois, et où je lis ces mots, dont la pensée est exprimée plusieurs fois : *J'ai dit que le gouvernement républicain me paraissait insuffisant pour la liberté.* On a prétendu que ce langage était celui d'une comédie, dont Sieyes, Thomas Paine et Condorcet, dans un entretien confidentiel, s'étaient distribué les rôles pour préparer les esprits à la république; Sieyes devait l'attaquer; les deux autres devaient la défendre, et il était convenu que c'était à eux que resterait la victoire. Une chose, en effet, pouvait faire croire que Sieyes mentait alors à sa propre opinion, c'est la manière dont il a voté dans le jugement du roi.

On sait que la plupart des opinans ajoutaient quelques explications ou quelques motifs de leur

---

honneur, comme de l'honneur et du bien d'autrui; il porta dans le vice toute la force de son esprit; son éloquence fut une calamité. » *Velleius Paterc.*, 11, 48.

vote; et dans cet exposé, les bons s'embarrassaient dans des espèces d'excuses envers les assassins, et ceux-ci à leur tour, ainsi que les peureux qui se joignaient à eux, cherchaient à motiver la sentence de mort qui allait sortir de leur bouche, et dont ils sentaient l'horrible iniquité. Arrive le tour de Sieyes. Il monte à la tribune, et voici ses mots : *la mort sans phrase.*

Ce mot a été parodié d'une manière cruelle par un ministre du roi de Prusse, que le ministre Caillard voulait engager à montrer quelques attentions à Sieyes, qui venait en qualité d'ambassadeur à Berlin. *Non*, dit-il, *et sans phrase.*

« Dans les ouvrages de Sieyes, dit l'auteur de quelques réflexions aussi piquantes que justes, sur le projet de jury constitutionnel de ce représentant, tout jusqu'au langage porte un caractère d'originalité difficile à atteindre. C'est à lui qu'il appartient *de révolutionner* la langue, ce que plusieurs de ses collègues essaient tous les jours de faire, en vers et en prose, avec plus ou moins de succès.

»En effet, des vues nouvelles appellent des expressions assorties, et les hautes conceptions du génie ne peuvent s'énoncer dans un langage vulgaire. C'est surtout dans les distinctions subtiles d'un objet avec un autre, que brille la sagacité du métaphysicien. Personne n'avait encore si savamment distingué ce qui est *au delà* de ce qui est *au-dehors* de la loi (*Opinion de Sieyes*, pag. 4);

les actes *personnellement irresponsables* des *responsables* (pag. 7); les *officiers publics* des *fonctionnaires publics* (pag. 5); ce qui établit des fonctionnaires publics sans *offices*, et des officiers *publics* sans fonctions. Personne n'avait *signalé* si lumineusement l'*excédant* et l'*extravasion des pouvoirs*, afin de parvenir à *neutraliser* les efforts *coalisés* de l'intrigue et de l'*aveuglement* (pag. 4); il montre le danger de *voir l'emploi anti-social de la force s'emparer d'une question et suppléer brutalement à la négligence* (pag. 8); il propose enfin de *semer l'intérêt* de son *jury* ou de sa *jurie* constitutionnaire dans les deux conseils législatifs, parce que de là doit *jaillir* infailliblement l'*harmonie morale qui lie toutes les parties du cercle législatif.*

» Il faut être plus téméraire que nous ne le sommes pour oser soumettre à une discussion précipitée des vues si neuves, qui sont peut-être le fruit de trente années de méditations. »

Suard, *Nouvelles politiques.*
24 thermidor an 2. 11 (août 1794.)

Quelques articles de ce genre valurent, à Suard, des accusations et des persécutions. Il devait naturellement les imputer à Sieyes; mais la franchise et la noblesse de son caractère ne lui permirent pas de commencer contre lui les hostilités, avant de lui avoir fait publiquement une déclaration de guerre. La voici, *Nouvelles politiques*,

29 prairial an 3 (18 juin 1795) : « Je crois avoir le droit d'invoquer à mon tour votre franchise, et de vous demander s'il est vrai ou non que vous m'ayez imputé les faits ou aucun des faits que j'ai énoncés plus haut, c'est-à-dire, si vous avez affirmé que je tinsse à aucun parti, ou que j'eusse participé à aucune intrigue ou manœuvre contraire à la république, et que j'influasse sur aucun journal pour corrompre l'opinion, et contrarier l'action du gouvernement.

» Si vous me déclarez nettement que vous n'avez jamais articulé aucune de ces imputations, je m'en rapporterai avec plaisir à votre simple affirmation. Si vous jugiez ne devoir pas me répondre, je regarderais votre silence, non-seulement comme un dédain offensant, mais encore comme un aveu des propos qu'on vous prête sur mon compte, si vous convenez d'avoir tenu ces propos, vous ne serez pas étonné que je traite en ennemi celui qui m'a traité si gratuitement en ennemi ; que je vous cite devant le public pour produire les preuves des faits que vous m'imputez, et que je vous dénonce comme calomniateur, si vous m'avez dénoncé sans preuve comme conspirateur.

» J'ai dédaigné jusqu'à présent ces délations obscures, dont l'existence m'était cependant bien prouvée, parce que je me suis reposé sur les principes de sagesse et de justice qu'a adoptés la Convention ; je m'y repose encore avec confiance ; mais l'idée d'une sourde et lâche persécution me fatigue :

il y a trop de désavantage à se laisser harceler dans les ténèbres, sans pouvoir repousser les traits qu'on nous lance, et sans connaître la main d'où ils partent. J'aime à croire, citoyen, que cette main n'est pas la vôtre; mais j'ai besoin d'en être sûr. Si malheureusement c'était vous que j'eusse à combattre, je ne me dissimulerais pas les avantages que peuvent vous donner vos talens et votre position; mais comme je suis fort de la bonté de ma cause, je ne craindrais pas l'inégalité des armes; je suis persuadé d'ailleurs qu'il vaut mieux, dans un procès devant le public, avoir raison contre un homme d'esprit qui a du pouvoir, que contre un homme obscur qui est sans mérite.

» J'attends de vous, citoyen, une réponse prompte, franche et précise, qui fixe et règle mes sentimens et ma conduite à votre égard. »

J.-B.-SUARD.

Le courageux auteur de cette lettre resta long-temps sans réponse; il en reçut une au mois de fructidor an V : ce fut un arrêt de proscription.

Quelques personnes, au nombre desquelles il faut mettre en tête Rœderer, homme capable d'en apprécier un autre, ont regardé Sieyes comme ayant déployé un grand génie dans la révolution; mais je lis dans un ouvrage périodique, la *Gazette française*, les critiques suivantes des principales opérations de Sieyes :

« Les titres de Sieyes, dit l'auteur, sont les droits

de l'homme, son jury constitutionnaire et la division de la France en départemens.

» Les droits de l'homme sont au-devant de toutes les constitutions américaines; et on n'a fait en France que les copier en les altérant quelquefois, selon l'esprit de chacune des trois constitutions dont nous avons été enrichis jusqu'à présent.

» Le plan du jury de Sieyes a été presque unanimement rejeté : c'est un galimatias insupportable. Pour adopter son plan, il aurait fallu le comprendre.

» Enfin, sa nouvelle division de la France, idée heureuse en effet pour désorganiser sûrement la monarchie, se présentait à tous ceux de ce parti comme l'unique moyen de braver les résistances qui pouvaient naître dans les anciennes provinces, de la part des anciens employés du gouvernement dans toutes les classes, selon la maxime, *divide et impera*.

» Il existe d'ailleurs un modèle très-connu de cette opération, proposée en Angleterre dans des circonstances exactement semblables à celles où nous nous sommes trouvés.

» Dans l'*Oceana* d'Harrington, qui n'est que le plan d'une république offert à Cromwell, l'auteur divise l'Angleterre de la même manière, en supprimant la division par comtés. Il fait des *districts*, des *precincts*, des *hundred*, qui correspondent à nos départemens, à nos cantons, à nos municipalités. »

L'auteur du journal cite encore un modèle plus ancien, rapporté dans un ouvrage moderne, *Nécessité des lois organiques, par M. Hekel.* La république de Sieyes semble calquée sur celle des Achéens, divisée en douze départemens, qui formaient chacun sept à huit districts, chaque département envoyant ses députés à l'*Assemblée nationale*, à raison de sa population, et nommant les magistrats qui devaient composer le conseil exécutif.

D'après ces rapprochemens, il est difficile de ne pas regarder Sieyes comme plagiaire dans les prétendues inventions qui devaient le faire passer à la postérité, comme un génie créateur.

Un homme qui s'est fait une réputation politique moins étendue et qui a exercé moins d'influence, Garat, serait bientôt jugé, si l'on voulait s'en tenir aux deux pièces suivantes, rapportées par Mallet du Pan, dans le n° XII du *Mercure Britannique.* L'une est un passage de son écrit intitulé : *Exposé de ma conduite pendant la révolution*, où, après la chute de Robespierre, il l'appelle *un monstre, et son éloquence un rabâchage éternel, un bavardage insignifiant*, pag. 50. L'autre est une lettre adressée par Garat à ce même Robespierre, le 30 octobre 1793, et trouvée dans les papiers de celui-ci, où il dit à ce monstre et à ce bavard :

« J'ai lu votre rapport sur les puissances étrangères, et les extraits de vos derniers discours aux jacobins ; et je cède au besoin de vous entretenir de l'impression que j'en ai reçue.

» Le rapport m'a paru un magnifique morceau de politique, de morale républicaine, de style et d'éloquence : c'est avec ces sentimens profonds et élevés de la vertu, et avec un tel langage, qu'on honore, aux yeux de toutes les nations, la nation qu'on représente....... Le style du rapport sur les puissances est partout net, ferme, piquant ou élégant, et, lorsqu'il s'élève au ton de la plus haute éloquence, c'est toujours par la grandeur des sentimens et des idées. Votre discours sur le jugement de *Louis Capet*, et ce rapport, sont les plus beaux morceaux qui aient paru dans la révolution ; ils passeront dans les écoles de la république comme des modèles classiques, etc. »

On peut rechercher aussi dans le journal de Paris, au moment où Garat cesse d'en être rédacteur, l'aveu qu'il fait de s'être écarté de la vérité pour l'intérêt du peuple et le succès de la révolution.

On peut retrouver enfin dans le *Moniteur*, an VI, son discours à l'occasion de l'anniversaire du 21 janvier, ou du 10 août, je ne me rappelle plus l'époque où il profère ces étranges paroles : « La mort de Charles Ier est l'opprobre de l'Angleterre ; celle de Louis XVI fera à jamais la gloire de la nation française! » Je ne dis que le sens, il faut avoir le texte.

Un fait non moins important pour connaître ses principes, c'est la déclaration qu'il a publiée dans son apologie écrite par lui-même, en l'an III. Il y proteste que, s'il n'avait pas cru Louis XVI coupable, il aurait donné sa démission plutôt que d'aller lui signifier son arrêt. Cette déclaration, si postérieure à l'événement, si inutile, constate par-là même, que, s'il eût été membre de la Convention à cette époque, il eût été au nombre des assassins. C'est une étrange démarche de venir après coup faire une telle confession, qu'on ne lui demandait point, et se ranger volontairement parmi les auteurs de ce grand crime.....

Je voulais examiner quelques autres acteurs de la scène effrayante de notre révolution. Mais pourquoi? Leurs œuvres les font assez connaître. La plupart sont morts victimes de leurs erreurs; et s'ils survivent, qu'ils prononcent eux-mêmes. Je sais d'ailleurs combien il est difficile de découvrir la vérité parmi tant de récits et d'opinions contradictoires. Qui peut se flatter d'avoir entendu tous les partis et comparé leurs témoignages? A moins d'avoir des preuves évidentes d'une mauvaise action, ne nous hâtons point de juger.

CHAPITRE XXII.

Mort de Beauvau. Lettres de Marmontel. Quelques portraits. Suppression de l'Académie française.

Au mois de mai 1793, je perdis le maréchal de Beauvau, dont la mort fut sans doute hâtée par les malheurs publics. Dès la fin d'avril, attaqué d'un gros rhume qui le fatiguait beaucoup, il crut pouvoir trouver quelque soulagement dans un séjour au Val, à ce moment si beau de l'année, et il m'emmena avec lui et madame de Beauvau. Son mal empira bientôt, et un catarrhe suffoquant, après l'avoir fait beaucoup souffrir, l'emporta vers la fin de mai, au grand regret de tous ceux qui l'ont connu. Homme d'une âme élevée, d'un abord froid, mais qui n'était en lui que de la dignité et non de la hauteur; d'un esprit un peu lent, mais droit et en même temps délicat, et démêlant avec justesse les moindres convenances.

Le spectacle de son union avec madame de Beauvau était agréable et touchant. Le sentiment qui les avait unis autrefois se soutenait encore, ou du moins l'amitié qui en avait pris la place était presque aussi tendre. Mais ce que j'ai vu avec un grand intérêt et un grand plaisir, c'est la considération réelle et l'espèce de respect qu'ils avaient l'un pour l'autre.

J'ai vu beaucoup de femmes avoir dans le monde pour leurs maris des égards qui me paraissaient n'être que de système, pour la parade, et pour se relever elles-mêmes par la considération qu'elles cherchaient à donner à leur époux; mais j'ai vu rarement ce respect sincère et ressenti, mérité de part et d'autre, et dont tous les deux étaient de fort bons juges.

« La seule présence de M. le maréchal de Beau-
» vau (ce sont les termes de M. Marmontel, dans
une lettre qu'il écrivit de sa retraite, près Gaillon,
à madame la maréchale, le 25 mai 1793), re-
» commandait, dans les assemblées de l'Acadé-
» mie, la décence, le calme, l'union, la modéra-
» tion, l'amour de l'ordre et du travail. Sa bonté,
» sa politesse noble et délicate, avertissaient les
» gens de lettres de la bienveillance et des égards
» qu'ils se devaient les uns aux autres. Si dans des
» temps de trouble et de désordre, l'Académie a
» conservé son caractère de dignité, de sagesse et
» de bienséance, elle en est surtout redevable à
» l'exemple que lui donnait le plus considérable de
» ses membres, sans parler des lumières qu'un
» goût sévère et pur, un sentiment exquis des con-
» venances du langage répandaient habituellement
» sur les travaux de l'Académie; le moindre mé-
» rite de M. le maréchal, aux yeux de ses confrères,
» fut d'être un excellent académicien. » Je n'ai pas besoin de dire que j'ai partagé tous ces sentimens de Marmontel.

En relisant au mois de janvier 1805 ce que j'ai écrit sur M. de Beauvau, je me trouve conduit à quelques détails de plus sur cet homme estimable que j'ai tant regretté.

Les Mémoires de Marmontel ayant paru en 1800, madame la maréchale de Beauvau y avait lu ce que Marmontel y dit de son mari, ainsi que l'éloge qu'il y fait d'elle, et où ceux qui la connaissent voient un fidèle portrait. Or, la manière dont elle a été affectée à cette lecture mérite d'être conservée. C'est ce que je ferai en rapportant un fragment de la lettre qu'elle a écrite à ce sujet à madame la princesse de Poix, sa belle-fille, et qui peut donner une juste idée du caractère de M. et de Mᵐᵉ de Beauvau.

« Je viens de lire, dans les Mémoires de M. de Marmontel (1) un portrait, ou plutôt un éloge de moi; ce portrait est trop flatté pour être flatteur, et la seule satisfaction qu'il m'a donnée a été de me faire sentir combien un attachement profond, tendre, passionné, pouvait anéantir tout amour-propre. Si l'auteur vivait encore, il m'eût été impossible de ne pas lui témoigner plus de mécontentement que de reconnaissance. Comment un homme qui a connu M. de Beauvau, qui rappelle sa mémoire, peut-il se borner à excuser la *dignité froide* de son maintien, en ajoutant seulement

---

(1) Tome II, page 108, édit. de 1818.

qu'il était bon, obligeant, serviable, même sans se faire valoir ? Ce genre d'éloge, si fort au-dessous de celui qu'il méritait, m'a fait éprouver un sentiment douloureux ; mais c'est surtout lorsque, continuant à me louer, il dit : *Son grand art, comme son attention la plus continuelle, était d'honorer son époux, de le faire valoir, de s'effacer pour le mettre à sa place.* Ah ! combien j'étais loin du soin *de m'effacer pour le mettre à sa place*, moi, qui ai toujours cru que c'était de lui seul que je pouvais tirer quelque considération, que j'avais été honorée par son choix, et que le seul éloge qui me parût désirable et digne des sentimens qui m'attachaient si fortement à lui, était qu'on sût qu'il m'avait aimée! Voilà les seuls mots que je voudrais qui fussent gravés sur ma tombe, quand elle m'aura réunie à ce qui me reste de lui. Si j'avais pu me flatter qu'en déchirant cette page des Mémoires, elle n'eût été connue de personne, j'aurais cédé au mouvement qui m'y portait, un des plus pénibles que j'aie jamais éprouvé. »

J'avoue que madame de Beauvau me paraît avoir de justes motifs de se plaindre de quelques-unes des expressions qui regardent son mari : mais ce qu'elle dit d'elle-même est trop modeste de beaucoup ; ce n'est pas elle qu'il faut croire.

A l'époque même où mourut M. de Beauvau, que la Providence voulut peut-être soustraire ainsi aux horreurs qui suivirent, je trouve dans mes souvenirs un petit fait historique qui peut contribuer à faire mieux connaître, par un trait de caractère assez bizarre, un de ceux qui etaient alors à la tête du gouvernement, Garat, dont j'ai déjà dit quelques mots. Un homme de foi, mon ami, m'a raconté que, vers le mois de mai 1793, après la mort du roi, lorsqu'on préparait le mouvement du 31 mai, c'est-à-dire, l'*épuration* de l'Assemblée et la perte des girondins, en cherchant à répandre l'alarme sur les subsistances, il alla rendre visite à Garat, alors ministre de l'intérieur, et trouva dans son antichambre un grand nombre de magistrats du temps, officiers municipaux, de police et autres, apportant leurs inquiétudes et leurs terreurs. Admis dans le cabinet du ministre, il le voit un petit volume à la main. Garat s'avance vers lui, et sans autre préambule : « C'est une chose bien étrange, lui dit-il, que l'abbé de Condillac ait entendu si mal le système de Spinosa ; il est clair que Spinosa, etc. : » et il se met à déduire et exposer l'opinion du Juif. Mon homme, surpris comme on peut le croire, lui répliqua : « Vraiment, vous pouvez avoir raison contre l'abbé de Condillac ; mais je vous conseille plutôt de songer à ce que vous avez à dire à trente personnes qui sont dans votre antichambre, et qui viennent vous demander du pain pour la ville de Paris (1). »

---

(1) Nous trouvons cette note dans l'histoire de la *Convention*, par M. Lacretelle le jeune : « Pache, ce fourbe qui trompa madame

De retour dans cette malheureuse ville, après la mort du maréchal, je repris mon assiduité aux séances de l'Académie, dont la destruction était prévue et prochaine. Cependant, quoique toujours menacée, ainsi que tous les anciens établissemens, elle subsistait encore; et je profitais de cette distraction utile au milieu de tant de sujets de peine. Ce n'est pas qu'elle n'eût aussi ses dégoûts depuis quelque temps, la révolution ayant amené dans la compagnie un grand conflit d'opinions.

Il y en avait un bon nombre parmi nous qui étaient révolutionnaires dans toute la force de ce mot, Laharpe, Target, Ducis, Sedaine, Lemierre, Chamfort, Condorcet, Chabanon, Beauzée, Bailly, etc. Du bord opposé, nous comptions Marmontel, Maury, Gaillard, le maréchal de Beauvau, Brecquigny, Barthélemy, Rulhières, Suard, Saint-Lambert, Delille, Vicq-d'Azyr, moi, etc. Je ne parle ici que des assidus, presque tous hommes de lettres; et quand je les range en deux classes seulement, je ne prétends pas que l'aristocratie des uns et la démocratie des autres n'eussent dans les indications qu'une même nuance. L'aristocratie de l'abbé Maury et de l'abbé Delille, par exemple,

---

Roland elle-même, égarait alors le ministre Garat. Il endormait sa surveillance en lui présentant l'espoir d'une conciliation. Garat a démontré dans ses *Mémoires*, Garat démontre encore mieux par son caractère, que son erreur fut innocente. » *Convention*, édit. in-18, tome I, page 255.

pour parler le langage du temps, était plus prononcée que celle de Suard et la mienne; il y avait peut-être moins de différence dans les degrés de démocratie de ceux de nos confrères qui tenaient pour la révolution; et j'avoue que j'ai entendu Chamfort, et Sedaine, et Ducis, et Laharpe lui-même, qui en est depuis si bien revenu, tenir des propos tout semblables à ceux qui, de la tribune de l'Assemblée, ont fait traquer et égorger les nobles et les prêtres d'un bout de la France à l'autre comme des bêtes féroces.

Cette opposition, et les disputes qu'elle excitait sans cesse, détruisaient tout l'agrément de la société. La conversation, qui était auparavant piquante et instructive, était dégénérée en querelle habituelle. Les moins mauvais se taisaient; d'autres ne craignaient pas de faire l'apologie des plus grandes cruautés. Chamfort triomphait lorsqu'il avait paru un décret bien atroce; et La Harpe venait s'asseoir, content de lui-même, entre l'abbé Barthélemy et moi, après avoir imprimé dans le *Mercure* contre les prêtres une diatribe sanglante; dont la tendance naturelle et le but inévitable étaient l'horrible persécution dont ils ont été les victimes. Il est dur, dira-t-on, de rappeler des fautes réparées par un repentir éclatant, et La Harpe a depuis abjuré ses erreurs avec une solennité, une publicité, qui peuvent faire croire à la sincérité de son retour. Je le veux bien; mais si sa conversion est réelle, j'en releverai le mérite en rappelant d'où il est revenu.

Il faut donc dire que, le 3 décembre 1792, il avait déclamé en plein lycée, le bonnet rouge sur la tête, un hymne en l'honneur de la révolution, où se trouvent ces deux vers aussi atroces que de mauvais goût :

>Le fer, il boit le sang; le sang nourrit la rage,
> Et la rage donne la mort.

Que, dans le *Mercure* du 23 novembre 1793, en parlant de l'apostasie de quelques prêtres, et de leur profession d'incrédulité à la tribune, il a imprimé ces mots : « Lorsque des prêtres viennent nous dire, sans y être forcés en aucune manière, *en conscience, mes amis, nous vous trompons*, il n'est pas possible de ne pas les croire..... »

Que, dans le *Mercure* du 15 février 1794, lorsque les assassinats juridiques se multipliaient, lorsqu'on égorgeait Mᵐᵉ de Marbœuf, pour avoir semé en luzerne un champ de blé, il a imprimé *que les destinées de la république s'embellissaient tous les jours*.

Que, dans le *Mercure* du 1ᵉʳ mars 1794, il a dit *que c'était de la messe qu'étaient venus tous nos malheurs*.

Qu'en parlant de la commune de 1793, il l'a

désignée par cet éloge : *Cette mémorable commune, si constamment et si éminemment révolutionnaire ;* et que, dans le *Mercure* du 8 mars 1794, il a appelé les comités de salut public et de sûreté générale, souillés de tant de crimes, *cette autorité révolutionnaire qui a produit tant de merveilles.*

Quels qu'aient été depuis ses sentimens, voilà ce qu'ils étaient alors ; et on conçoit qu'en les laissant apercevoir, ceux de nos confrères qui étaient révolutionnaires comme lui, empoisonnaient pour les autres le plaisir de la réunion.

Le remède fut pire que le mal. J'arrive à une époque bien remarquable et bien triste pour un homme de lettres, membre de l'Académie française, celle de la destruction de toutes les académies.

A la dernière séance du mois de juin 1793, j'avais été fait directeur, et Vicq-d'Azyr chancelier. On annonçait, dès-lors, la suppression de tous les corps littéraires, parmi lesquels l'Académie française était, sans contredit, celui que les barbares avaient le plus en horreur.

Dans le courant de juillet, un décret ayant ordonné l'abolition de tous les signes de la royauté, de la noblesse, et généralement de toutes les distinctions, telles que les couronnes, fleurs-de-lis, armoiries, cordons; des ouvriers étaient venus mutiler les boiseries des portes et des appartemens du Louvre, barbouiller les tableaux de Rigaud et de Lebrun qui décoraient la salle de l'Académie des inscriptions, effacer la figure et le nom de Louis XIV, arracher les tapisseries semées de fleurs-de-lis, et imprimer partout la trace de cette puissance du mal, qui régnait alors despotiquement sur nous.

La salle de l'Académie française devant bientôt être profanée par les mêmes outrages, je m'occupai de dérober aux vandales, et de conserver pour de meilleurs temps, ce que je pourrais sauver de leurs mains.

Le mobilier de l'Académie consistait en une soixantaine de portraits d'académiciens, quelques bustes et quelques médailles; une bibliothèque de cinq à six cents volumes, dictionnaires, grammaires et ouvrages des membres de l'Académie; ses titres, les registres de ses délibérations, les procès-verbaux de ses assemblées, de ses élections, de ses relations immédiates avec nos rois.

Ne pouvant sauver la bibliothèque, nous avions eu la pensée d'en partager les livres entre nous, ce qui était assez juste, puisque cette petite collection avait été formée par les académiciens eux-mêmes; mais on nous eût accusé de voler la nation, et nous renonçâmes à ce projet.

Pour sauver les portraits, s'il était possible, j'imaginai de les faire mettre en piles dans une des tribunes de la salle des assemblées publiques, dont j'emportai la clef, et que, sans doute, on ne s'est pas avisé de faire ouvrir, dans les premiers temps où le pillage et la destruction avaient le plus d'activité ; et je puis croire que c'est à cette précaution que nous devons de les avoir conservés. Ils ont été retrouvés l'année dernière (1), et rassemblés par les soins de nos collègues à l'Institut, M. de Lacuée et M. Raymond, architecte du Louvre.

Nous devions surtout songer à nos titres et à nos registres, aux lettres et papiers de l'Académie, au manuscrit du Dictionnaire, dont la copie pour une nouvelle édition venait d'être terminée.

Les premiers jours d'août, nous approchions de l'anniversaire du 10 de l'année précédente, qu'on annonçait comme devant être fêté, et du 25, jour de la saint Louis, où se tenait une assemblée publique de l'Académie, qui pouvait devenir facilement une occasion de désordres et de violences populaires.

D'un commun accord nous convînmes, dans la séance du 5, d'interrompre nos assemblées, et c'est en effet la dernière qu'ait tenue l'Académie française, dont j'ai été le dernier directeur.

J'exerçais, comme directeur, la fonction de secrétaire pendant l'absence de Marmontel. A ces deux titres, je me crus autorisé, et même obligé par les circonstances, à faire tous mes efforts pour sauver les restes précieux qu'on allait détruire, et

---

(1) En 1804. *V.* les *Mélanges*, tome I, page 112.

je les emportai chez moi, disposé à toutes les restitutions qu'exigerait l'autorité, mais comptant bien qu'elle n'en exigerait pas. S'il y avait d'ailleurs quelque témérité dans cette démarche, j'en prenais sur moi le danger.

Je sauvai ainsi douze volumes *in-folio*, c'est-à-dire, 1° un portefeuille, contenant les titres de l'Académie, entre autres les lettres-patentes de son établissement en 1635 ; divers papiers et titres, tels que ceux des fondations de prix entre ses mains, et plusieurs autres pièces ;

2° Cinq volumes des registres de présence, de 1673 à 1793 ;

3° Trois volumes des registres proprement dits, formés des procès-verbaux de chaque séance ;

4° Un volume manuscrit des Remarques de l'Académie sur la traduction de Quinte-Curce par Vaugelas ;

5° La copie de la nouvelle édition du Dictionnaire.

J'ai depuis replacé tous ces monumens dans la bibliothèque de l'Institut ; et l'Académie nouvelle, en recouvrant les titres de sa généalogie littéraire, a repris, pour ainsi dire, possession de l'héritage de l'ancienne Académie, dont elle conservera sans doute l'esprit et la tradition.

Bientôt (le 8 août) fut porté le décret qui supprimait les Académies, et les scellés furent mis sur les salles du Louvre qu'elles occupaient, sans qu'on daignât appeler à cette opération aucun des officiers des corps littéraires dont on saisissait les propriétés.

Je fus averti, vers la fin du mois, par le suisse de l'Académie, que des commissaires devaient venir lever les scellés, et qu'on l'avait chargé d'en prévenir le secrétaire, le directeur et le chancelier.

Marmontel était absent; le chancelier, Vicq-d'Azyr, frappé d'une terreur extrême, assez bien fondée sur l'aversion des patriotes pour la reine, dont il était le médecin, ne se serait montré pour rien au monde. La corvée retombait donc sur moi, et je me rendis au Louvre.

L'un des deux commissaires était Dorat-Cubières, alors secrétaire de la fameuse commune de 1793; l'autre était Domergue, aussi mal intentionné que son collègue pour l'Académie française. Ces messieurs me traitèrent assez légèrement, ainsi que l'Académie. Ils me dirent que son Dictionnaire ne valait rien; que le plan était vicieux et l'exécution défectueuse, et qu'il fallait en ôter tout ce qui était contraire à l'esprit républicain; enfin que l'Académie elle-même était un très-mauvais établissement.

Je confesserai ici ma sottise. J'eus l'imprudence de répondre à ces messieurs, et de défendre l'Académie. Cependant, après quelques mots et quelques répliques, dans un intervalle lucide, je conçus que je ne les convertirais pas, et que je courrais quelque danger à prolonger la querelle. Ils me demandèrent alors la copie du Dictionnaire que l'Académie préparait pour la nouvelle édition; je leur dis qu'elle était chez moi, qu'il y en avait divers cahiers épars chez quelques académiciens, que je les rassemblerais, et que je remettrais l'exemplaire à la première injonction que je recevrais du comité d'instruction publique. Ils se contentèrent de ma réponse, et je me retirai. Quelques jours après, je reçus du président du comité d'instruction publique, Romme, l'ordre d'envoyer au comité le manuscrit du Dictionnaire. J'obéis.

Quant aux registres et autres manuscrits, ils ne me les demandèrent point, et je les gardai jusqu'à l'année 1805, où, dans une séance publique pour la réception de M. Lacretelle, en les rapportant à l'Institut, je rendis compte de la manière dont je les avais conservés.

Le manuscrit du Dictionnaire, qu'on avait commencé de livrer à l'impression, était le fruit du travail des séances de trente années, la dernière édition étant de 1762; ce travail consistait en corrections faites à la marge d'un exemplaire de cette édition, ou recueillies sur des papiers séparés; elles étaient, pour la plupart, de Duclos, d'Olivet, d'Alembert, Arnaud, Suard, Beauzée, et en général d'académiciens qui ont fait de la langue et de l'art d'écrire une étude approfondie. On verra plus tard qu'elles ont été employées dans l'édition en 2 vol. in-4°, publiée par Smith et compagnie, à qui notre copie a été donnée ou vendue, j'ignore à quelles conditions.

On pensera peut-être que les registres, les titres, le Dictionnaire de l'Académie ne couraient pas ce risque dont je crois les avoir sauvés; mais ceux qui feraient cette objection n'auraient pas une idée juste des circonstances de ce temps-là et de celles qui suivirent.

Le Dictionnaire était sans doute moins exposé, parce qu'il pouvait être de quelque valeur pour un libraire qui voudrait l'imprimer. Et cependant il faillit être perdu, et ce fut un de nos confrères, Garat, qui le tira de la poussière du comité d'instruction publique, où il était oublié depuis trois ou quatre ans. Quel eût donc été le sort des titres et des registres de l'Académie, qui n'avaient aucune valeur vénale, et n'intéressaient aucunement les destructeurs mêmes de ce corps littéraire? Ils auraient été vraisemblablement livrés aux flammes par les vandales qui ont dominé jusqu'au milieu de 1795, ou bien ils se seraient perdus, comme tant d'autres pièces, dans le désordre des dépôts.

Je puis donc m'applaudir de mon heureuse audace, qui a conservé à l'Académie l'acte authentique de sa fondation, ses procès-verbaux, les signatures de ses grands hommes, et tous ces monumens qui sont pour elle comme ses titres de noblesse.

CHAPITRE XXIII.

Demande d'un certificat de civisme. Commune de 1793. Dorat-Cubières, Lubin, Bernard, Vialard, etc.

Un mois après la suppression de l'Académie, c'est-à-dire en septembre 1793, je fis, auprès de la commune de Paris, une démarche bien imprudente pour en obtenir un certificat de civisme, sans lequel je ne pouvais toucher ni la pension à titre de récompense, que m'avait accordée la nation *pour trente-cinq ans de travaux utiles*, liquidée de mes anciens traitemens, ni ma rente sur le duc d'Orléans ; mais je ne reconnus qu'après coup le danger de cette démarche, qui pouvait être funeste pour moi.

Mes courses à cette commune de 1793, et chez les juges qu'elle m'avait donnés, m'ayant mis à portée d'observer et de peindre l'esprit dont elle était animée, je n'ai pas cru devoir négliger cette occasion de le faire connaître.

Je vais présenter ici, d'après les matériaux que j'ai rassemblés dans le temps même, et qui ont échappé à toutes les recherches *domiciliaires*, la narration fidèle de mes courses, de mes interrogatoires, de mes sollicitations, pour obtenir ce certificat que je n'ai point obtenu.

Il est possible que j'entre dans quelques longs détails, qui paraîtront sans proportion avec les autres parties de ces Mémoires ; mais, comme j'écris les souvenirs de ma vie, et que c'est dans ma vie une assez bizarre aventure, moitié politique, moitié littéraire, j'ai cru que je ne devais rien supprimer. Peut-être aussi ces renseignemens sur une époque mémorable offriront-ils un intérêt plus grave : on sait généralement que l'esprit de la commune était celui de Robespierre, et ses maximes; celles-là même qui ont couvert la France de tant de crimes ; mais il ne sera pas inutile d'appuyer cette vérité de quelques faits qui, racontés par celui qui en a été l'acteur ou le témoin, peuvent avoir une plus grande autorité.

Les certificats de civisme, dont la forme a depuis varié plusieurs fois, devaient être d'abord délivrés par le comité appelé alors, dans chaque section, comité de *salut public*, et approuvés ensuite dans l'assemblée générale de la section, pour être enfin confirmés ou rejetés par le conseil général de la commune, siégeant à l'Hôtel-de-Ville.

J'avais obtenu le certificat de ma section des Champs-Élysées, et je l'avais porté à l'Hôtel-de-Ville au commencement de juillet : j'étais revenu sept à huit fois toujours inutilement. On ne retrouvait pas mes papiers. Les bureaux avaient changé de local. Mon tour n'était pas venu. J'étais renvoyé à huit jours et ensuite à quinze. Enfin, j'avais fait beaucoup de courses inutiles pendant tout le courant de juillet, août et les premières semaines de septembre, lorsque, le 17 au matin, je reçus une lettre du conseil qui m'invitait à me rendre à l'Hôtel-de-Ville, pour y subir l'examen préalable à la délivrance du certificat.

Un décret du 18 septembre, ordonnant l'arrestation des gens suspects, allait bientôt rendre cette démarche dangereuse pour ceux qui ne réussiraient pas; et un nombre considérable de citoyens ont été en effet arrêtés à la commune même, en conséquence du refus qu'ils venaient d'essuyer. Mais ce danger n'était pas encore connu. J'allais sans crainte m'exposer à cette épreuve. Ecclésiastique, mais n'ayant exercé jamais aucune fonction sacerdotale; homme de lettres, constamment occupé de travaux utiles, et défenseur zélé de tous les genres de libertés compatibles avec l'ordre public dans un bon gouvernement, j'étais sans inquiétude sur le succès de ma tentative, dont je vis bientôt le danger.

J'arrive à l'Hôtel-de-Ville sur les six heures du soir. Là, je trouve les deux amphithéâtres des extrémités de la salle garnis de femmes du peuple, tricotant, raccommodant des vestes et des culottes, la plupart avec des yeux ardens, un maintien soldatesque, figures dignes du pinceau d'Hogart, payées pour assister au spectacle et applaudir aux beaux endroits. Vers les sept heures, le conseil de la commune se forme, le président occupant une estrade ou tribune séparée avec les officiers principaux et les secrétaires, ayant en face, sur la droite, des gradins où siégeaient les membres du conseil fournis par chaque section, et, sur la gauche, d'autres gradins où se tenaient les postulans.

On lit d'abord le procès-verbal de la veille, où, entre autres événemens, on rendait compte de la satisfaction qu'éprouvaient tous les patriotes de l'arrestation du maire Bailly, ennemi du peuple, et qui avait fait couler le sang des citoyens au Champ-de-Mars; jugement anticipé et arrêt de mort du malheureux Bailly, qui fut accueilli de *bravos* et d'acclamations, et d'une joie parfaite de tout l'auditoire, et surtout des femmes.

Un autre article du procès-verbal ayant fait mention d'un décret de la veille, par lequel la commune avait réglé que désormais les jolies femmes n'assiégeraient plus les bureaux de la mairie pour obtenir la liberté des aristocrates, le procureur de la commune, Hébert, se leva pour se plaindre de l'inexécution de ce décret; il insista sur les séductions de ces Circés qui, ayant été des courtisanes sous l'ancien régime, employaient les mêmes artifices pour corrompre les âmes républicaines.

Quelqu'homme de ces bureaux inculpés de se laisser séduire par les belles sollicitueses, représenta alors que la mesure proposée était inexécutable, la mairie étant nécessairement ouverte à tout le public et à toutes les femmes, vieilles ou jeunes, laides ou jolies, soit pour le paiement des impositions, soit pour l'achat des domaines nationaux, etc.; mais le procureur n'en recommença pas moins ses invectives contre les jolies femmes des aristocrates, à la grande satisfaction et aux applaudissemens répétés de toutes les vieilles et laides qui étaient dans l'assemblée.

La lecture du procès-verbal fut suivie des entrées et des complimens de cinq sections qui vinrent présenter, l'une après l'autre, leur contingent du premier recrutement en jeunes gens de dix-huit à vingt-cinq ans, et demander pour eux des armes, un casernement et des instructeurs.

Chacune de ces troupes entre dans la salle à grand renfort de tambour, et l'une d'elles avec une musique militaire. Chacune pérore par la bouche d'un orateur qui jure au nom de ses camarades, de *nettoyer le sol de la liberté des satellites des despotes, de renverser tous les tyrans de leurs trônes, de cimenter de leur sang l'édifice de la liberté*, etc.; à quoi le président répond sur le même ton; ensuite il entonne d'une voix aigre l'hymne des Marseillais, que toute la salle continue avec transport; plaisir que se donnait toute l'assistance après le discours de chaque section : de sorte qu'il fallut entendre l'hymne cinq fois, et en petite pièce autant de fois *ça ira*, accompagné par les claquemens de mains et les battemens de pieds de tous les patriotes.

Après les sections, nous eûmes l'hommage que vint faire de sa valeur un soldat blessé, appelé Pierre Compère, qui commença son discours par ces paroles : *Citoyens, j'ai-t-été à l'armée, et j'ai-t-eu une blessure que la vlà* (en la montrant), *et l'on m'a-t-envoyé faire mon serment que je jure de mourir à mon poste et d'exterminer les tyrans*, etc.

Les applaudissemens ayant, comme on dit aujourd'hui, *couvert* cette harangue, le héros blessé en fut si content, qu'il crut devoir recommencer. On l'entendit encore, et on applaudit de nouveau; mais comme il voulait répéter son compliment une troisième fois, on lui fit comprendre, avec quelque peine, que c'en était assez, et qu'il fallait que chacun eût son tour. Seulement il resta debout à côté du président, jouissant de sa gloire et promenant sur l'assemblée des regards satisfaits.

A celui-là succèdent trois déserteurs autrichiens, venant offrir leurs services à la *répiblic franeés*. Le président leur dit de lever la main, et ils en lèvent chacun deux bien haut. Alors le président leur dit : *Vous jurez de servir la république française, et d'exterminer les tyrans;* ce qu'un interprète leur traduit en allemand, à quoi ils répondent : *ia*. Mais on voulut qu'ils prononçassent les paroles sacramentelles : *Nous jurons, nous jirons*, etc. — Bravo! bravo! L'accolade fraternelle! Qu'ont-ils dit? — *Qu'ils extermineront les tyrans.* — C'est bien.

J'ai oublié de rappeler que, parmi les harangueurs de section, il y en eut un qui dit : *Nous jurons l'égalité, la liberté, la fraternité, la seule Trinité à laquelle nous veuillons croire, et que nous croyons une et indivisible.* Grands battemens de mains à cet endroit, et chapeaux en l'air, en l'honneur de la nouvelle sainte Trinité ; fait qui me frappa comme préparant l'abolition de la religion chrétienne, qui a suivi d'assez près, et qu'on pouvait augurer sans peine, d'après les dispositions que montrait le peuple.

Le tour des demandeurs de certificats est enfin venu. On les nomme, et ils descendent de leur amphithéâtre pour venir se placer sur l'estrade en avant du président, et en face du conseil de la commune.

Alors le président demandait : *Y a-t-il quelqu'un qui connaisse le citoyen, et réponde de son civisme ?* Si personne ne répondait, ce qui arrivait souvent, le président prononçait : *Ajourné.* Si quelqu'un des conseillers de la commune disait : *Je connais le citoyen, et j'en réponds.* — *Accordé.*

Je fus appelé. Au moment où je venais de monter sur l'estrade, le président ayant fait la question que je viens de dire, et n'entendant personne répondre de moi, parce qu'il n'y avait personne de ma section à ce moment parmi les membres du conseil, et que lui-même, quoique de ma section, ne me connaissait pas, il prit la parole de nouveau pour dire à l'assemblée : *J'entends murmurer à mon oreille que le civisme du citoyen est suspect.*

Ce bon office venait en effet de m'être rendu par le sieur de Cubières, celui qui ci-devant se faisait appeler le *chevalier de Cubières*, qui s'est défendu depuis avec un civisme si plaisant d'être noble, comme de beau meurtre, et qui a si bien effacé cette tache en prenant le grand nom de *Dorat-Cubières*. Ce preux chevalier, exerçant l'emploi de secrétaire de la commune (1), et voulant y joindre la noble fonction de délateur, était venu dire au président que mes sentimens étaient inciviques; et il avait pris fort habilement pour cela le moment où il m'avait vu établi sur l'estrade et tournant le dos au président; après quoi il était revenu s'asseoir à son bureau, le dos tourné, et le nez sur son papier, se donnant l'air de n'être nullement occupé de l'affaire des certificats : manœuvre que je ne sus qu'en sortant, par mon domestique venu avec moi, et qui l'avait parfaitement observée.

Or, il faut se ressouvenir que j'avais vu ce personnage, et que je l'avais entretenu pour la première fois, environ huit ou dix jours auparavant, à l'occasion de la levée des scellés sur la salle de l'Académie. Nous n'avions pas été d'accord au sujet

---

(1) *Voyez* le portrait de Dorat-Cubières, dans les Mémoires de madame Roland, tome II, page 215.

de la diatribe de Chamfort contre l'Académie ; et j'ignore si c'est à la franchise de mon opinion sur ce point que je dois le procédé de M. Dorat-Cubières. Le mal peut venir de plus loin. Il a concouru plusieurs fois pour les prix de l'Académie sans succès, et il ne cachait pas sa haine pour des juges qu'il croyait lui avoir dérobé la juste récompense de ses talens. Quoi qu'il en soit, le coup était porté ; et ce coup m'en attira bientôt un autre plus dangereux.

A peine le président eut-il manifesté ce doute sur mon civisme, que, du milieu du conseil de la commune se lève un homme qui dit : Citoyen président, je m'oppose à ce qu'il soit délivré un certificat de civisme au citoyen Morellet, parce qu'il est à ma connaissance qu'il a fait, il y a quinze à seize ans, une apologie du despotisme.

A cette imputation, je demandai la parole, et, m'adressant à mon accusateur, je lui dis que je ne connaissais pas même de nom l'ouvrage qu'on m'imputait ; que s'il en existait un pareil, il ne pouvait avoir aucune raison de croire qu'il fût de moi ; que, loin de faire en aucun temps l'apologie du despotisme, j'avais consumé ma vie à défendre toutes les causes du peuple, la liberté de l'industrie et du commerce, la liberté d'écrire et d'imprimer, celle des opinions religieuses, et, aux approches de la révolution, les droits du tiers à la double représentation, etc. Après quelques propos entre mon accusateur et moi, le président, prenant la parole, prononça : *Ajourné*, jusqu'à ce que les commissaires rendent compte des ouvrages du citoyen Morellet ; et ces commissaires seront les citoyens Vialard, Bernard et Pâris.

Ma sentence ainsi prononcée, je descendis de mon estrade, et, m'approchant humblement des gradins du conseil de la commune, je m'adressai à l'un des juges qu'on venait de me donner, pour demander l'heure et le jour où je pourrais *ester* à leur tribunal. Il m'assigna le lendemain 18, et l'heure de midi, dans la même salle de la commune, où il me fit espérer qu'ils se trouveraient tous les trois.

Dès le matin du jeudi, j'écrivis un billet bien humble et bien civique au président Lubin, fils du boucher Lubin, ayant son étal à la Porte-Saint-Honoré. Je lui expliquais comment, tout bon citoyen que j'étais, je n'avais pas le bonheur d'être connu de lui, parce que je n'habitais sur la section que depuis peu de temps ; que je passais une partie de l'année à la campagne ; que je m'étais abstenu d'aller fréquemment aux assemblées, parce que mon état antérieur d'ecclésiastique m'eût empêché d'y être utile ; que j'étais connu de tels et tels citoyens de la section que je lui nommais. Je lui faisais aussi mes protestations contre l'imputation d'avoir fait un livre en faveur du despotisme, etc. ; mais surtout je lui expliquais le procédé de Cubières, en le suppliant de ne pas me condamner sur le témoignage d'un homme justement suspect de prévention. Il avoua à mon domestique que c'était en effet Cubières qui lui avait soufflé ce reproche d'incivisme communiqué à l'assemblée ; mais que je n'avais qu'à voir incessamment mes commissaires, dont le rapport pourrait me tirer de là.

C'est à quoi je ne manquai pas. Je me rendis à l'Hôtel-de-Ville, vers midi, du fond de mon faubourg Saint-Honoré. J'y arrivai trempé de sueur et de pluie, mon domestique me suivant, et portant dans un sac huit ou dix volumes de mes ouvrages, destinés à prouver mon civisme.

Le rendez-vous était dans la salle commune, mais je n'y trouvai personne. Je m'assieds, ruminant mon plaidoyer ; mais j'aurais eu le temps d'écrire une harangue *pro domo meâ*, aussi longue que celle de Cicéron ; car il était plus de deux heures que personne n'avait encore paru.

Enfin, un homme arrive et me dit : Citoyen, avez-vous vu ici quelqu'un des commissaires à qui vous avez été renvoyé hier ? — Non, citoyen ; je les attends depuis midi. — Et moi je les cherche, me dit-il. — Seriez-vous, lui dis-je, l'un de ceux qu'on m'a donnés ? — Oui, citoyen. — Eh bien ! repris-je, ayez la complaisance de m'entendre un moment en attendant l'arrivée de vos collègues, s'ils peuvent encore venir.

Il me semble, lui dis-je alors, citoyen, que ce qui a fait l'impression la plus défavorable contre moi, dans le conseil, est l'imputation qu'un membre m'a faite, d'être l'auteur d'une apologie du despotisme; mais cette accusation est absolument fausse, et, si vous savez démêler la vérité, vous avez dû la reconnaître dans la manière franche et ferme dont je me suis défendu. — Mais non, dit-il, je n'ai pas été convaincu, parce que je suis sûr d'avoir lu le livre dont je vous parle, comme étant notoirement de vous.

Alors je m'aperçus que c'était à mon accusateur lui-même que je parlais, et que, suivant la jurisprudence de la commune, c'était le citoyen Vialard, mon dénonciateur, qu'on m'avait donné pour un de mes juges.

Une pensée ne me vint pas à ce moment, qui s'est depuis présentée à moi ; c'est que cette apologie du despotisme, que Vialard était sûr d'avoir lue, et dont la notoriété publique l'assurait que j'étais l'auteur, n'est autre chose que ma *Théorie du paradoxe*, dans laquelle je loue ironiquement Linguet de toutes les extravagances qu'il a débitées en faveur du despotisme oriental, et des gouvernemens de Perse et de Turquie. On s'étonnera moins tout-à-l'heure que mon juge ait pu faire un si étrange *quiproquo ;* mais c'est un bonheur pour moi de ne m'en être pas avisé sur-le-champ ; car il m'eût été impossible de ne pas lui rire au nez, ou, si je me fusse tenu de rire, de ne pas lui donner une explication qui l'eût infailliblement blessé, en lui montrant sa sottise trop à nu. Outre que je ne vois que cet ouvrage qui ait pu donner à ce Vialard l'idée que j'avais fait une apologie du despotisme, l'époque qu'il indiquait, de quinze à seize ans, se reporte en effet, de 1793 à 1777, et la Théorie du paradoxe est de 1776.

Cette explication ne s'étant pas présentée à mon esprit, je lui dis que je ne doutais nullement qu'il n'eût lu une apologie du despotisme bien abominable, mais que la question était de savoir si j'en étais l'auteur; que j'osais lui assurer qu'il n'existait point de livre pareil sous mon nom, parce que je l'aurais hautement désavoué, que s'il était anonyme on n'avait pu me l'attribuer sans calomnie, etc. Mais, ajoutai-je, quoiqu'il soit difficile de prouver qu'on n'a pas fait ceci ou cela, qu'on n'a pas volé ou assassiné un homme, je suis assez heureux pour pouvoir repousser l'accusation qu'on m'intente, en montrant une suite d'ouvrages imprimés de ma composition, et remontant à plus de trente ans, dans lesquels on voit constamment la liberté de toutes les causes du peuple défendues d'après des maximes absolument inconciliables, dans la même tête, avec celles du despotisme.

Alors je lui ouvris mon sac et j'en tirai successivement mes ouvrages, grands et petits, dont nous fîmes ensemble l'inventaire, à la manière du curé et du barbier de Don Quichotte, comparaison que la suite montrera être encore plus juste qu'on ne peut s'y attendre.

Voilà, lui dis-je, un ouvrage fait à la demande de feu M. Trudaine, le grand-père de ceux d'aujourd'hui (hélas! à cette époque ils existaient encore), homme que vous conviendrez avoir été un assez bon administrateur pour son temps. J'y établis les principes mis en pratique depuis, par les assemblées nationales, de rejeter toutes les douanes aux frontières, et de supprimer tous les droits intérieurs. — Oui, dit-il, en jetant un coup-d'œil sur le papier, cela est bon.

Ceci, lui dis-je, en passant à un autre, est une brochure en faveur de la tolérance des protestans persécutés dans le midi, en 1758. Vous voyez que ma manière de penser sur la liberté des opinions religieuses date de loin, puisqu'il y a trente-cinq ans que j'écrivais ce papier. — Cela est bien, dit mon homme.

Voilà, continuai-je, un petit ouvrage où je défends la liberté d'écrire et d'imprimer sur les matières de l'administration, contre un arrêt du conseil qu'avait fait rendre Laverdy, alors contrôleur général, qui ne voulut jamais en permettre l'impression, son règne durant. Il n'a été imprimé, comme vous le voyez par la date, que cinq ans après, en 1775, sous l'administration du ministre des finances, Turgot, qui aimait aussi la liberté, et avec qui j'ai vécu lié depuis l'âge de vingt ans. — Turgot, dit-il, n'était pas mauvais. Et, ouvrant la brochure çà et là, il en lisait quelques lignes avec distraction.

Le livre que voilà, lui dis-je, en lui mettant dans les mains un assez gros volume, la *Réfutation des dialogues de Galiani*, est encore en faveur de la liberté du commerce. — Oh! dit-il; il ne faut pas citer celui-là. — Est-ce que vous ne pensez pas, lui dis-je, que la liberté est le seul moyen de prévenir les disettes et les chertés des subsistances? Est-ce que la liberté, ajoutai-je malignement, n'est pas toujours bonne et bonne à tout? — Je vis que mon éloge de la liberté l'embarrassait; et qu'il n'osait le combattre. — A la bonne heure, me dit-il; mais aujourd'hui les inquiétudes sont trop grandes, et on ne peut pas parler de ce genre de liberté.

Par cette raison aussi, je ne dois pas faire mention, lui dis-je, de cette *analyse* du livre de M. Necker, *Sur la législation du commerce des blés*, où je réfute ses principes, et où je fais voir que son ouvrage n'a point de résultat pour un administrateur. Et je vis dans son air quelque indulgence en faveur d'une réfutation de M. Necker.

Je lui produisis alors mes différens mémoires contre la compagnie des Indes pour la liberté du commerce, lui faisant observer mon civisme dans le zèle avec lequel je combattais un privilége nuisible au peuple, par l'enchérissement qu'il apportait aux objets de sa consommation. Je me targuai de mon volume in-4°., que j'employais dans ce moment comme un bouclier; et lui-même, le prenant dans ses mains, me laissait voir quelque satisfaction d'avoir à juger et de voir suppliant devant lui l'auteur d'un gros livre.

J'en étais environ à la moitié de mon étalage, lorsque mon homme m'arrêta tout court, en me disant : Mais ce que vous me montrez là ne fait rien à la chose dont il s'agit; il faut prouver votre civisme dans les journées du 10 août et du 31 mai, et tout cela ne le prouve point. Vraiment, ajoutait-il, nous savons bien qu'il y a quelques gens de lettres qui ont eu d'assez bons sentimens anciennement et avant tout ceci; mais aucun d'eux ne s'est montré depuis et dans ces derniers temps, et tous les académiciens sont ennemis de la république.

L'argument, comme on voit, était malin et pressant. Je ne perdis pourtant pas les arçons, et je lui dis : Comment, citoyen, et vous oubliez donc le civisme de Target, de La Harpe, de Chamfort; vous ne lisez donc pas le *Mercure*, où La Harpe et Chamfort se sont si bien montrés en faveur de la révolution; et Target n'est-il pas président d'un tribunal d'arrondissement ? Que vous faut-il donc ?

Bon ! me répliqua-t-il, et La Fayette, et Custine, et Bailly, et tant d'autres, n'ont-ils pas aussi été révolutionnaires? Mais il faut être révolutionnaire du 10 août et du 31 mai. On ne peut donner de certificats qu'à ceux qui ont prouvé leur civisme par leur conduite en ces deux circonstances; et ni vos académiciens, ni vous, n'y avez rien fait.

Sur cela je me mis à plaider sérieusement la cause de La Harpe et de Chamfort, comme de deux excellens révolutionnaires; et tout ce que j'aurais pu dire d'eux avec des gens raisonnables en improbation, je le dis en apologie. Mais j'eus beau parler pour eux; je ne pus jamais les disculper, aux yeux de mon commissaire (en cela, certes, bien difficile), d'être des aristocrates dans toute la force du terme. Et il a bien paru que cette opinion n'était pas seulement celle de mon homme, puisque l'un et l'autre ont été arrêtés depuis, Chamfort peu de temps après, et La Harpe ensuite, malgré tout le civisme qu'ils avaient montré.

Mon association avec mes deux confrères ne pouvant plus me servir, je me vis forcé de ramener la question à moi-même; et voulant attaquer mon juge par le pathétique, je lui dis que, sans insister davantage pour justifier Chamfort et La Harpe, je pouvais m'excuser sur mon âge; qu'on n'exigeait pas d'un homme de soixante-sept ans la même activité qu'il avait, lui, jeune et vigoureux; que mon inaction ne pouvait pas être regardée comme une preuve d'incivisme; que je n'avais qu'une manière d'agir, qui était d'écrire, et que beaucoup de bons citoyens, plus en état d'écrire que moi, s'en abstenaient sans qu'on leur en fît un crime; et qu'enfin je lui avouais qu'il était entré dans mon silence un peu d'humeur, lorsqu'après avoir consumé ma vie à travailler pour mon pays, j'osais le dire, avec quelque utilité, je m'étais vu dépouillé sur la fin de ma carrière de tout le fruit de mes travaux, c'est-à-dire, de trente mille livres de rente, réduites d'abord à deux mille écus, et puis à mille livres, que je ne pouvais toucher faute de certificat; qu'en une telle situation, on pouvait me pardonner d'être dégoûté d'écrire, etc.

Eh! oui, me dit-il, vous avez perdu, mais tout le monde en est là. Et moi aussi j'ai perdu mon état par la révolution! Aussitôt me voilà jouant l'intérêt. Je lui demande quelle est l'espèce de perte qu'il a faite, quelle place il occupait, quel état il avait. Il me répond courageusement : J'étais coiffeur de dames; et, ajoute-t-il, j'ai toujours aimé les mécaniques, et j'ai présenté à l'Académie des sciences des toupets de mon invention.

Cette découverte d'un coiffeur de dames dans mon commissaire, dans le juge de mes ouvrages, m'eût fait rire en toute autre circonstance; mais je ne sourcillai pas : je me gardai bien de lui dire que c'étaient les coiffures *à la jacobine* qui avaient fait tort aux perruquiers; je me remis à lui présenter humblement mes ouvrages et à les soumettre à son jugement.

Je me rappelai dans ce moment ma *Préface de la comédie des Philosophes*. Cette plaisanterie, lui dis-je, m'a valu trois mois de séjour à la Bastille.... A ce mot de Bastille, le front de mon juge se déride en ma faveur. Vous avez été à la Bastille? me dit-il, en me montrant quelque considération. — Oui, dis-je en me rengorgeant, j'y ai été trois mois pour l'ouvrage dont je vous parle.

— Ne pouvez-vous pas me le montrer? — Je ne l'ai pas ici, lui dis-je; mais il n'est pas qu'un homme comme vous n'ait un Voltaire, et vous trouverez le petit écrit dont je vous parle dans le volume de ses œuvres, intitulé *les Facéties parisiennes*, où Voltaire lui-même a bien voulu le recueillir, ainsi que quelques autres pamphlets du même genre que je publiais, tandis qu'il désolait de son côté les ennemis de la philosophie par de bien meilleures plaisanteries, telles que la *Vanité*, le *Pauvre diable*, le *Russe à Paris*, etc. Lisez, je vous prie, la *Préface* de la comédie des *Philosophes*, dans les *Facéties parisiennes*, et vous y verrez comme j'y mène ce Palissot, qui faisait marcher J.-J. Rousseau à quatre pattes.

Ne connaissiez-vous pas beaucoup Barentin, me dit-il? — Point du tout. — Et les autres ministres? — J'en ai connu quelques-uns. Celui avec lequel j'ai été le plus lié, était M. Turgot, que j'ai connu dès ma jeunesse, et dont j'ai cultivé la société et l'amitié jusqu'à sa mort. — Et parmi nos derniers ministres, me demande-t-il? — Parmi les derniers, j'ai beaucoup connu l'archevêque de Sens, avec qui j'avais fait mes études, et que je voyais souvent. — Oh! celui-là, dit-il, nous a bien servis.

Je ne sais pas, lui dis-je, en quel sens vous l'entendez; mais je puis vous dire que les opérations que vous pouvez lui reprocher, je ne les ai jamais approuvées, et notamment cette cour plénière qui eût empêché la convocation des états-généraux, et que j'ai blâmée avec tous les gens sensés. Quant aux états-généraux, vous pouvez voir, par les trois ou quatre brochures que voilà, que je les ai voulus convoqués comme vous les auriez faits vous-même, c'est-à-dire, avec la double représentation du tiers, et sans distinction des ordres dans les délibérations. Ce sont là, lui dis-je, en lui présentant ces pamphlets, autant de titres de civisme, puisque j'y ai défendu la cause du peuple, et sans doute vos propres opinions.

Comme il jetait sur ces brochures des yeux distraits, je vis que son attention commençait à se lasser. J'avais dit à peu près tout ce que je pouvais en faveur de mon civisme; il était temps de laisser mon juge réfléchir sur mon apologie. Je pris donc congé de lui en me recommandant à sa justice. Il me dit d'aller voir le citoyen Bernard et le citoyen Pâris, ses deux collègues, sans me donner d'ailleurs aucune espérance, et sans me laisser voir que mes sollicitations et mes pièces eussent changé ses premières dispositions.

Je reviens bien chanceux chez moi m'habiller, car je m'étais vêtu d'une mauvaise redingote pour capter la bienveillance de mes juges, et je vais dîner chez madame de Beauvau, en tiers avec elle et madame de Poix. Après le dîner, je leur conte mes aventures de la veille, et la séance de la commune, et ma conversation du matin avec mon commissaire. Je les divertis surtout beaucoup, lorsqu'après leur avoir caché jusqu'au bout l'état de ce juge sévère à qui je soumettais si humblement mes ouvrages, je leur appris d'après lui-même qu'il était coiffeur de dames; et elles me demandèrent avec instance de leur donner la suite de cette comédie.

L'acte suivant devait être mon entrevue avec un second commissaire que je devais solliciter aussi. Celui-là était le Bernard à qui j'avais déjà parlé le premier jour après l'examen de la commune. Il demeurait au faubourg Saint-Antoine, près l'église Sainte-Marguerite. Je partis à huit heures du matin; mais, chemin faisant, je m'étais proposé d'aller faire ma cour au président Lubin.

Je m'arrête à son étal. M. le président n'était pas levé. On me fait espérer que je serai bientôt admis. Après un quart-d'heure, on me fait passer par la tuerie, et, en traversant une mer de sang, je pénètre, mes souliers ensanglantés, jusqu'à la chambre du président. Je le trouve encore au lit. Je lui dis en bref les preuves que je puis donner de mon civisme; je me plains du procédé de Cubières; il me propose d'aller lui faire une visite; je m'y refuse. Je lui dis que j'espérais que les commissaires rendraient un assez bon compte de moi, pour me dispenser de cette démarche à laquelle je répugnais, et que je courrais plutôt le risque de voir Cubières se porter formellement pour opposant. Il me rassura contre cette crainte, me dit qu'il lui parlerait, me conseilla de voir Paris, le troisième de mes commissaires, homme de lettres, qui m'entendrait mieux que les autres. Je le remerciai de ses avis, et je m'acheminai vers le faubourg Saint-Antoine, assez content du président Lubin.

Là je trouve le citoyen Bernard, d'une figure ignoble, fait comme un brûleur de maisons, et avec lui une petite femme assez jeune, mais bien laide et bien malpropre.

Comme j'entrais en matière, arrive un grand jeune homme qui demande à déjeûner avec l'aisance d'un ami de la maison. La petite femme tire d'une armoire du fromage et une bouteille de vin; ils se mettent à déjeûner l'un et l'autre, et moi à haranguer mon commissaire. Je lui présentai, l'une après l'autre, les pièces de mon procès. Je me récriai contre l'imputation d'avoir fait un ouvrage en faveur du despotisme, et mes argumens lui parurent plus convaincans qu'au coiffeur, parce que, n'ayant pas avancé cette calomnie, il n'avait aucun intérêt à la défendre. Mais il me fit, comme Vialard, ce terrible argument, que je n'avais pas prouvé mon civisme le 10 août, ni le 2 septembre, ni le 31 mai; sur quoi on remarquera que celui-ci était plus difficile en preuves de civisme que son collègue Vialard, qui ne m'avait pas parlé du 2 septembre. Mais Bernard, nouveau Chérin, et demandant les preuves de ma noblesse révolutionnaire, voulait absolument les quatre quartiers.

Je ne me crus pourtant pas obligé de m'excuser auprès de lui de n'avoir pas été, le 2 septembre, avec les Marseillais aux Carmes et à l'Abbaye. Je supposai qu'il voulait dire qu'en ma qualité d'homme de lettres, j'étais coupable d'un péché d'omission pour n'avoir rien écrit en faveur de ces grands mouvemens de patriotisme. Je me démêlai de l'objection, comme j'avais fait avec Vialard, en lui disant que mon silence ne pouvait pas être un crime, ni mon inaction un délit; que j'étais vieux et las, et que je ne lui dissimulais pas que, parmi les causes de mon inaction, il entrait aussi quelque chagrin d'avoir perdu par la révolution le fruit de quarante ans de travaux; que j'avais supporté la perte des trois quarts de ma fortune par les décrets de la première Assemblée; mais que la patience m'avait échappé, lorsque, quelques jours après le 2 septembre, un beau soir la Convention avait décrété que les ecclésiastiques seraient désormais réduits à 1000 livres, sur lesquelles il fallait encore prélever des contributions mobiliaires, des secours pour les volontaires, des frais de garde, des indemnités aux boulangers, et payer force papier timbré toutes les fois qu'on avait à mettre le pied dans un bureau; que je confessais ma faiblesse, mais qu'il ne fallait pas demander aux hommes des vertus au-dessus de l'humanité.

Il me parut recevoir mon apologie avec bonté, et compatir à la tiédeur de mon patriotisme; mais pour m'encourager il me cita son propre exemple.

Et moi aussi, me dit-il comme le coiffeur, j'ai perdu par la révolution; car, tel que vous me voyez, je suis prêtre, et prêtre marié; et voilà ma femme, me dit-il, en me montrant la petite personne, qui parut toute fière de l'aveu que me faisait son prêtre. Je saluai respectueusement la prêtresse, et je ne témoignai pas la plus légère surprise; de sorte qu'il a pu croire que je trouvais tout simple qu'un prêtre catholique, ou se disant tel, eût voulu goûter aussi du sacrement de mariage, pour participer à tous.

Eh bien, continua-t-il, je n'ai que 1000 francs comme vous, et cinq cents francs qu'on me donne pour être ici gardien de l'église; et nous vivons fort bien, ma femme et moi; et nous avons encore de quoi donner à déjeuner à nos amis : exemple auquel ne n'avais rien à répliquer, car il était sous mes yeux.

Je continuai donc d'étaler mon civisme à ce prêtre, qui me rappelait la mine hétérodoxe de Poussatin, l'aumônier du chevalier de Grammont, et qui n'avait pas, comme lui, le mérite d'être le premier prêtre du monde pour la danse basque. Il avait pour assesseurs, dans ses fonctions de juge, la petite fille et le grand drôle, qui, ayant fini leur déjeuner, se mêlaient de la conversation; et j'aurais tenté inutilement de me soustraire à ce petit dégoût, car il n'y avait qu'une chambre.

Les observations de Bernard rentrèrent presque toutes dans celles que le perruquier m'avait faites.

Il me parut n'être pas plus en état de juger mes ouvrages ; il les ouvrait cependant, et, parcourant les titres et quelques pages çà et là, il disait : C'est bien, c'est bon, nous verrons ; il faut que vous voyiez Pâris, et nous nous concerterons ; je veux faire votre rapport. Je ne vous cache pas, ajoutait-il, que je vous tancerai, et que je me plaindrai de votre silence. Je lui dis humblement : Si ce n'est qu'une correction fraternelle, je la recevrai doucement ; mais promettez-moi du moins que votre censure ne deviendra pas une accusation. Si cela était, j'aime mieux me passer de certificat et ne plus suivre la demande que j'en ai faite. Vous ne voudriez pas me faire jeter en prison ; et cependant c'est le sort qui m'attend, si, votre rapport m'étant défavorable, j'essuyais un refus formel, attendu le décret d'hier, qui vient de déclarer suspects tous ceux à qui on aura refusé le certificat. Il parut touché de cette raison ; il me promit qu'il serait le soir à la commune, à six heures, et qu'il se concerterait avec ses collègues. Je pris congé de monsieur et de madame, et je vins me préparer à la corvée que je devais faire le soir à l'Hôtel-de-Ville.

Je m'y rendis vers les six heures. J'ai peu de chose à dire de cette assemblée, parce que, fatigué de ma course du matin, et n'ayant à faire qu'à mes commissaires, je n'entrai pas d'abord dans la salle. Je m'établis dans la chambre de la secrétairerie, où passaient les membres du conseil pour se rendre à leurs places ; j'entendais de là les cris, les transports, dont on accueillait le contingent des sections en jeunes gens de la première réquisition, et l'hymne patriotique, dont les premiers vers étaient entonnés par le président Lubin, et les *ça ira*, et de temps en temps d'autres chansons, et les joies des dames des tribunes; et, lorsque le temps de la discussion fut arrivé, je ne daignai pas entrer d'abord, persuadé que je n'entendrais que des sottises.

Je surmontai pourtant ce dégoût vers les dix heures. On traitait de la taxation des denrées de première nécessité (autres que le pain, dont la taxe était déjà établie); mon perruquier, une des lumières de la commune, se leva, et fit observer avec une grande sagacité que, si la ville de Paris commençait à taxer, les départemens environnans ne manqueraient pas d'établir leur *maximum* au-dessus de celui de Paris, ce qui retiendrait les denrées chez eux; qu'il fallait faire en sorte que les départemens taxassent les premiers; qu'ensuite Paris taxerait à un taux supérieur, et attirerait l'abondance chez lui. Il oubliait à la vérité une petite circonstance; c'est que son projet, communiqué à deux ou trois mille personnes présentes, et devant être imprimé le soir, pourrait bien ne pas réussir, parce que les départemens avertis se tiendraient sur la défensive; mais, malgré cette incongruité, Vialard obtint de grands applaudissemens.

La commune ayant consumé beaucoup de temps à entendre des harangues et à chanter, ne put s'occuper des demandeurs de certificats que fort tard. Aussi, Bernard m'ayant annoncé qu'il ne pouvait être question de mon affaire ce jour-là, je me retirais, lorsque je vis sortir mon perruquier. Je l'abordai, et voulant le flatter en lui faisant voir que j'avais écouté sa motion avec attention, je lui dis modestement que je croyais la taxation difficile à soutenir, contraire aux véritables intérêts du commerce, injuste pour les vendeurs qui avaient acheté à des prix plus hauts que ceux qu'on voulait leur allouer, et enfin funeste aux consommateurs eux-mêmes; qu'on voulait remédier par-là à l'enchérissement des denrées, mais que c'était méconnaître la véritable cause de cette cherté, qui était en partie un effet de la rareté des denrées, et en partie celui de la multiplication des assignats, dont on parlait, au moment même, de faire une nouvelle émission; que cette nouvelle émission ayant lieu après la taxation, la taxe serait dès-lors encore plus au-dessous du véritable taux, et qu'il était impossible que le commerce et l'approvisionnement de Paris, et la culture et la production ne souffrissent pas d'un pareil choc, etc. Mais point du tout, me dit-il, on peut faire encore pour bien des milliards d'assignats sans rien craindre; ils ont pour hypothèque les terres, et il y en a pour cent milliards. Il ne répondait pas à mes objections. Mais comme je n'avais pas le temps de le ramener à la question, je me contentai de lui dire : Eh! bon Dieu! où prenez-vous tant de richesse? — Oh! dit-il, j'ai bien lu mon Voltaire, et je suis sûr de mon fait. Je me vis alors en danger de lui prouver qu'il ne savait ce qu'il disait, et j'y échappai en lui donnant un bonsoir le plus poli que je pus, et me recommandant à sa bienveillance. Il était onze heures, et bien temps de regagner mon gîte.

J'étais convenu avec Bernard et Vialard que je verrais Paris. Le lendemain, vendredi, j'allai le chercher rue des Carmes, près la place Maubert; j'appris de lui-même qu'il était professeur à l'université, et qu'il faisait la leçon au collége royal à la place de l'abbé Delille. Je me dis, comme le philosophe abordant sur une plage inconnue, et y trouvant des figures géométriques tracées sur le sable, *voilà des pas d'homme*.

Pour cette fois je n'avais point apporté mes ouvrages à mon censeur; je lui dis seulement que je les avais fait voir au citoyen Vialard et au citoyen Bernard; qu'en lui en disant seulement les titres, il verrait que je m'étais constamment occupé d'objets utiles, et que j'avais toujours défendu la cause de la liberté dans tous mes écrits.

Il me parla fort honnêtement de moi, et me dispensa ainsi de recommencer mon propre éloge. Il connaissait quelques-uns de mes ouvrages, entre autres la *Théorie du paradoxe*, et la *Préface de la comédie des Philosophes*, et la réponse à l'écrit de Chamfort contre l'Académie française. Par-là je vis que les satires, comme les bonnes actions, ne sont jamais perdues Mais pour achever de lui gagner le cœur, je lui parlai du *Manuel des Inquisiteurs*, de mes *Réflexions sur la liberté d'écrire et d'imprimer*, du traité *des Délits et des Peines*, qu'il connaissait; enfin, de mes brochures relatives à la formation des états-généraux. Je promis de lui envoyer tout cela dès le lendemain matin. Je le pressai de parler à ses collègues en ma faveur, et de se trouver à la Ville, le lendemain samedi, à l'assemblée de la commune, pour convenir avec eux du rapport qu'il me fallait.

Je dirai avec peine de ce Pâris, qui a péri depuis, avec beaucoup d'autres membres de la commune, à la suite de Robespierre, que dans cette entrevue, ainsi que dans une seconde que j'eus encore avec lui quelques semaines après, m'étant hasardé à exprimer mon horreur pour les meurtres, qui commençaient à se multiplier étrangement, je m'aperçus que je touchais une corde qui ne rendait point de son. Un homme de ma connaissance m'a dit, depuis, que je le jugeais trop rigoureusement; mais il m'a avoué en même temps que Pâris lui avait dit que j'étais *très-imprudent*; et l'imprudence que je lui ai montrée n'étant, je le proteste, que l'expression des sentimens qui remplissaient à cette époque l'âme de tous les honnêtes gens, j'ai pu croire que celui qui m'en faisait un reproche ne les partageait pas. Enfin, il n'est possible de l'excuser, et c'est une bien faible excuse, qu'en supposant que le langage qu'il m'a tenu était celui de la politique et de la peur, qui, dans nos temps malheureux, a trop souvent servi de couverture à la cruauté et à l'insensibilité, et tout au moins à l'insigne lâcheté qui nous a perdus.

Je retournai donc le samedi 21, pour la quatrième fois, à l'assemblée générale de l'Hôtel-de-Ville. Je m'établis, comme la veille, dans l'antichambre du secrétariat, attendant que quelqu'un de mes commissaires passât, et excédé des cris et des chants qui occupèrent encore l'assemblée depuis sept heures jusqu'à plus de neuf heures et demie. C'était des harangues de sections, et puis l'hymne des Marseillais, et puis des chansons à plusieurs couplets sur des airs d'opéra-comique, par exemple, sur l'air *du Moineau qui t'a fait envie*, que le président Lubin, orné de son écharpe, chantait hors de mesure avec une voix, et des agrémens, et des manières du beau Léandre, qui ravissaient les spectateurs. Mais comme je n'aurais pas partagé leur ravissement, je ne voulais pas entrer. Je crois bien que le président chanta ainsi en *solo* à peu près trois quarts-d'heure en différentes fois, l'assemblée répétant communément le dernier vers du couplet. Aussi une femme du peuple, qui attendait comme moi dans cette antichambre, disait : *Mais c'est drôle de passer comme ça tout le temps de leur assemblée à chanter; est-ce qu'ils sont là pour ça?*

Dans cet intervalle j'avais saisi Pâris au passage, comme il se rendait à l'assemblée, et je lui avais dit quelques mots. Après lui, et vers les neuf heures et demie, le coiffeur avait aussi passé, et m'avait écouté en marchant toujours avec plus de distraction et de morgue, que le ministre de la guerre le plus inabordable n'en montra jamais au plus petit officier d'infanterie. Je le suivais humblement, et je parvins, avec quelque peine, à lui faire entendre que ses collègues n'attendaient que lui pour décider de mon sort, et que je me recommandais à sa justice, à laquelle je ne croyais guère des-lors, et à laquelle j'eus lieu de croire encore moins après l'avoir écouté parler dans l'assemblée.

Enfin, je me glissai dans la salle, à l'arrivée d'une section. Au bruit des tambours et aux cris de *vive la république*, je vis s'établir à la tribune des jeunes gens de ma section et de ma connaissance ; ils étaient coiffés de ces vilains bonnets rouges qui commençaient à prendre le grand crédit qu'ils ont perdu depuis, et pour lesquels ceux que je connaissais avaient sans doute autant d'horreur que moi. L'orateur jura, comme de raison, d'exterminer les tyrans, de purger la terre de la liberté, et le reste. Il termina son discours par cette phrase : *Annibal, pour jurer, n'attendit pas vingt ans.* Et je crus voir que la plupart de ceux qui m'environnaient entendaient par-là qu'Annibal n'était pas plus grand que cela qu'il jurait par b..... et par f..... en excellent jacobin.

Après la réponse du président, un des bonnets

rouges de la tribune dit : Président, un jeune citoyen de notre section a composé une chanson patriotique qu'il propose de chanter lui-même, si on le lui permet. La permission est accordée sur-le-champ, et on voit s'établir à la tribune le jeune citoyen, à cheveux noirs et luisans tombant sur ses yeux, et à poitrine découverte, qui entonne une chanson sur l'air de l'hymne des Marseillais. Elle avait au moins dix à douze couplets, écrite, Dieu sait comme! paroles estropiées sous le chant, et brisant toute prosodie; mais, ce qui est pis, exprimant à chaque couplet des sentimens de cannibales ; la nécessité urgente de *massacrer*, incessamment, *les prêtres rassasiés de crimes, de les ensevelir sous leurs autels ensanglantés, et de faire subir à tout noble et à tout prêtre la rigueur des lois.* Et il faut savoir que les couplets où ces sentimens atroces étaient le plus énergiquement exprimés, étaient applaudis avec transport et toujours répétés, les femmes des tribunes trépignant de joie, et leurs voix criardes s'élevant en refrain, et mes voisins se disant l'un à l'autre : F..... le b....., *il attrape bien ça. C'est du bon ça. C'est excellent;* et tout le reste donnant quelques signes d'approbation, la plupart volontairement, quelques-uns, sans doute, pour n'être pas suspects; car mon domestique, qui était dans une autre partie de la salle, me dit qu'il avait été dénoncé par une femme des tribunes, comme n'applaudissant point, et forcé de battre des mains et d'agiter son chapeau en l'air. La chanson achevée, il fut décrété qu'elle serait imprimée aux frais de la commune, et envoyée avec beaucoup d'autres dans les départemens; moyen puissant et terrible de nourrir et d'exalter les sentimens qu'on voulait inspirer au peuple, et qu'on n'avait que trop bien répandus.

Enfin, la députation retirée, la commune commença à s'occuper de ses affaires, ou plutôt des nôtres. Il était dix heures. Deux cents personnes attendaient comme moi pour leur certificat de civisme; mais, avant de s'en occuper, on entendit encore le procureur de la commune, Hébert, rendant compte d'une réclamation de la commune de Passy, près Paris, contre l'arrestation de Gojard, celui qui a été le premier commis des finances.

Mon coiffeur de dames se lève en furie, et demande si ce Gojard n'est pas le même que celui qui a été l'agent de Marie-Antoinete, laquelle n'est pas encore jugée, mais qu'il est bien temps de punir de ses crimes; que si c'est lui, il est à coup sûr aristocrate et ennemi de la république; qu'il y a d'ailleurs un abus criant qu'il doit dénoncer, c'est que beaucoup de mises en liberté se font par les comités de salut public non encore renouvelés comme ils doivent l'être par le scrutin épuratoire décrété par la commune; que, jusqu'à ce renouvellement, il fallait suspendre toutes les mises en liberté, et regarder comme nulles celles qui avaient été prononcées par les comités actuels de chaque section; qu'il fallait exiger ce renouvellement sous deux fois vingt-quatre heures, et que, faute par elles de l'exécuter, la commune nommât elle-même les membres du nouveau comité. Ensuite mon perruquier, s'échauffant de sa propre éloquence et renforçant sa voix, déclara que les nobles et les prêtres et les *muscadins* étaient tous prêts à égorger les citoyens, si les citoyens ne les prévenaient pas. Notre liberté et notre vie, ajoutait-il, sont encore dans nos mains; mais il n'y a pas un moment à perdre, si nous voulons sauver l'une et l'autre, etc.; tout cela dit d'un ton forcené, avec des gestes furibonds, une voix mordante, et chaque période coupée en petites phrases courtes, pour chacune desquelles il pouvait employer toute la force de ses poumons.

Je m'aperçus alors, mieux que je n'avais fait jusque-là, par la manière dont ce Vialard était écouté et applaudi, que c'était un des oracles de la commune, et qu'il y jouissait d'un grand crédit; mais son discours me laissa une vive impression d'horreur, et une crainte fondée, en voyant mon sort dans ses mains.

Les députés de la commune de Passy parlèrent ensuite bien faiblement, bien timidement, en faveur du pauvre Gojard; mais comme ils faisaient mention de son âge et de sa bienfaisance envers les pauvres de leur commune, un des membres du conseil, bien mal vêtu et de bien mauvaise mine, se leva et dit que ce n'étaient pas là des raisons; qu'il avait aussi, lui, entendu parler d'une certaine vieille femme du faubourg Saint-Germain, qui donnait du pain, des bas, des souliers aux pauvres de sa paroisse, et payait des mois de nourrice, mais qui n'en était pas moins d'une aristocratie *puante* et qui en avait *empuanti* tout son quartier. Je répète ses propres termes. La commune entière trouva l'exemple décisif, quoiqu'il ne fût pas précis, comme on voit, et le raisonnement sans réplique. En conséquence, la pétition des habitans de Passy en faveur de Gojard fut rejetée; et il fut décrété de nouveau plus expressément, qu'il ne serait relâché personne désormais que par les comités révolutionnaires de nouvelle création.

Cette mesure une fois adoptée, l'assemblée se trouva conduite assez naturellement, et toujours sur la motion de mon enragé de perruquier, à l'appliquer aussi aux certificats de civisme, que les comités actuels avaient délivrés, dit-il, avec trop de facilité. De là, il fut décrété que les anciens certificats seraient visés par les nouveaux comités révolutionnaires, avant d'être présentés au conseil général de la commune, qui n'en admettrait plus d'autres.

On peut se figurer, pendant ce temps, les sentimens qui agitaient les demandeurs de certificats, qui, la plupart, sollicitaient depuis deux et trois mois, et qui voyaient toutes leurs peines perdues.

Quant à moi, c'était ma douzième course à l'Hôtel-de-Ville et la quatrième de celles où, arrivant à cinq ou six heures du soir, je n'avais pu en sortir qu'à dix ou onze pour regagner mon faubourg Saint-Honoré. J'entendais de pauvres gens dire qu'ils étaient retournés chez eux, des séances précédentes, à deux et trois heures du matin.

Cette nouvelle rigueur de la commune m'a cependant été utile, en me détournant de poursuivre la demande d'un certificat, plus dangereuse tous les jours pour ceux qui seraient refusés. Ce misérable coiffeur me parut si profondément méchant, que je compris que j'avais tout à craindre en passant par ses mains. Je saisis le prétexte ou plutôt la raison du nouveau décret, et, ayant rencontré Bernard comme il sortait de l'assemblée, je lui demandai si je n'étais pas obligé d'obtenir un nouveau certificat, qui serait soumis, comme le premier, à son jugement et à celui de ses collègues; à quoi il me répondit que cette marche était indispensable. Je me trouvai, par-là, en mesure de suspendre toute demande de certificat, tant que je jugerais que je pouvais essuyer un refus qui, motivé par ce Vialard avec toute sa méchanceté, m'eût peut-être fait arrêter à l'Hôtel-de-Ville même, ce qui arriva depuis à beaucoup d'autres. Je fus confirmé dans cette idée par Pâris, que j'allai voir quelques jours après, et qui ne me dissimula pas le danger que je courrais. Mais je m'applaudis encore plus de ma détermination, sur le récit d'un fait dont un homme de mes amis, par un hasard singulier, avait été témoin, et qui mérite d'être ici raconté.

Il y avait environ six semaines que j'avais suspendu toute démarche relative à mon certificat, lorsqu'un homme de mes amis, d'un esprit sage et fin, vint m'apprendre que, se trouvant à dîner chez un restaurateur aux Tuileries, il avait reconnu Hébert, le procureur de la commune, à une table voisine de la sienne; qu'un des convives d'Hébert en était venu à dire qu'on était trop facile sur les certificats; qu'on en avait donné à un aristocrate bien notoirement tel, l'abbé Morellet, qu'il avait fait chasser de l'assemblée de la section des Tuileries, comme ayant écrit contre J.-J. Rousseau, et comme partisan du despotisme : sur quoi j'observe que je n'ai jamais rien imprimé contre J.-J. Rousseau, que je n'ai jamais été chassé d'aucune assemblée, et que je n'ai jamais loué le despotisme qu'en me moquant des paradoxes de Linguet. A cela, continue mon ami, Hébert répond : Citoyen, tu te trompes; l'abbé Morellet n'a point obtenu de certificat de la commune, à qui il s'est présenté en effet, mais qui l'a renvoyé à des commissaires; et lorsque le rapport aura lieu et qu'il se présentera, il sera reçu comme il faut. Mais, ajouta-t-il, tous ces vieux prêtres ne peuvent plus nous faire du mal; ils n'ont plus rien; ils ne seraient pas fâchés qu'on les mît dedans pour être nourris aux dépens de la nation : mais nous ne leur donnerons pas cette satisfaction.

Au travers de l'atrocité de ce propos que me rapportait mon ami, je vis pourtant avec quelque plaisir qu'Hébert et consors ne voulaient pas se charger de me nourrir en prison, et je me dis à moi-même : Ma ruine me sauve ; à quelque chose malheur est bon.

De ce moment je me tins à la cape pour ne pas me briser contre l'écueil, attendant un vent plus favorable. Je ne touchai point mon petit revenu, faute de certificat ; mais je ne jouai pas ma liberté et ma vie en cherchant à en avoir un, tant que cette démarche fut dangereuse. Je ne l'ai renouvelée qu'après la mort de Robespierre, auprès du comité révolutionnaire de ma section, où je n'ai trouvé aucun obstacle, cet événement ayant rendu les comités un peu moins difficiles en preuves de civisme.

Pour l'édification de mes lecteurs, je finirai par leur dire *la punition et vengeance divine*, comme dit Rabelais, tombée sur tous ceux qui m'ont refusé mon certificat. A l'époque de ma demande, la commune était conduite par Chaumette, son procureur ; Hébert, substitut de Chaumette ; Lubin, président, et mes trois commissaires, Bernard, Pâris et Vialard, y avaient un grand crédit.

Or, le 4 germinal an II (24 mars 1794), le *Père Duchesne*, c'est-à-dire Hébert, a été condamné comme ayant voulu assassiner les membres de la Convention, détruire le gouvernement républicain, et donner un tyran à l'état.

Le 24 germinal suivant, Chaumette a subi le même sort, comme complice d'Hébert.

Le 10 thermidor an II (28 juillet 1794), Bernard a été exécuté comme complice de Robespierre, et participant à la rébellion de la commune.

Le 11, Lubin, devenu substitut de l'agent national de la commune, a été frappé de la même condamnation, ainsi que Pâris, le seul que je puisse plaindre.

Reste debout le Vialard qui, heureusement pour lui, ayant été chargé de je ne sais quelle mission par la commune elle-même, avant le 9 thermidor, ne s'est pas trouvé à Paris au moment de la crise. Je ne sais ce qu'il est devenu depuis, et je ne m'en informe pas : car je ne veux pas la mort du pécheur; mais qu'il se convertisse et qu'il vive. Je le prie seulement de se faire expliquer, par quelque écolier, ces deux vers d'Horace :

Raro antecedentem scelestum
Deseruit pede pœna claudo.

FIN DU PREMIER VOLUME.

www.ingramcontent.com/pod-product-compliance
Lightning Source LLC
Chambersburg PA
CBHW072212240426
43670CB00038B/831